当代中国马克思主义研究工程（二期）

何爱国 ◎ 著

当代中国马克思主义
史学研究

上海人民出版社

目　录

目　录

导　论

　　马克思主义史学认为广义的"历史科学"应该包括研究"自然史"的自然科学与研究"人类史"的人类科学，"我们仅仅知道一门唯一的科学，即历史科学"，因为自然史与人类史"相互制约"而"不可分割"①，当然马克思主义史学深入研究的是"人类史"，总结整个人类社会发展规律，因此，可以说马克思主义史学主要是"人类科学"，即恩格斯所言"凡不是自然科学的科学都是历史科学"②，足见马克思主义史学的最显著特点是具有纵向历史与横向社会的贯通性，但马克思主义史学从来不研究抽象的人，而是致力于研究"现实的人及其历史发展的科学"③。马克思开创了唯物史观，"发现了人类历史的发展规律"④，"唯物主义历史观始终是社会科学的同义

① 《马克思恩格斯文集》第 1 卷，人民出版社 2009 年版，第 516 页。
② 《马克思恩格斯文集》第 2 卷，人民出版社 2009 年版，第 597 页。
③ 《马克思恩格斯文集》第 4 卷，人民出版社 2009 年版，第 295 页。
④ 《马克思恩格斯文集》第 3 卷，人民出版社 2009 年版，第 601 页。

词"①，马克思主义史学是以唯物史观为研究指南的、理论与实践紧密结合的、具有强烈的问题意识和现实导向的历史学，不仅以唯物史观诠释历史，而且也通过探索历史规律和总结历史经验来引导社会发展，以改造现实世界。"问题在于改变世界"是马克思主义史学的根本旨趣。总之，马克思主义史学是历史解释和社会改造紧密结合的史学。唯物史观与各国历史文化实际相结合，形成了各具特色的马克思主义史学。马克思主义史学提供了合理解释历史和能动改造社会的强大理论武器。

"马克思主义是科学的理论，创造性地揭示了人类社会发展规律"②，习近平新时代中国特色社会主义思想是当代中国马克思主义、21世纪马克思主义，是马克思主义中国化时代化的重大理论成果，既坚持了马克思主义，又发展了马克思主义，结合中国历史文化和社会发展实际对马克思主义进行新诠释新概括，成为中华文化和中国精神的时代精华，开辟了马克思主义新境界，实现了马克思主义中国化新的飞跃，是全面建设社会主义现代化强国的指导思想，也是中国马克思主义史学创新的指导思想；提出中华民族迎来了从站起来、富起来到强起来的伟大飞跃、马克思主义中国化新的飞跃的重要论断，有助于我们正确理解中华民族发展史、中国近现代史和

---

① 《列宁专题文集：论辩证唯物主义和历史唯物主义》，人民出版社2009年版，第163页。

② 习近平：《在纪念马克思诞辰200周年大会上的讲话》，人民出版社2018年版，第7页。

马克思主义中国化史；提出坚持正确党史观、树立大历史观、旗帜鲜明反对历史虚无主义的重要论断，有助于我们正确研究和编纂中共党史和中华人民共和国史；提出"两个不能否定"的重要论断，有助于我们正确看待改革开放前后的历史；提出"历史是最好的教科书"的重要论断，有助于我们加强历史教育，坚定历史自信；提出中国式现代化为实现中华民族伟大复兴的唯一正确道路的重要论断，有助于我们深入批判"历史终结论"和"单线历史观"，更合理地研究世界现代化史和中国现代化史；提出"两个结合"的重要论断，有助于我们坚定文化自信，推动中华优秀传统文化的创造性转化和创新性发展，更合理地研究马克思主义发展史和中国思想文化史；提出构建人类命运共同体的重大倡议，主张文明多样性，坚持文明平等交流互鉴，有助于我们重新认识和书写世界文明史和中华文明史。当代中国马克思主义对唯物史观的传承创新，有助于我们从根本上破除一系列错误的历史观念，如西方文明中心主义史观、单一文明史观、文明冲突史观、文明线性进化史观、西方历史中心主义史观、历史终结论史观、历史虚无主义史观、单一现代性史观、单一社会主义道路史观，推动我们更合理地研究全部历史，构建中国特色史学学科体系、学术体系和话语体系，建设中国史学自主知识体系。

一、既要坚持唯物史观，又要发展唯物史观

当代中国马克思主义既坚持唯物史观，同时又发展唯物史观，

结合中国历史文化和社会实际对唯物史观进行新阐释新概括，用中国道理总结中国经验，把中国经验提升为中国理论，推动了唯物史观的创新性发展，开辟了马克思主义新境界，对于研究历史具有重要的指导性意义。

唯物史观主要是探讨"现实的人及其历史发展的科学"①，是"描述人们的实践活动和实际发展过程的真正的实证科学"，是"从对人类历史发展的考察中抽象出来的最一般的结果的概括"，唯物史观的形成与发展"只能从对每个时代的个人的现实生活过程和活动的研究中产生"，唯物史观仅仅研究"现实的历史"，而非抽象的历史，"离开了现实的历史，就没有任何价值"，因此唯物史观"绝不提供可以适用于各个历史时代的药方或公式"②。"唯物史观"在马克思主义经典文献中又被称为"马克思的历史理论"，"马克思的整个世界观"，"唯物主义方法"等③，含有广狭二义，广义的唯物史观指的是马克思主义基本原理，即马克思主义的世界观和方法论，包括辩证唯物主义、历史唯物主义、唯物辩证法、政治经济学原理、科学社会主义原理，是关于自然史和人类史的发展规律的科学。狭

---

① 《马克思恩格斯文集》第4卷，人民出版社2009年版，第295页。

② 《马克思恩格斯文集》第1卷，人民出版社2009年版，第526页。

③ 1885年4月23日恩格斯在致维拉·伊万诺夫娜·查苏利奇的书信中把唯物史观称为"马克思的历史理论"，1890年6月5日恩格斯在致保尔·恩斯特的书信中称之为"唯物主义方法"，1890年8月5日恩格斯在致康拉德·施米特的书信中称之为"我们的历史观"，1895年3月11日，恩格斯在致韦尔纳·桑巴特的书信中称之为"马克思的整个世界观"。

义的唯物史观是指马克思主义历史理论，即历史唯物主义原理，是
关于人类史一般发展规律的科学。唯物史观本质上是一种研究方
法、一种行动指南，而非一种纯粹的历史哲学，即"不是教义，而
是方法"①。作为历史研究指南的唯物史观，不仅仅包括狭义的唯物
史观，也包括广义的唯物史观。唯物史观超越了狭隘的西方中心主
义历史观，"大体在彻底摆脱'东方社会停滞'等'西方中心论'词
语表述影响的同时，把对资本主义的一般与特殊及其相互关系的认
识从西欧推及世界，彻底超越'欧洲独特'说，最终完成了对思维
方式和话语系统意义上的'西方中心论'的科学批判"②。唯物史观
是经过历史和实践反复证明的科学的历史观，必须得到坚持和运
用。当代中国马克思主义对唯物史观进行了创造性发展③，立足新时
代，回答历史之问、时代之问、世界之问，把坚持唯物史观与运用
唯物史观阐释中国实践、总结中国经验紧密结合在一起。在哲学社
会科学工作座谈会上，习近平总书记从研究对象、人民立场、认识
工具、实践品格四个方面揭示了马克思主义的科学性，认为马克思
主义深刻揭示了自然界、人类社会、人类思维发展的普遍规律，为
人类社会发展进步指明了方向；马克思主义坚持实现人民解放、维
护人民利益的立场，以实现人的自由而全面的发展和全人类解放为

---

① 《马克思恩格斯文集》第 10 卷，人民出版社 2009 年版，第 691 页。

② 叶俭明：《马克思超越"西方中心论"的历史和逻辑》，《中国社会科学》2014
年第 1 期。

③ 田鹏颖、綦玮：《当代中国马克思主义对唯物史观的创造性发展》，《中国人民
大学学报》2020 年第 2 期。

己任，反映了人类对理想社会的美好憧憬；马克思主义揭示了事物的本质、内在联系及发展规律，是人们观察世界、分析问题的有力思想武器；马克思主义具有鲜明的实践品格，不仅致力于科学"解释世界"，而且致力于积极"改变世界"。坚持马克思主义，坚持唯物史观，"最重要的是坚持马克思主义基本原理和贯穿其中的立场、观点、方法"[1]。在十八届中央政治局第十一次集体学习时，习近平总书记强调了学习历史唯物主义的重要性，结合改革开放实践提出了要重点学习和掌握社会基本矛盾分析法、物质生产是社会生活的基础的观点、人民群众是历史的创造者的观点，同时也指出"生产力和生产关系、经济基础和上层建筑之间有着十分复杂的关系，有着作用和反作用的现实过程，并不是单线式的简单决定和被决定逻辑"[2]。在十八届中央政治局第二十次集体学习时，习近平总书记重点阐述了物质与意识的辩证关系原理，反对忽视意识的能动作用，指出"辩证唯物主义虽然强调世界的统一性在于它的物质性，但并不否认意识对物质的反作用，而是认为这种反作用有时是十分巨大的"[3]。以此来说明理想信念教育、思想道德教育和意识形态工作的极端重要性。在纪念马克思诞辰 200 周年大会上，习近平总书记提出了学习和实践马克思主义基本原理的九个重要方面，即人类社会

---

[1]　习近平：《在哲学社会科学工作座谈会上的讲话》，人民出版社 2016 年版，第 13 页。

[2]　习近平：《坚持历史唯物主义，不断开辟当代中国马克思主义发展新境界》，《求是》2020 年第 2 期。

[3]　习近平：《论党的宣传思想工作》，中央文献出版社 2020 年版，第 127 页。

发展规律的思想，坚守人民立场的思想，生产力和生产关系的思想，人民民主的思想，文化建设的思想，社会建设的思想，人与自然关系的思想，世界历史的思想，马克思主义政党建设的思想。习近平总书记强调要坚持和运用辩证唯物主义和历史唯物主义的世界观和方法论，马克思主义立场、观点、方法，世界的物质性及其发展规律，人类社会发展的自然性、历史性及其相关规律，人的解放和自由全面发展的规律，认识的本质及其发展规律等原理，马克思主义的实践观、群众观、阶级观、发展观、矛盾观。① 马克思主义具有科学性和真理性、人民性和实践性、开放性和时代性，要提出具有独创性的研究成果，就必须坚持唯物史观，"从我国实际出发，坚持实践的观点、历史的观点、辩证的观点、发展的观点，在实践中认识真理、检验真理、发展真理"②。马克思主义所阐述的一般原理具有科学性和真理性，这是今天必须坚持唯物史观的基本依据。

马克思主义具有与时俱进的理论品格，并没有结束真理，而是开辟了通向真理的道路，不仅需要坚持运用，也需要进一步创新发展。恩格斯在致弗洛伦斯·凯利·威士涅威茨基的信中强调："我们的理论是发展着的理论，而不是必须背得烂熟并机械地加以重复的

---

① 习近平：《在纪念马克思诞辰 200 周年大会上的讲话》，人民出版社 2018 年版，第 25 页。

② 习近平：《在哲学社会科学工作座谈会上的讲话》，人民出版社 2016 年版，第 19 页。

教条。"恩格斯在致韦尔纳·桑巴特的信中进一步深刻指出："马克思的整个世界观不是教义，而是方法。它提供的不是现成的教条，而是进一步研究的出发点和供这种研究使用的方法。"① 马克思主义能够在中国得到日益广泛传播和不断发展创新，不仅因为它是关于人类发展一般规律的科学，而且因为它不断与中国具体实际结合、与中华优秀传统文化结合，已成为中国化时代化的马克思主义，已具备中国文化主体性。在哲学社会科学工作座谈会上，习近平总书记指出："马克思主义是随着时代、实践、科学发展而不断发展的开放的理论体系，它并没有结束真理，而是开辟了通向真理的道路。"马克思主义永葆生机活力的奥妙是"把坚持马克思主义和发展马克思主义统一起来，结合新的实践不断作出新的理论创造"②。在纪念马克思诞辰 200 周年大会上，习近平总书记强调"推动马克思主义不断发展是中国共产党人的神圣职责"，我们要"不断开辟当代中国马克思主义、21 世纪马克思主义新境界"，"要坚持用马克思主义观察时代、解读时代、引领时代，用鲜活丰富的当代中国实践来推动马克思主义发展，用宽广视野吸收人类创造的一切优秀文明成果，坚持在改革中守正出新、不断超越自己，在开放中博采众长、不断完善自己，不断深化对共产党执政规律、社会主义建设规律、人类社会发展规律的认识，不断开辟当代中国马克思主义、21 世纪马克

① 《马克思恩格斯文集》第 10 卷，人民出版社 2009 年版，第 562、691 页。

② 习近平：《在哲学社会科学工作座谈会上的讲话》，人民出版社 2016 年版，第 13 页。

思主义新境界"①。唯物史观是开放的、不断创新、与时俱进的理论，在不同的国家不同的时代具有不同的经济社会文化内涵。

当代中国马克思主义不仅要求我们认识历史规律，也要求我们遵循历史规律，强调"把握历史发展规律和大势、始终掌握党和国家事业发展的历史主动"的重要意义。在党史学习教育动员大会上，习近平总书记提出"把握住历史发展规律和大势"的重要论断，强调"历史发展有其规律，但人在其中不是完全消极被动的。只要把握住历史发展规律和大势，抓住历史变革时机，顺势而为，奋发有为，我们就能够更好前进"②。当代中国马克思主义极其突出唯物史观的人民立场和人民属性，践行以人民为中心的发展思想，坚持人民主体地位，尊重人民首创精神，推动人的全面发展，反复强调"马克思主义是人民的理论"，"人民性是马克思主义的本质属性"，"人民性是马克思主义最鲜明的品格"，"人民是历史的创造者，人民是真正的英雄"，"人民是创造世界历史的动力"，"人民是创造历史的根本动力"。在十三届全国人大一次会议上，习近平总书记反复强调"人民是历史的创造者，人民是真正的英雄"。"波澜壮阔的中华民族发展史是中国人民书写的！博大精深的中华文明是中国人民创造的！历久弥新的中华民族精神是中国人民培育的！中华民族迎来了从站起来、富起来到强起来的伟大飞跃是中国人民奋斗出来的！"③

---

① 习近平：《在纪念马克思诞辰 200 周年大会上的讲话》，人民出版社 2018 年版，第 27 页。

② 《习近平谈治国理政》第 4 卷，外文出版社 2022 年版，第 510 页。

③ 《习近平谈治国理政》第 3 卷，外文出版社 2020 年版，第 139 页。

在纪念毛泽东同志诞辰 130 周年座谈会上，习近平总书记强调："人民，只有人民，才是创造世界历史的动力"，"我们要坚持人民是创造历史根本动力的历史唯物主义基本观点，坚持人民主体地位，充分尊重人民所表达的意愿、所创造的经验、所拥有的权利、所发挥的作用，把维护好、实现好、发展好最广大人民根本利益作为一切工作的出发点和落脚点，让现代化建设成果更多更公平惠及全体人民"[1]。人民史观是马克思主义的核心史观，是唯物史观的核心内涵，要求历史研究者必须站稳人民立场，坚持群众观点，为人民书写历史，书写人民的历史，决不能忽视历史进程中的普通人民，无论是人民群体，还是普通个人，都对历史有所贡献。

历史人物评价问题是坚持和发展唯物史观必须特别关注的重大历史问题，因为这涉及唯物史观的核心问题，即人民群众和领袖人物在历史进程中的地位和作用，唯物史观既坚持历史合力论，也坚持人民史观，既反对个人英雄主义史观，也反对抹杀领袖人物重要作用的历史虚无主义史观，"唯物史观不仅肯定人民群众对推动社会历史发展的决定性作用，而且也积极评价个人的历史作用"[2]。《关于建国以来党的若干历史问题的决议》指出："我们不应该把一切功劳归于革命的领袖们，但也不应该低估领袖们的重要作用。"[3]

---

① 习近平：《在纪念毛泽东同志诞辰 130 周年座谈会上的讲话》，人民出版社 2023 年版，第 15—16 页。

② 吴英：《重释唯物史观》，载中国社会科学院历史研究所马克思主义史学理论与史学史研究室编：《理论与史学》第 2 辑，中国社会科学出版社 2016 年版，第 42 页。

③ 《关于建国以来党的若干历史问题的决议》，中共党史出版社 2010 年版，第 62 页。

当代中国马克思主义以唯物史观指导历史人物评价，注意历史人物的时代性、社会性、必然性与偶然性。在纪念毛泽东同志诞辰120周年座谈会上，习近平总书记提出关于历史人物评价标准，即"对历史人物的评价，应该放在其所处时代和社会的历史条件下去分析，不能离开对历史条件、历史过程的全面认识和对历史规律的科学把握，不能忽略历史必然性和历史偶然性的关系。不能把历史顺境中的成功简单归功于个人，也不能把历史逆境中的挫折简单归咎于个人。不能用今天的时代条件、发展水平、认识水平去衡量和要求前人，不能苛求前人干出只有后人才能干出的业绩来"①。领袖人物是人不是神，也是一定的经济社会基础和各种历史条件的产物，评价领袖人物，不能走向"封神"和"虚无"两个极端，"不能因为他们伟大就把他们像神那样顶礼膜拜，不容许提出并纠正他们的失误和错误；也不能因为他们有失误和错误就全盘否定，抹杀他们的历史功绩，陷入虚无主义的泥潭"。在《关于建国以来党的若干历史问题的决议》的基础上，习近平总书记在纪念毛泽东同志诞辰130周年座谈会上的讲话中高度评价了毛泽东的历史贡献，其中"毛泽东同志是伟大的马克思主义者，伟大的无产阶级革命家、战略家、理论家"的评价与《关于建国以来党的若干历史问题的决议》相同，新增加"是马克思主义中国化的伟大开拓者、中国社会主义现代化建设事业的伟大奠基者，是近代以来中国伟大的爱国者和民族英雄，

---

① 习近平：《在纪念毛泽东同志诞辰120周年座谈会上的讲话》，人民出版社2013年版，第11页。

是党的第一代中央领导集体的核心，是领导中国人民彻底改变自己命运和国家面貌的一代伟人，是为世界被压迫民族的解放和人类进步事业作出重大贡献的伟大国际主义者"[1]，这是对毛泽东的新评价，并从领导新民主主义革命、建立中华人民共和国、确立社会主义基本制度、探索中国特色社会主义道路等方面，重点总结了毛泽东一生最伟大最突出的历史贡献。这些评价没有否认毛泽东晚年所犯的错误，而是承认"毛泽东同志在社会主义建设道路的探索中走过弯路，他在晚年特别是在'文化大革命'中犯了严重错误"，但强调"毛泽东同志的功绩是第一位的，他的错误是第二位的，他的错误在于违反了他自己正确的东西，是一个伟大的革命家、伟大的马克思主义者所犯的错误"。毛泽东晚年的错误应该全面、历史、辩证地看待和分析，"有其主观因素和个人责任，还在于复杂的国内国际的社会历史原因"[2]。习近平总书记对毛泽东历史贡献的高度评价深刻体现了唯物史观关于历史人物评价的基本理论，推动了马克思主义历史人物评价理论的进一步创新。

二、认识中华民族的伟大飞跃和马克思主义中国化新的飞跃

从中华民族发展史和中国近现代史的角度来看，中国共产党人

---

① 习近平：《在纪念毛泽东同志诞辰130周年座谈会上的讲话》，人民出版社2023年版，第1页。

② 习近平：《在纪念毛泽东同志诞辰120周年座谈会上的讲话》，人民出版社2013年版，第1—2、8—12页。

带领全国人民实现了中华民族的伟大飞跃，当代中国马克思主义以唯物史观分析中国历史，得出了中华民族迎来了从站起来、富起来到强起来的伟大飞跃的重要论断。习近平总书记在党的十九大报告中提出："中国特色社会主义进入新时代，意味着近代以来久经磨难的中华民族迎来了从站起来、富起来到强起来的伟大飞跃，迎来了实现中华民族伟大复兴的光明前景。"① 在纪念马克思诞辰 200 周年大会上，习近平总书记系统而深入阐释了中华民族的伟大飞跃。从中国共产党诞生到改革开放之前，中国共产党人把马克思主义基本原理同中国革命和建设的具体实际结合，完成了新民主主义革命和社会主义革命，建立中华人民共和国和社会主义基本制度，进行了社会主义建设的艰辛探索，"实现了中华民族从东亚病夫到站起来的伟大飞跃"，证明了"只有社会主义才能救中国"；从改革开放到中国特色社会主义新时代之前，中国共产党人把马克思主义基本原理同中国改革开放的具体实际结合起来，进行了建设中国特色社会主义的伟大实践，"实现了中华民族从站起来到富起来的伟大飞跃"，证明了"只有中国特色社会主义才能发展中国"；进入中国特色社会主义新时代以来，中国共产党人把马克思主义基本原理同新时代中国具体实际结合起来，推动党和国家事业取得全方位、开创性历史成就，发生了深层次、根本性历史变革，"中华民族迎来了从富起来到强起来的伟大飞跃"，证明了"只有坚持和发展中国特色社会主义

---

① 习近平：《决胜全面建成小康社会　夺取新时代中国特色社会主义伟大胜利——在中国共产党第十九次全国代表大会上的报告》，人民出版社 2017 年版，第 9 页。

才能实现中华民族伟大复兴"①。习近平总书记关于中华民族伟大飞
跃的重要论断，建构了中华民族发展史和中国近现代史的基本研究
框架，对于我们深入研究和编纂中华民族发展史和中国近现代史提
供了重要的理论参考。

重大历史事件是历史研究的核心对象之一，从大历史的视角探
讨重大历史事件的深远历史意义，是历史研究的重要任务，能够为
现实和未来的发展提供历史意义的贯通。在庆祝改革开放 40 周年大
会上，习近平总书记提出中华民族伟大复兴三大里程碑的说法，认
为"建立中国共产党、成立中华人民共和国、推进改革开放和中国
特色社会主义事业，是五四运动以来我国发生的三大历史性事件，
是近代以来实现中华民族伟大复兴的三大里程碑"②。其中中国共产
党成立"深刻改变了近代以后中华民族发展的方向和进程，深刻改
变了中国人民和中华民族的前途和命运，深刻改变了世界发展的趋
势和格局"。完成新民主主义革命，成立中华人民共和国，则"彻
底结束了旧中国半殖民地半封建社会的历史，彻底结束了旧中国一
盘散沙的局面，彻底废除了列强强加给中国的不平等条约和帝国主
义在中国的一切特权，为实现中华民族伟大复兴创造了根本社会条
件"。推进改革开放和中国特色社会主义事业则"实现了从高度集中
的计划经济体制到充满活力的社会主义市场经济体制、从封闭半封

---

① 习近平：《在纪念马克思诞辰 200 周年大会上的讲话》，人民出版社 2018 年版，
第 13—14 页。

② 习近平：《在庆祝改革开放 40 周年大会上的讲话》，人民出版社 2018 年版，第
4 页。

闭到全方位开放的历史性转变，实现了从生产力相对落后的状况到经济总量跃居世界第二的历史性突破，实现了人民生活从温饱不足到总体小康、奔向全面小康的历史性跨越，为实现中华民族伟大复兴提供了充满新的活力的体制保证和快速发展的物质条件"①。习近平总书记关于中华民族伟大复兴的三大里程碑的重要论断，突出了重大历史事件的伟大历史意义，为我们研究中华民族发展史、中国近现代史、中共党史、新中国史和改革开放史提供重要的历史坐标。

马克思主义中国化时代化大众化是马克思主义的生命力所在，马克思主义必须通过与中国具体实际、与中华优秀传统文化结合而成为中国的，才能在中国长期扎根，焕发勃勃生机，从而科学指导中国的革命、建设与改革，"两个结合"是马克思主义中国化的实践路径，是马克思主义在中国取得成功的关键，马克思主义中国化有着长期的发展历程，先后在新民主主义革命时期、社会主义革命和建设时期、改革开放和社会主义现代化建设新时期、中国特色社会主义新时代推进中华民族的伟大飞跃和实现马克思主义中国化的飞跃。《中共中央关于党的百年奋斗重大成就和历史经验的决议》系统概括了历次马克思主义中国化的飞跃。马克思主义中国化的第一次历史性飞跃为毛泽东思想的形成，"毛泽东思想是马克思列宁主义在中国的创造性运用和发展，是被实践证明了的关于中国革命和建设的正确的理论原则和经验总结，是马克思主义中国化的第一次历史

---

① 习近平：《在庆祝中国共产党成立 100 周年大会上的讲话》，人民出版社 2021年版，第 3、4、6 页。

性飞跃"。包括邓小平理论、"三个代表"重要思想和科学发展观在内的中国特色社会主义理论体系的形成是马克思主义中国化新的飞跃,"党领导和支持开展真理标准问题大讨论,从新的实践和时代特征出发坚持和发展马克思主义,科学回答了建设中国特色社会主义的发展道路、发展阶段、根本任务、发展动力、发展战略、政治保证、祖国统一、外交和国际战略、领导力量和依靠力量等一系列基本问题,形成中国特色社会主义理论体系,实现了马克思主义中国化新的飞跃"。习近平新时代中国特色社会主义思想是马克思主义中国化新的飞跃,"习近平新时代中国特色社会主义思想是当代中国马克思主义、二十一世纪马克思主义,是中华文化和中国精神的时代精华,实现了马克思主义中国化新的飞跃"[1]。当代中国马克思主义关于马克思主义中国化的历史性飞跃的重要论断,从根本上解决了马克思主义意识形态的中国文化主体性问题,为研究马克思主义中国化史、社会主义发展史、中国近现代思想文化史、中共党史提供了重要的理论导引。

三、坚持正确党史观,树立大历史观

正确历史观是我们研究和书写历史的前提和基础,正确党史观则是我们研究和编撰中共党史的前提和基础,当代中国马克思主义坚持正确党史观,树立大历史观,旗帜鲜明反对历史虚无主义。所

---

[1] 《中共中央关于党的百年奋斗重大成就和历史经验的决议》,人民出版社 2021 年版,第 13、17—18、26 页。

谓"坚持正确党史观"，就是要坚持以唯物史观为指南，坚持辩证唯物主义和历史唯物主义的方法论，用具体历史的、客观全面的、联系发展的观点来看待党的历史，既不虚美，也不虚无，坚决反对抹杀历史的虚无主义，科学总结党的历史成就、经验与教训，为党的领导和建设提供正确的历史借鉴。《中共中央关于党的百年奋斗重大成就和历史经验的决议》提出"全党要坚持唯物史观和正确党史观"的要求，习近平总书记在《关于〈中共中央关于党的百年奋斗重大成就和历史经验的决议〉的说明》中，强调要"坚持正确党史观、树立大历史观"，"准确把握党的历史发展的主题主线、主流本质，正确对待党在前进道路上经历的失误和曲折，从成功中吸取经验，从失误中吸取教训，不断开辟走向胜利的道路"；强调要"旗帜鲜明反对历史虚无主义"，"加强思想引导和理论辨析，澄清对党史上一些重大历史问题的模糊认识和片面理解，更好正本清源"①。历史虚无主义是一种故意抹杀正面历史、只书写负面历史、割断历史联系乃至扭曲历史事实的错误历史观，"否定唯物史观，否定马克思主义的社会形态理论，对相关历史作出错误解读，提出颠覆性结论，把原本轮廓清晰、主线明确的历史虚无化模糊化"②，历史虚无主义背离了中国史学传统一脉相承的"信史""实录"原则，往往打着发

---

① 习近平：《关于〈中共中央关于党的百年奋斗重大成就和历史经验的决议〉的说明》，《求是》2021年第23期。

② 夏春涛：《历史虚无主义思潮产生背景、主要特征及其危害》，《史学理论研究》2019年第3期。

掘历史真相的名义一味找错，甚至故意找茬，为否定党的领导和社会主义发展道路服务，是党史国史研究和编纂的大敌。持有历史虚无主义的党史观，不仅会书写错误的党史国史从而误导党和国家的发展，而且会误导人民的心理，导致人民缺乏历史自信和历史认同。坚持正确党史观、反对历史虚无主义，是党史研究和编纂必须坚持的基本原则，也是整个历史研究和书写都要坚持的基本原则。所谓"树立大历史观"，就是要以宽广的历史视野、长远的历史眼光、系统的历史思维、内在的历史联系把握历史发展的整体态势、基本脉络和正确走向，认清历史发展的大逻辑大趋势，反对只看到历史的碎片，只书写微观的历史，而故意忽视历史的整体，甚至抹杀历史的整体，反对割断历史的联系，否定历史的规律性，否定历史的现实作用。在纪念孙中山先生诞辰 150 周年大会上，习近平总书记提出必须"树立宏大历史视野，把握世界发展大势，聆听时代声音，勇于坚持真理、修正错误，不断推进理论创新、实践创新、制度创新、文化创新以及其他各方面创新，在时代前进的洪流中书写中华民族发展新篇章"①。在党史学习教育动员大会上，习近平总书记提出必须"胸怀中华民族伟大复兴战略全局和世界百年未有之大变局"，"从历史长河、时代大潮、全球风云中分析演变机理、探究历史规律，提出因应的战略策略，增强工作的系统性、预见性、创造

---

① 习近平：《在纪念孙中山先生诞辰 150 周年大会上的讲话》，人民出版社 2016 年版，第 8 页。

性"①。习近平总书记关于"树立大历史观"的重要论断，是对唯物史观的理论创新，反映了中华优秀传统史学理念中关于"通古今之变"的创造性转化，是正确历史观和正确党史观的重要体现，不仅是党史国史研究的重要原则，也是全部历史研究的重要原则，对于坚持和发展唯物史观、搞好历史研究具有长远的指导意义。

《中共中央关于党的百年奋斗重大成就和历史经验的决议》在唯物史观的指导下结合百年党史的发展实际提出了一系列正确的党史观，区分百年党史为四个重要的历史发展阶段：新民主主义革命时期、社会主义革命和建设时期、改革开放和社会主义现代化建设新时期、中国特色社会主义新时代，分析了每个历史时期党的重大成就和历史经验。历史决议概括提出党百年奋斗的五大历史意义：党的百年奋斗从根本上改变了中国人民的前途命运；开辟了实现中华民族伟大复兴的正确道路；展示了马克思主义的强大生命力；深刻影响了世界历史进程；锻造了走在时代前列的中国共产党。历史决议概括提出中国共产党百年奋斗的十条历史经验：坚持党的领导；坚持人民至上；坚持理论创新；坚持独立自主；坚持中国道路；坚持胸怀天下；坚持开拓创新；坚持敢于斗争；坚持统一战线；坚持自我革命。《中共中央关于党的百年奋斗重大成就和历史经验的决议》"是在全党开展'四史'尤其是党史学习教育的背景下推出的"②，科

---

① 《习近平谈治国理政》第4卷，外文出版社2022年版，第511页。

② 蔡青竹：《三个"历史决议"与中国共产党对历史经验的总结》，《史学理论研究》2022年第3期。

学总结和评价了中国共产党诞生以来的历史，重点总结和评价了改革开放以来的历史，特别是新时代以来的历史，对于我们研究中共党史、新中国史、改革开放史、社会主义发展史、中国近现代史均具有重要的指导意义。

四、正确看待改革开放前后的历史

对于改革开放前后两个历史时期的关系，当代中国马克思主义从唯物史观出发，既看到了这两个历史时期的互相联系，又看到了这两个历史时期的重大区别。如果过于夸大这个重大区别，则陷入了历史虚无主义；如果完全抹杀这个重大区别，则否定了改革开放的重大历史意义。只有从唯物史观出发，运用历史的、联系的、发展的、实践的、矛盾的、辩证的观点，才能科学认识这两个历史时期的内在关系。在新进中央委员会的委员、候补委员学习贯彻党的十八大精神研讨班上，习近平总书记提出"两个不能否定"的重要论断，即"对改革开放前的历史时期要正确评价，不能用改革开放后的历史时期否定改革开放前的历史时期，也不能用改革开放前的历史时期否定改革后的历史时期"，其重要根据是："改革开放前的社会主义实践探索为改革开放后的社会主义实践探索积累了条件，改革开放后的社会主义实践探索是对前一个时期的坚持、改革、发展。"如何历史地对待改革开放前的社会主义实践探索，习近平总书记提出要"坚持实事求是的思想路线，分清主流和支流，坚持真理，修正错误，发扬经验，吸取教训，在这个基础上把党和人民事业继续推向前进"①。"两个不能否定"的重要论断是运用唯物史观分析改革开放前后两个历史时期辩证关系的典范，突出了中国社会主义事业的传承性和统一性，"前 30 年我们所从事的社会主义事业传统社会主义和苏联模式的社会主义色彩更多一些；后 30 年则赋予了更鲜明的中国特色，谓之中国特色社会主义"②，为研究新中国史和改革开放史提供了理论支持。

提出"两个不能否定"的重要论断具有重大的政治意义和历史意义，是坚持和发展中国特色社会主义的必然要求，是既不走封闭僵化的老路，也不走改旗易帜的邪路在历史观上的重要表现，是反对历史虚无主义的重要理论武器，是研究和编撰党史、新中国史、改革开放史、社会主义发展史的重要指导，"两个不能否定"直接关系到坚持和发展中国特色社会主义道路的两个关键性问题，"即在中国要不要坚持社会主义、要不要搞改革开放的问题。这是坚持和发展中国特色社会主义的根本问题。否定了改革开放前后两个历史时期中的任何一个时期，就没有中国特色社会主义，就否定了中国特色社会主义"③。

提出"两个不能否定"的重要论断具有重要的历史依据，这两个历史时期都属于中国特色社会主义现代化道路的实践探索，改革开放前的历史时期为改革开放后的历史时期奠定了社会主义基本制

①　习近平：《论中国共产党历史》，中央文献出版社 2021 年版，第 4 页。

②　任贵祥：《当代中国改革开放前后两个历史时期的科学贯通》，《当代中国史研究》2013 年第 2 期。

③　齐彪：《"两个不能否定"的重大政治意义》，《光明日报》2013 年 5 月 7 日。

度和重要制度（包括党的领导制度、人大制度、政协制度、民族区域自治制度等）、独立自主的工业体系和国民经济体系、社会主义先进文化建设等方面的基础，"从探索适合中国国情的建设社会主义道路这条主线来讲，是一个整体，一脉相承。区别在于，前30年的探索出现失误，没能成功找到一条正确的建设社会主义道路，但就'致力于探索'这点而言，两段历史一脉相承，而且前段探索为后段探索提供了有益借鉴——包括经验也包括教训"①。

提出"两个不能否定"的重要论断还吸取了苏联社会主义失败的历史教训，提醒我们研究社会主义发展史的重要性，"苏联解体、苏共垮台的一个重要原因，就是全面否定苏联历史、苏共历史，否定列宁等领袖人物，搞历史虚无主义，把人们的思想搞乱了。因而，正确认识和把握改革开放前后两个历史时期，是一个事关党、国家、人民前途命运的重大政治问题"②。

五、加强历史教育，坚定历史自信

历史教育是爱国主义教育的重要手段和主要载体，在国家教育体系中占有极为重要的地位，发挥着任何学科不可替代的关键作用，历史是现实和未来最好的镜子，史学"求真"和"致用"是历史教

---

① 张启华：《正确看待改革开放前后历史的辩证关系》，《当代中国史研究》2013年第2期。
② 中共中央党史研究室：《正确看待改革开放前后两个历史时期》，《人民日报》2013年11月8日。

育之所以能够发挥重大作用的根本原因，唯物史观高度重视意识形态的能动作用和史学的现实作用，要求我们必须认识历史规律，遵循历史大势，借鉴历史经验，把握历史主动，做历史的创造者，走历史必由之路，发挥历史主体性。习近平总书记高度重视历史教育，尤其是党史国史教育，提出"历史是最好的教科书"，"历史是最好的老师"，"知史爱党，知史爱国"的重要论断，要求"在学生中加强中国历史特别是中国近现代史、中国革命史、中国共产党史、中华人民共和国史、中国改革开放史等的教育，坚持不懈培育和弘扬社会主义核心价值观"①。在中央党校建校 80 周年庆祝大会暨 2013 年春季学期开学典礼上，习近平总书记提出"知史爱党，知史爱国"的极端重要性，"要了解我们党和国家事业的来龙去脉，汲取我们党和国家的历史经验，正确了解党和国家历史上的重大事件和重要人物，这对正确认识党情、国情十分必要，对开创未来也十分重要，因为历史是最好的教科书"。在学校思想政治理论课教师座谈会上，习近平总书记从大历史视角提出历史教育在思政课教学中的极端重要性，强调"历史是最好的老师"，思政课教师必须懂历史，且懂大历史，善于把历史教育渗透学生的心田，"思政课教师的历史视野中，要有五千多年中华文明史，要有五百多年世界社会主义史，要有中国人民近代以来一百七十多年斗争史，要有中国共产党近一百年的奋斗史，要有中华人民共和国七十年的发展史，要有改革开放四十多年的实践史，要有新时代中国特色社会主义取得的历史性成

---

① 习近平：《论中国共产党历史》，中央文献出版社 2021 年版，第 10 页。

就、发生的历史性变革，通过生动、深入、具体的纵横比较，把一些道理讲明白、讲清楚"①。"历史是一面镜子"，我们对历史心怀敬畏，传承历史，铭记历史，是为了以史为鉴，避免重蹈覆辙，更好地开创未来。在第七十届联合国大会一般性辩论时的讲话中，习近平主席提出"对历史，我们要心怀敬畏，心怀良知"的重要论断，"历史无法改变，但未来可以塑造。铭记历史，不是为了延续仇恨，而是要共同引以为戒。传承历史，不是纠结过去，而是要开创未来，让和平的薪火代代相传"②。习近平总书记关于党的历史的重要论述，深刻阐述了历史教育对于爱党爱国的重要意义，有助于推动历史学科、党史党建学科和历史教育学科的建设。

"历史就是历史，历史不能任意选择，一个民族的历史是一个民族安身立命的基础"③，"忘记历史就意味着背叛"④，历史自信是历史主体对客观历史的主观认同，确立历史自信是历史主体自觉发挥历史创造性作用的前提，牢记历史的经验教训，目的是以史为鉴，开创美好的未来，历史自信理论是唯物史观关于历史认识论的核心要义，习近平总书记要求牢固树立历史自信，不断增强历史自信，高度重视关于中共党史和中国革命史的教育，强调"党的历史是最生

---

① 习近平：《论中国共产党历史》，中央文献出版社 2021 年版，第 7、11—12 页。
② 《习近平谈治国理政》第 2 卷，外文出版社 2017 年版，第 522 页。
③ 习近平：《在纪念毛泽东同志诞辰 120 周年座谈会上的讲话》，人民出版社 2013 年版，第 12 页。
④ 《习近平在纪念中国人民抗日战争暨世界反法西斯战争胜利 70 周年系列活动上的讲话》，人民出版社 2015 年版，第 12 页。

动、最有说服力的教科书", "中国革命历史是最好的营养剂"①, 做到学史明理、增信、崇德、力行。在中共中央政治局党史学习教育专题民主生活会上, 习近平总书记提出"党的历史是最生动、最有说服力的教科书"的重要论断, 强调"全党要学史明理, 学史增信, 学史崇德, 学史力行", 目的是"增加历史自信、增进团结统一, 增强斗争精神"②。党史国史是马克思主义中国化的历史, 是党坚持真理、纠正错误、总结经验和开辟新路的历史, 是党在革命、建设和改革中弘扬优良传统和民族精神的历史, 也是中华民族伟大复兴的历史, 党史国史研究和教育要以史料为证, 以史实说话, 生动活泼地讲好历史故事, "要以史鉴今, 资政育人, 不能是抽象的、原则的, 而应该是具体的、实在的"③。坚定历史自信, 对于我们研究自己的历史具有重要的指导意义, 能够使我们摆脱"只找错不找对"的历史虚无主义思维方式, "自觉反对那些数典忘祖、妄自菲薄的历史虚无主义和文化虚无主义"④, 从而摆脱对自身历史的严重怀疑, 恢复对真实信史的追求, 恢复历史辩证法的思维方式。

六、认识中国式现代化为实现民族复兴的唯一正确道路

一个国家选择什么样的现代化道路, 是由其历史传统、文化基

① 习近平:《论中国共产党历史》, 中央文献出版社 2021 年版, 第 24 页。
② 《习近平谈治国理政》第 4 卷, 外文出版社 2022 年版, 第 545 页。
③ 曲青山:《历史是最好的老师》,《中共党史研究》2013 年第 4 期。
④ 习近平:《论中国共产党历史》, 中央文献出版社 2021 年版, 第 71 页。

因、社会制度、发展条件、外部环境等诸多因素决定的，历史条件
的多样性，决定了各国选择现代化道路的多样性，也体现了现代文
明的多元性。中国式现代化既是世界现代化发展的普遍要求，也是
中国共产党立足于本国历史文化基础上结合现实条件和国际环境进
行长期探索的主体选择，当代中国马克思主义提出中国式现代化是
全面建设社会主义现代化强国、实现中华民族伟大复兴的唯一正确
道路，意味着中国找到了适合自己的现代化道路，意味着世界现代
化道路和人类现代文明中有了中国道路与中国文明的主体性和可选
择性，意味着中华民族伟大复兴有了可靠的实现路径。邓小平早在
改革开放之初就提出了"中国式的现代化"的概念，到了新时代，
这个概念被阐发为专门的现代化概念，并最终形成中国式现代化理
论体系。2014 年在布鲁日欧洲学院，习近平主席指出，"独特的文
化传统、独特的历史命运、独特的国情，注定了中国必然走适合自
己特点的发展道路"[1]。2020 年 10 月 29 日在党的十九届五中全会第
二次全体会议上，习近平总书记提出"我国要坚定不移推进中国式
现代化，以中国式现代化推进中华民族伟大复兴"[2]，并详细阐释了
中国式现代化的五大特色，即人口规模巨大的现代化、全体人民共
同富裕的现代化、物质文明和精神文明相协调的现代化、人与自然
和谐共生的现代化、走和平发展道路的现代化。在庆祝中国共产党

---

[1] 《习近平外交演讲集》第 1 卷，中央文献出版社 2022 年版，第 126 页。
[2] 《习近平谈治国理政》第 4 卷，外文出版社 2022 年版，第 124 页。

成立 100 周年大会上，习近平总书记提出我们"创造了中国式现代化新道路"，强调"走自己的路，是党的全部理论和实践立足点，更是党百年奋斗得出的历史结论"①。党的二十大报告对中国式现代化的科学内涵、鲜明特征、本质要求、战略安排、总体目标、实践路径、机遇挑战、重大原则、首要任务、战略支撑、应有之义、精神力量、内在要求、根基前提、战略要求、前途所在、关键力量等方面进行了全面阐述，形成了中国式现代化理论体系。在学习贯彻新时代中国特色社会主义思想和党的二十大精神研讨班上，习近平总书记指出：新中国成立特别是改革开放以来的工业化历程、经济快速发展和社会长期稳定的实践证明"中国式现代化走得通、行得稳，是强国建设、民族复兴的唯一正确道路"。各国国情不同，现代化路径也会不同，由此形成的现代文明必然是百花齐放，百家争鸣，各文明互鉴。"一个国家走向现代化，既要遵循现代化的一般规律，更要符合本国实际，具有本国特色。中国式现代化既有各国现代化的共同特征，更有基于自己国情的鲜明特色。党的二十大报告明确概括了中国式现代化 5 个方面的中国特色，深刻揭示了中国式现代化的科学内涵。这既是理论概括，也是实践要求，为全面建成社会主义现代化强国、实现中华民族伟大复兴指明了一条康庄大

---

① 习近平：《在庆祝中国共产党成立 100 周年大会上的讲话》，人民出版社 2021 年版，第 13—14 页。

道。"① 中国式现代化理论体系的形成，超越了过去苏联和西方流行的单一现代性史观，在传统的苏联式现代化理论和西方式现代化理论之外，开辟了新的现代化理论，推动了现代化理论的多元化发展，不仅是全面建设社会主义现代化强国的指南，也是研究世界现代化史和中国现代化史的研究指南，提醒我们更加关注世界现代化道路的多样性和各国现代化道路的差异性，更加关注中国现代化道路的内在性、连续性和独特性，更加关注全球现代性的多元性和共通性。

西方制度并非完美无缺的制度，其仍然是资本主义主导的制度，生产社会化与资本主义私有制之间的内在矛盾没有解决，周期性经济危机长期存在。西方社会并非完美无缺的社会，其仍然是资本主义主导的社会，社会两极分化虽然有所缓和，但并没有得到根本解决。西方现代化道路也不是完美无缺的发展道路，其现代化过程中充满了血腥和暴力，历史上长期搞殖民侵略，对黑人与印第安人进行奴隶贩卖与种族屠杀，帝国主义战争持续不断，甚至发生了两次世界大战。因此历史不会终结，也不可能终结，当代中国马克思主义秉持唯物史观，用国家治理现代化的历史事实批判西方制造的"历史终结论"和"单线式历史观"。在省部级主要领导干部学习贯彻十八届三中全会精神、全面深化改革专题研讨班上，习近平总书记指出，"治理一个国家，推动一个国家实现现代化，并不只有西方

---

① 习近平：《中国式现代化是强国建设、民族复兴的康庄大道》，《求是》2023年第16期。

制度模式这一条道，各国完全可以走出自己的道路来。可以说，我们用事实宣告了'历史终结论'的破产，宣告了以西方制度模式为归宿的单线式历史观的破产"①。批判"历史终结论"和"单线式历史观"，有助于我们在历史研究中摆脱西方历史中心主义、西方历史普世主义、西方历史线性进步主义、西方制度普世主义这些错误的历史编撰与研究方法，为重新书写世界历史提供新的理论导向。

七、坚持"两个结合"，增强文化自信

马克思主义要长期扎根中国，就必然需要结合中国的历史文化、现实基础和人民意愿加以中国化，只有中国化的马克思主义才能正确指导中国的革命与建设，中华优秀传统文化要长期传承创新，就必然需要积极面向新的时代，用马克思主义真理力量深入激活其文化生命力。习近平总书记创造性地提出"两个结合"的重大论断，即把马克思主义同中国具体实际相结合，同中华优秀传统文化相结合，特别强调"第二个结合"的重要性。"两个结合"是我们取得中国特色社会主义建设成功的"最大法宝"，是开辟和发展中国特色社会主义的必由之路，"第二个结合"是新的思想解放，让马克思主义成为中国的，让中华优秀传统文化成为现代的，让中国特色社会主义道路有了更加宏阔深远的历史纵深，筑牢了中国式现代化的文化

---

① 中共中央党史和文献研究院编：《习近平关于中国式现代化论述摘编》，中央文献出版社 2023 年版，第 66 页。

根基。在福建武夷山朱熹园考察时，习近平总书记提出："要特别重视挖掘中华五千年文明中的精华，把弘扬优秀传统文化同马克思主义立场观点方法结合起来，坚定不移走中国特色社会主义道路。"①在庆祝中国共产党成立 100 周年大会上，习近平总书记提出"坚持把马克思主义基本原理同中国具体实际相结合、同中华优秀传统文化相结合"②。习近平总书记在党的二十大报告中着力强调第二个结合对于马克思主义创新的重要性："坚持和发展马克思主义，必须同中华优秀传统文化相结合。只有植根本国、本民族历史文化沃土，马克思主义真理之树才能根深叶茂。"第二个结合的具体内涵以及实践路径是"坚持古为今用、推陈出新，把马克思主义思想精髓同中华优秀传统文化精华贯通起来、同人民群众日用而不觉的共同价值观念融通起来，不断赋予科学理论鲜明的中国特色，不断夯实马克思主义中国化时代化的历史基础和群众基础，让马克思主义在中国牢牢扎根"③。在文化传承发展座谈会上，习近平总书记系统阐述了"两个结合"的基本内涵，尤其是明确提出"第二个结合"的内在根据是"内在契合"，"互相成就"，其重大意义是"又一次的思想解放"，"筑牢了道路根基"，"打开了创新空间"，"巩固了文化主体性"，"达到了新高度"，强调"第二个结合"是开辟和发展中国特色

---

① 《习近平谈治国理政》第 4 卷，外文出版社 2022 年版，第 315 页。

② 习近平：《在庆祝中国共产党成立 100 周年大会上的讲话》，人民出版社 2021 年版，第 13 页。

③ 习近平：《高举中国特色社会主义伟大旗帜　为全面建设社会主义现代化国家而团结奋斗——在中国共产党第二十次全国代表大会上的报告》，人民出版社 2022 年版，第 18 页。

社会主义的"必由之路"，是我们在探索中国特色社会主义道路中得出的"规律性认识"，是我们党对马克思主义中国化时代化历史经验的"深刻总结"，是对中华文明发展规律的"深刻把握"。马克思主义中国化一直强调马克思主义基本原理同中国具体实际相结合，现在又明确提出"第二个结合"，极为强调5000年中华文明对中国特色社会主义道路的深刻影响，"如果没有中华五千年文明，哪里有什么中国特色？如果不是中国特色，哪有我们今天这么成功的中国特色社会主义道路？只有立足波澜壮阔的中华五千多年文明史，才能真正理解中国道路的历史必然、文化内涵与独特优势"①。"第二个结合"对于中国的历史研究、文化研究、现代化研究和马克思主义研究均具有重大指导意义，就历史研究而言，"第二个结合"意味着要让马克思主义深入中国化，就必须大力加强对中国思想文化史和中华文明史的研究，中华优秀传统文化与马克思主义高度契合，研究中国思想文化史和中华文明史，就必须深入学习和研究马克思主义，精通马克思主义的基本原理。

文化自信是国家之魂、民族之根、现代化发展之根本动力，抛弃文化自信，国家就丧失了立国之基，民族就丧失了认同之基，现代化就丧失了前进动力，足见文化自信有多么重要。习近平总书记提出要坚定文化自信，牢固树立文化自信，不断增强文化自信。在纪念孔子诞辰2565周年国际学术研讨会暨国际儒学联合会第五届会员大会开幕会上，习近平总书记提出"增强本国本民族思想文化自

---

① 习近平：《在文化传承发展座谈会上的讲话》，《求是》2023年第17期。

尊、自信、自立"。在哲学社会科学工作座谈会上，习近平总书记提出坚定"四个自信"的要求，特别提出"文化自信"在"四个自信"的重要地位以及丧失"文化自信"的严重后果，"要坚定中国特色社会主义道路自信、理论自信、制度自信，说到底是要坚定文化自信。文化自信是更基本、更深沉、更持久的力量。历史和现实都表明，一个抛弃了或者背叛了自己历史文化的民族，不仅不可能发展起来，而且很可能上演一场历史悲剧"①。在庆祝中国共产党成立 95 周年大会上，习近平总书记提出"文化自信，是更基础、更广泛、更深厚的自信"②。在中国文联十大、中国作协九大开幕式上，习近平总书记提出"坚定文化自信，是事关国运兴衰、事关文化安全、事关民族精神独立性的大问题"③。习近平总书记在党的十九大报告中强调"没有高度的文化自信，没有文化的繁荣兴盛，就没有中华民族的伟大复兴"④。习近平总书记在党的二十大报告中提出"我们必须坚定历史自信、文化自信"，"推进文化自信自强，铸就社会主义文化新辉煌"⑤。在文化传承发展座谈会上，习近平总书记指

---

① 习近平：《在哲学社会科学工作座谈会上的讲话》，人民出版社 2016 年版，第 17 页。

② 习近平：《在庆祝中国共产党成立 95 周年大会上的讲话》，人民出版社 2016 年版，第 13 页。

③ 习近平：《在中国文联十大、中国作协九大开幕式上的讲话》，人民出版社 2016 年版，第 6 页。

④ 习近平：《决胜全面建成小康社会 夺取新时代中国特色社会主义伟大胜利——在中国共产党第十九次全国代表大会上的报告》，人民出版社 2017 年版，第 25 页。

⑤ 习近平：《高举中国特色社会主义伟大旗帜 为全面建设社会主义现代化国家而团结奋斗——在中国共产党第二十次全国代表大会上的报告》，人民出版社 2022 年版，第 18、42 页。

出"文化自信就来自我们的文化主体性",不坚持本国文化的主体性,就必然缺乏文化自信,有了文化主体性,文化自信就有了根本依托。①文化自信理论是一种文化主体性和文化认同理论,强调坚守中华文化立场,坚持中华文化主体性,认同中华文化的连续性,自觉推动中华优秀传统文化的现代更新,是文化现代化理论的重大创新,有助于我们科学对待传统文化、革命文化和中国特色社会主义文化,高度重视文化的主体性和连续性,更好地传承和研究中华优秀传统文化、近代文化和新中国文化。文化自信理论也是一种民族认同和国家认同理论,让我们充分意识到本国文化主体性对于一个民族、一个国家的极端重要性,自觉认识到民族精神和国家发展的根基、活力和动力所在。

中华优秀传统文化是中华民族历经千难万险创造的文化瑰宝,是中华民族长期延续、"可大可久"的奥秘所在,是中国式现代化的文化基因和不竭动力,是中华民族伟大复兴的根基所在,习近平总书记提出推动中华优秀传统文化的创造性转化和创新性发展。在纪念孔子诞辰 2565 周年国际学术研讨会暨国际儒学联合会第五届会员大会开幕会上,习近平总书记着力强调优秀传统文化对于民族和国家传承和发展的价值,"优秀传统文化是一个国家、一个民族传承和发展的根本,如果丢掉了,就割断了精神命脉"。同时,系统提出了辩证对待传统文化的原则和方法是坚持古为今用、推陈出新、以古

---

① 习近平:《在文化传承发展座谈会上的讲话》,《求是》2023 年第 17 期。

鉴今，与现实文化相融相通，"传统文化在其形成和发展过程中，不可避免会受到当时人们的认识水平、时代条件、社会制度的局限性的制约和影响，因而也不可避免会存在陈旧过时或已成为糟粕性的东西。这就要求人们在学习、研究、应用传统文化时坚持古为今用、推陈出新，结合新的实践和时代要求进行正确取舍，而不能一股脑儿都拿到今天来照套照用。要坚持古为今用、以古鉴今，坚持有鉴别的对待、有扬弃的继承，而不能搞厚古薄今、以古非今，努力实现传统文化的创造性转化、创新性发展，使之与现实文化相融相通，共同服务以文化人的时代任务"[1]。习近平总书记在党的十九大报告中进一步提出继承创新中华优秀传统文化的实践路径："深入挖掘中华优秀传统文化蕴含的思想观念、人文精神、道德规范，结合时代要求继承创新，让中华文化展现出永久魅力和时代风采。"[2] 在文化传承发展座谈会上，习近平总书记提出中华民族具有"守正不守旧、尊古不复古"的进取精神，意味着颠覆了过去一些人强加在中华优秀传统文化身上的所谓复古主义、保守主义的不实之辞，颠覆了西方文化中心主义者把中华文化视为其对立面的歪曲之见，"自强不息""革故鼎新""与时俱进"才是中华优秀传统文化的主导精神。中华优秀传统文化的创造性转化和创新性发展理论，是中国文化现代

---

[1] 习近平：《在纪念孔子诞辰 2565 周年国际学术研讨会暨国际儒学联合会第五届会员大会开幕会上的讲话》，人民出版社 2014 年版，第 11 页。

[2] 习近平：《决胜全面建成小康社会　夺取新时代中国特色社会主义伟大胜利——在中国共产党第十九次全国代表大会上的报告》，人民出版社 2017 年版，第 42 页。

化理论的重大创新，有助于我们摆脱把中国传统文化"国故化""博物馆化""木乃伊化"的思维方式，从而重新书写中国思想文化史，牢固树立文化自信。中华优秀传统文化的创造性转化和创新性发展理论也是世界文明现代化理论的重要创新，超越了经典现代化理论关于传统文化与现代化二元对立、要实现现代化就要破坏消灭本国传统文化的荒谬逻辑，有助于我们重新书写世界文明史，推动发展中国家走自己的文化现代化之路，摆脱西方文化中心主义、文化殖民主义和文化霸权主义的长期影响。

八、构建人类命运共同体，坚持文明平等交流互鉴

当人类进入"世界历史"阶段，经济全球化是不可逆转的历史潮流，人类共有一个家园，必须共同面对深度困扰人类和平与发展的重大国际问题，由此必然形成一个风雨同舟、休戚与共的命运共同体，当代中国马克思主义特别强调构建人类命运共同体，坚决反对社会达尔文主义的丛林法则与零和博弈论。在莫斯科国际关系学院的演讲中，习近平主席提出"人类生活在同一个地球村里，生活在历史和现实交汇的同一个时空里，越来越成为你中有我、我中有你的命运共同体"[①]。在纪念中国人民抗日战争暨世界反法西斯战争胜利 70 周年大会上，习近平总书记强调"为了和平，我们要牢固

---

① 习近平：《论坚持推动构建人类命运共同体》，中央文献出版社 2018 年版，第 5 页。

树立人类命运共同体意识"①。在第七十届联合国大会一般性辩论上，习近平主席发表《携手构建合作共赢新伙伴，同心打造人类命运共同体》的讲话，从伙伴关系、安全格局、经济发展、文明交流、生态建设五个方面全面而系统提出了构建人类命运共同体的中国方案，即建立平等对待、互商互谅的伙伴关系；营造公道正义、共建共享的安全格局；谋求开放创新、包容互惠的发展前景；促进和而不同、兼收并蓄的文明交流；构筑尊崇自然、绿色发展的生态体系。在联合国日内瓦总部，习近平主席发表《共同构建人类命运共同体》的演讲，再次提出中国构建人类命运共同体的行动方案，即"五个坚持"和"五个建设"：坚持对话协商，建设一个持久和平的世界；坚持共建共享，建设一个普遍安全的世界；坚持合作共赢，建设一个共同繁荣的世界；坚持交流互鉴，建设一个开放包容的世界；坚持绿色低碳，建设一个清洁美丽的世界。习近平总书记在党的十九大报告中从发展道路、开放战略、正确义利观、新安全观、文明交流、生态体系等方面阐述了"坚持推动构建人类命运共同体"的基本路径。人类命运共同体理论，不仅是当今世界处理国际关系的重大理论创新，也是对马克思主义"世界历史"理论的传承与发展，是唯物史观在世界发展理论方面的一种创新，对于世界历史研究具有重要的指导意义。

文明从来都是多样的，传统文明是多样的，现代文明也是多样

---

① 《习近平在纪念中国人民抗日战争暨世界反法西斯战争胜利 70 周年系列活动上的讲话》，人民出版社 2015 年版，第 4 页。

的，多样性是客观存在的历史事实，没有多样性，就没有人类文明，文明多样性并不可怕，可怕的是主张文明的单一性，把自己的文明凌驾于其他文明之上，妄自尊大，形成一种自我文明中心主义，且以替代和抹杀其他文明为目标，奉行文明终结论与文明同化论，当代中国马克思主义提出"文明多样性"与"文明平等交流借鉴"，反对文明一元论、优劣论、等级论与冲突论。在坦桑尼亚尼雷尔国际会议中心的演讲中，习近平主席提出"世界上没有放之四海而皆准的发展模式，各方应该尊重世界文明多样性和发展模式多样化"①。在联合国教科文组织总部的演讲中，习近平主席主张"文明因交流而多彩，文明因互鉴而丰富。文明交流互鉴是推动人类文明进步和世界和平发展的重要动力"②。坚持文明多彩论，反对文明独尊论；坚持文明平等论，反对文明优劣论；坚持文明包容论，反对文明冲突论。在纪念孔子诞辰 2565 周年国际学术研讨会暨国际儒学联合会第五届会员大会开幕会上，习近平总书记系统阐发了关于文明论的四个基本观点：第一，文明多样性是文明存在和世界进步的客观规律，要顺应这一规律，维护世界文明的多样性，尊重不同国家和民族的文明。第二，文明之间各有千秋，并无高低优劣之分，只有姹紫嫣红之别，任何一种文明都有自己存在的价值，都有自己的本色、长处、优点，都是独特的。第三，文明的流动与开放是文明传播和

---

①　习近平：《论坚持推动构建人类命运共同体》，中央文献出版社 2018 年版，第 17 页。

②　《习近平谈治国理政》第 1 卷，外文出版社 2018 年版，第 258 页。

发展的重要规律，要顺应这一规律，正确处理文明之间的关系，坚持求同存异，取长补短，择善而从，兼收并蓄，反对攻击贬损，反对强行同化改造，"历史反复证明，任何想用强制手段来解决文明差异的做法都不会成功，反而会给世界文明带来灾难"①。第四，文明与文化是一个国家、一个民族的灵魂，要科学对待传统的文明与文化，在继承中发展，在发展中继承，古为今用，以古鉴今，反对厚古薄今、以古非今，努力实现传统文化的创造性转化、创新性发展。在联合国日内瓦总部的演讲中，习近平主席突出强调文明多样性和文明交流互鉴，反对文明优劣论与文明冲突论，"人类文明多样性是世界的基本特征，也是人类进步的源泉。世界上有二百多个国家和地区，二千五百多个民族、多种宗教。不同历史和国情，不同民族和习俗，孕育了不同文明，使世界更加丰富多彩。文明没有高下、优劣之分，只有特色、地区之别。文明的差异不应该成为世界冲突的根源，而应该成为人类文明进步的动力。每种文明都有其独特魅力和深厚底蕴，都是人类的精神瑰宝。不同文明要取长补短、共同进步，让文明交流互鉴成为推动人类社会进步的动力、维护世界和平的纽带"②。文明多样性与平等交流互鉴理论，对于我们研究世界文明史、中华文明史具有重要的引领意义，推动我们完全摆脱西方文明中心主义、文明

---

① 习近平：《在纪念孔子诞辰 2565 周年国际学术研讨会暨国际儒学联合会第五届会员大会开幕会上的讲话》，人民出版社 2014 年版，第 9 页。

② 习近平：《论坚持推动构建人类命运共同体》，中央文献出版社 2018 年版，第 421 页。

线性进步主义、文明优劣论、文明一元论、文明冲突论的束缚，为我们重新书写世界文明史，提供了重要的理论指导。

中华文明源远流长、历久弥新，具有显著的连续性、创新性、统一性、包容性、和平性，这是中华民族独特的精神纽带和精神标识，是中国式现代化的文明根基和丰富资源，研究阐释中华文明的精神特质、发展形态和当代价值，是历史研究的重大任务。习近平总书记概括提炼中华文明的精神特质、发展形态和当代启示，有力推动着中华优秀传统文化的创造性转化和创新性发展，为我们建设人类文明新形态提供了有力指导。在中央党校建校 80 周年庆祝大会暨 2013 年春季学期开学典礼上，习近平总书记概括提炼出中华民族的四点精神，即"先天下之忧而忧，后天下之乐而乐"的政治抱负，"位卑未敢忘忧国""苟利国家生死以，岂因祸福避趋之"的报国情怀，"富贵不能淫，贫贱不能移，威武不能屈"的浩然正气，"人生自古谁无死，留取丹心照汗青""鞠躬尽瘁，死而后已"的献身精神。① 在纪念孔子诞辰 2565 周年国际学术研讨会暨国际儒学联合会第五届会员大会开幕会上，习近平总书记精要概括出中华文明对解决当今世界面临难题的十五条重要历史启示：关于道法自然、天人合一的思想，关于天下为公、大同世界的思想，关于自强不息、厚德载物的思想，关于以民为本、安民富民乐民的思想，关于为政以德、政者正也的思想，关于苟日新日日新又日新、革故鼎新、与时

---

① 《习近平谈治国理政》第 1 卷，外文出版社 2018 年版，第 405 页。

俱进的思想，关于脚踏实地、实事求是的思想，关于经世致用、知行合一、躬行实践的思想，关于集思广益、博施众利、群策群力的思想，关于仁者爱人、以德立人的思想，关于以诚待人、讲信修睦的思想，关于清廉从政、勤勉奉公的思想，关于俭约自守、力戒奢华的思想，关于中和、泰和、求同存异、和而不同、和谐相处的思想，关于安不忘危、存不忘亡、治不忘乱、居安思危的思想。① 在十八届中央政治局第十八次集体学习时，习近平总书记概括提炼出中华文明关于治国理政的十大历史启示，即民为邦本，政得其民，礼法合治，德主刑辅，为政之要莫先于得人，治国先治吏，为政以德，正己修身，居安思危，改易更化。② 在亚洲文明对话大会开幕式上，习近平总书记概括提炼出中华文明的四大核心价值观，即亲仁善邻、协和万邦是中华文明一贯的处世之道，惠民利民、安民富民是中华文明鲜明的价值导向，革故鼎新、与时俱进是中华文明永恒的精神气质，道法自然、天人合一是中华文明内在的生存理念。③ 在党的十九届四中全会第二次全体会议上，习近平总书记概括提炼出中华文明关于国家制度和国家治理的十一条思想，并强调这也是中华民族精神的重要内容，即大道之行、天下为公的大同理想，六合同风、四海为家的大一统传统，德主刑辅、以德化人的德治主张，

---

① 习近平：《在纪念孔子诞辰 2565 周年国际学术研讨会暨国际儒学联合会第五届会员大会开幕会上的讲话》，人民出版社 2014 年版，第 6—7 页。

② 《习近平新时代中国特色社会主义思想的世界观和方法论专题摘编》，党建读物出版社、中央文献出版社 2023 年版，第 49 页。

③ 《习近平谈治国理政》第 3 卷，外文出版社 2020 年版，第 471 页。

民贵君轻、政在养民的民本思想，等贵贱均贫富、损有余补不足的平等观念，法不阿贵、绳不挠曲的正义追求，孝悌忠信、礼义廉耻的道德操守，任人唯贤、选贤与能的用人标准，周虽旧邦、其命维新的改革精神，亲仁善邻、协和万邦的外交之道，以和为贵、好战必亡的和平理念。① 在十九届中央政治局第三十九次集体学习时，习近平总书记强调要研究阐释中华文明讲仁爱、重民本、守诚信、崇正义、尚和合、求大同的精神特质和发展形态。② 习近平总书记在党的二十大报告中概括提炼出中华文明的宇宙观、天下观、社会观、道德观，即天下为公、民为邦本、为政以德、革故鼎新、任人唯贤、天人合一、自强不息、厚德载物、讲信修睦、亲仁善邻，并强调其与马克思主义价值观具有高度契合性。③ 在文化传承发展座谈会上，习近平总书记概括提炼了中华文明的十个重要元素和由此塑造的五大突出特性。这十个重要元素是，天下为公、天下大同的社会理想，民为邦本、为政以德的治理思想，九州同贯、多元一体的大一统传统，修齐治平、兴亡有责的家国情怀，厚德载物、明德弘道的精神追求，富民厚生、义利兼顾的经济伦理，天人合一、万物并育的生态理念，实事求是、知行合一的哲学思想，执两用中、

---

① 《习近平谈治国理政》第 3 卷，外文出版社 2020 年版，第 120 页。
② 习近平：《把中国文明历史研究引向深入，增强历史自觉坚定文化自信》，《求是》2022 年第 14 期。
③ 习近平：《高举中国特色社会主义伟大旗帜　为全面建设社会主义现代化国家而团结奋斗——在中国共产党第二十次全国代表大会上的报告》，人民出版社 2022 年版，第 18 页。

守中致和的思维方法，讲信修睦、亲仁善邻的交往之道。五大突出特性是连续性、创新性、统一性、包容性和和平性。这些从根本上决定了中华民族必然走自己的路，决定了中华民族具有守正不守旧、尊古不复古的进取精神，决定了国家统一永远是中国核心利益的核心，决定了中华文明具有对世界文明兼收并蓄的开放胸怀，决定了中国必然走和平发展、合作共赢道路，不搞文化霸权，不把自己的价值观念和政治体制强加于人。[①] 习近平总书记对中华文明的精神特质、发展形态和当代启示的概括提炼，是当代中国马克思主义、21 世纪马克思主义关于中华文明观的理论创新，是马克思主义文明观的重要发展，有助于消解西方中心主义文明观对中华文明的种种错误认识，推动我们今后在历史研究中注重从大历史的视野加强对中华文明的精神特质、发展形态和当代价值的研究，把传统、现代、未来三者贯通起来，让中国式现代化拥有扎实的文化根基。

九、本书基本线索

本书的逻辑架构主要是探析当代中国马克思主义史学发展的文化基因、历史脉络、显著特色、理论创新和实践探索。导论部分主要阐述当代中国马克思主义的创新之处及其对马克思主义史学的价值，正文的五章分别从马克思主义史学与中华优秀传统史学的契合性、中国马克思主义史学的发展进程、演变态势和经验启示、新时

---

① 习近平：《在文化传承发展座谈会上的讲话》，《求是》2023 年第 17 期。

代中国马克思主义史学的显著特色、理论创新和实践探索展开论述，结束语部分主要讨论如何以马克思主义引领中国史学自主知识体系建设的问题。

马克思主义史学与中华优秀传统史学具有相当的契合性，这是马克思主义史学得以在中国扎根并茁壮成长的深层逻辑和深厚基础。大体而言，这种契合性主要表现在如下重要方面：唯物史观与重视"食货"；人民史观（人民是历史的创造者）与民本史观（民惟邦本，本固邦宁）；不断发展史观与变易日新史观（以阴阳互动、物极必反、生生不息、日新不已为核心内涵）；天人关系论方面的自然辩证法与"究天人之际""天人合一"；史学功能论方面的实践观与"经世致用"；史学对象论方面的历史规律论与"通古今之变"；史家作用论方面的重视人的主体能动性与"成一家之言"；历史人物作用论方面的历史合力论与纪传体书写；历史书写论方面的实事求是与注重"直笔""实录""信史"；研究方法论方面的"史论结合""论从史出"与"道寓于器""不可离事而言理"。马克思主义史学和中华优秀传统史学在多方面契合，与二者均具有整体的、辩证的、求真的、重民的、以人为本的、理性的思维方式密切相关。

中国马克思主义史学立足于中国自己的历史文化与现实基础，面向国际环境和时代变化，与时俱进地进行创新性发展。中国马克思主义史学与中国社会转型、中国新民主主义革命、中国共产党相伴而生，是顺应中国革命和社会改造的现实需要而诞生的，历经四个重要的发展阶段，奠基于新民主主义革命时期（1919—1949

年），李大钊、郭沫若、范文澜、吕振羽、翦伯赞、侯外庐等是重要的奠基人，积极参与了"中国社会史论战"和"马克思主义中国化"，致力于"中国通史""中国经济史""中国社会史""中国思想史""中国民族史""中国革命史"等领域的研究，推动了中国史学的社会科学化转型，为新民主主义革命的成功贡献了自己的力量；巩固于社会主义革命和建设时期（1949—1978年），中国马克思主义史学发展成为中国史学的主导，"五朵金花"是代表性的研究成果，为社会主义革命和社会主义建设探索作出了重要贡献，但受"文革"影响，也遭受严重挫折；发展于改革开放和社会主义现代化建设新时期（1978—2012年），中国马克思主义史学"拨乱反正"，焕发出新的生命力，与域外史学频繁交流互动，日益走向多元化，重点关注社会主义现代化建设，马克思主义现代化理论与现代化范式得以形成，但"唯物史观遭冷落、质疑和冲击的现象日渐显现出来"[①]；中国特色社会主义新时代（2012年至今）高度重视马克思主义立场、观点和方法的运用，唯物史观得到新的诠释和创造性发展，中国马克思主义史学得到了创新性发展，呈现新的繁荣局面。新时代是决胜全面建成小康社会、进而全面建设社会主义现代化强国的时代，面对新的国内外社会形势，中国马克思主义史学坚持和发展马克思主义历史理论，围绕唯物史观的创新性发展问题、马克思主义现代化理论与现代化范式问题、中国式现

---

① 夏春涛主编：《新时代历史理论研究前沿丛书》（全五卷），中国社会科学出版社2023年版，"代序"第2页。

代化道路、中华文明起源与发展问题、中华优秀传统文化的创造性转化和创新性发展、"三农"问题、土地问题与小康问题等一系列重大理论与现实问题，从根本上推进马克思主义历史理论和史学理论创新，积极构建中国特色史学学科体系、学术体系和话语体系。

新时代中国马克思主义史学，继承马克思主义史学的优良传统，坚持以马克思主义唯物史观为研究指南，结合社会发展和时代要求，重新诠释和发展唯物史观，把马克思主义历史理论与中国历史实际相结合，把马克思主义史学理论与中华优秀传统史学文化相结合，加强中国特色历史理论和史学理论体系建设；坚持文化自信和历史自信，持续批判文化虚无主义和历史虚无主义，积极推动中华优秀传统文化（包括中华优秀传统史学文化）的创造性转化和创新性发展，中华优秀传统文化研究（或者叫"国学研究"）成为史学研究的重要增长点；坚持中国史学主体性，致力于中国特色史学学科体系、学术体系和话语体系建设，努力建构中国史学自主知识体系；坚持中华文明的主体性，坚持文明多样性和文明平等交流互鉴，深入探索中华文明起源、发展、转型和现代文明建设的历史，重新书写"世界文明史"与"中华文明史"；坚持理论联系实际，坚持经世致用，回应时代关切，突出问题意识，积极探索世界现代化的历史经验和中国现代化建设的历史，建设"世界现代化史""中国现代化史"学科，为全面建设社会主义现代化强国和以中国式现代化全面推进中华民族伟大复兴服务；坚持"历史是最好的教科书"，"历史是最好的老师", "中国革命历史是最好的营养剂", ①"党的历史是最生动、最有说服力的教科书"②, 高度重视中国史、世界史、考古学、文物学与博物馆学、中共党史党建学学科建设和马克思主义发展史、中华文明史、中华民族史、中国近现代史、中共党史、新中国史、改革开放史和社会主义发展史的学习教育, 发挥"以史鉴今、资政育人""以史为镜、以史明志""知史爱党、知史爱国""学史明理、学史增信、学史崇德、学史力行"的重要作用。③

中国马克思主义史学历经四个重要的发展阶段, 日益走向成熟, 积累了重要的历史经验, 值得我们今后借鉴: 其一, 坚持以唯物史观为研究指南, 在继承马克思主义史学传统基础上, 立足历史, 面向社会、面向时代、面向世界、面向未来, 进行守正创新, 深度挖掘唯物史观的丰富内涵, 推动马克思主义历史理论和史学理论不断发展。其二, 坚持中华文化主体性和文化自信, 继承中华优秀传统史学文化的优良传统, 把马克思主义史学与中华优秀传统史学相结合, 探寻马克思主义史学与中华优秀传统史学的契合性, 推动中华优秀传统史学的创造性转化和创新性发展, 对中华优秀传统史学作出新的解释, 赋予新的时代价值和历史意义, 做到古为今用, 推陈

---

① 习近平:《论中国共产党历史》, 中央文献出版社 2021 年版, 第 7、11、15、24 页。

② 习近平:《在党史学习教育动员大会上的讲话》, 人民出版社 2021 年版, 第 2 页。

③ 习近平:《在党史学习教育动员大会上的讲话》, 人民出版社 2021 年版, 第 4、7、11 页。

出新。其三，坚持历史自信自觉，以可信的历史资料和可靠的历史事实为依据，进行系统的合理的历史解释，坚决反对历史虚无主义和文化虚无主义，批判西方史学关于中国史学无"历史意识"、无"历史思想"、无"批判史学"、无"历史解释的艺术"、无"精确史学"、无"真正的历史进化"、无"真历史"的各种偏见[①]，扎根世界历史进程和中国历史进程进行史学知识体系自主性、创新性建设。其四，坚持研究"现实的人及其历史发展"，坚持理论联系实际，密切关注社会现实，凸显大历史的问题意识，体现时代精神，做到与时俱进。其五，坚持开放创新，以拿来主义态度吸收消化域外史学理论与方法的合理之处，做到洋为中用，他山之石，可以攻玉。

[①]　杜维运：《中国史学与世界史学》，商务印书馆 2010 年版，第 9、12、18、20、24、51 页。

第一章　马克思主义史学与
中华优秀传统史学的契合性

马克思主义史学是运用唯物史观指导历史研究的科学，是"真正的实证科学"。马克思主义史学得以中国化、得以在中国深入扎根并蓬勃发展，不仅是因为马克思主义史学属于历史科学，系统总结人类社会发展的历史经验，深入探索人类历史的发展规律，而且是因为马克思主义史学能够把马克思主义与中国历史实际相结合，与中华优秀传统文化相结合，与中华优秀传统史学相结合。中华优秀传统史学是近代新史学形成之前的中国史学，中华优秀传统史学文化是中华优秀传统文化的重要组成部分，是古代治国理政和人文教化的重要手段。马克思主义史学能够与中华优秀传统史学文化相结合，并非出于史家的牵强附会，而是因为二者具有相当的契合性。这种契合性不仅表现在根本性的历史观和方法论方面，也表现在历史叙述方式方面。具体而言，主要包括如下十个重要方面。

一、唯物史观与重视"食货"的契合

马克思主义史学的研究指南是唯物史观。唯物史观探讨社会发展的基本原理和一般规律，是唯一科学的历史观，但"绝不提供可以适用于各个历史时代的药方或公式"①。唯物史观高度重视经济因素（尤其是生产力因素）在历史过程中的作用，把它提到"决定性因素"的高度，唯物史观认为，"历史过程中的决定性因素归根到底是现实生活的生产和再生产"②，"物质生活的生产方式制约着整个社会生活、政治生活和精神生活的过程"③，"一切重要历史事件的终极原因和伟大动力是社会的经济发展，是生产方式和交换方式的改变，是由此产生的社会划分为不同的阶级，是这些阶级彼此之间的斗争"④。唯物史观"不是在每个时代中寻找某种范畴，而是始终站在现实历史的基础上，不是从观念出发来解释实践，而是从物质实践出发来解释各种观念形态"⑤。但唯物史观不是"单一经济因素决定论"，唯物史观承认"经济状况是基础"，影响历史发展的还有"上层建筑的各种因素"，如阶级斗争的政治形式及其成果（宪法），各种法的形式以及所有这些实际斗争在参加者头脑中的反映，政治的、法律的和哲学的理论，宗教的观点以及它们向教义体系的进一步发

① 《马克思恩格斯文集》第 1 卷，人民出版社 2009 年版，第 526 页。
② 《马克思恩格斯文集》第 10 卷，人民出版社 2009 年版，第 591 页。
③ 《马克思恩格斯文集》第 2 卷，人民出版社 2009 年版，第 591 页。
④ 《马克思恩格斯文集》第 3 卷，人民出版社 2009 年版，第 509 页。
⑤ 《马克思恩格斯文集》第 1 卷，人民出版社 2009 年版，第 544 页。

展。历史发展是"经济运动作为必然的东西通过无穷无尽的偶然事件（即这样一些事物和事变，它们的内部联系是如此疏远或者是如此难以确定，以致我们可以认为这种联系并不存在，忘掉这种联系）向前发展"①。

中国古代也有朴素的唯物观，有"盈天地之间者唯万物"的说法，《周易·序卦》言："有天地然后万物生焉，盈天地之间者唯万物，故受之以屯，屯者盈也，屯者物之始生也。"②《庄子·知北游》亦有"通天下一气耳"的说法。马克思主义史家吴泽认为，春秋末期战国初年的杨朱提出人身即物质肉体，是根本的东西，生命或精神是派生的东西，这是中国古代哲学中唯物主义的基本论点。杨朱提出人身必需物质生活资料来给养，人身损毁了，生命或精神就随之而死灭，彻底否定了鬼神思想，这是朴素的无神论、唯物论哲学思想。③中国哲学植根于道器不割、体用不二的独特建制之中。④唯万物论、唯气论、道不离器论，成为中国古代朴素的唯物观的基本理论。用朴素的唯物观观察解剖历史与人事时，亦形成朴素的唯物史观，谓"民以食为天"，"政以食为先"，极其重视"食货"，提出了以"食货"为先、以"食货"为本的思想，把"食货"提到"生民之本""人事之所本也"的高度。《尚书·洪范》有箕子为周武王

---

① 《马克思恩格斯文集》第 10 卷，人民出版社 2009 年版，第 591—592 页。

② 陈鼓应、赵建伟：《周易今注今译》，商务印书馆 2005 年版，第 740 页。

③ 吴泽：《杨朱的唯物主义思想》，《华东师范大学学报》1956 年第 1 期。

④ 吴晓明：《三论中西哲学之根本差别》，《学术月刊》2023 年第 8 期。

述"八政"："食""货""祀""司空""司徒""司寇""宾""师"。"八政"以"食货"为先。何以以"食货"为先？孙星衍《尚书今古文注疏》引《大传》云："八政何以先食？《传》曰：'食者，万物之始，人事之所本也，故八政先食是也。货所以通有无，利民用，故次之。'"《史记》创立《货殖列传》与《平准书》，《汉书》在此基础上创立《食货志》，自此，历代"正史"与"十通"都少不了"食货"部分，重视经济史的书写与研究遂成为中国史学的优良传统，也是朴素的唯物史观形成和发展的重要体现。《汉书·食货志》认为食货为"生民之本"，"《洪范》八政，一曰食，二曰货。食谓农殖嘉谷可食之物。货谓布帛可衣，及金刀龟贝，所以分财布利通有无者也。二者，生民之本"①。杜佑撰《通典》二百卷，凡分九门，首重"食货"，何以首重"食货"？杜佑在《通典》自序中提出了"理道之先在乎行教化，教化之本在乎足衣食"的思想，谓："《易》称'聚人曰财'。《洪范》八政，一曰食，二曰货。《管子》曰：'仓廪实而知礼节，衣食足而知荣辱。'夫子曰：'既富而教。'斯之谓矣。夫行教化在乎设职官，设职官在乎审官才，审官才在乎精选举，制礼以端其俗，立乐以和其心，此先哲王致治之大方也。故职官设然后兴礼乐焉，教化隳然后用刑罚焉，列州郡俾分领焉，置边防遏戎狄焉。是以食货为之首，选举次之，职官又次之，礼又次之，乐又次之，刑又次之，州郡又次之，边防末之。或览之者庶知篇第之旨也。"②

---

① 金少英：《汉书食货志集释》，李庆善整理，中华书局 2017 年版，第 1—2 页。
② （唐）杜佑：《通典》第 1 册，王文锦等点校，中华书局 2016 年版，第 1 页。

其《食货·田制》又进一步申论良好的政治是合理把握农业（谷）、土地（地）、人民（人）三者之间的辩证关系，"谷者，人之司命也；地者，谷之所生也；人者，君之所治也。有其谷则国用备，辨其地则人食足，察其人则徭役均。知此三者，谓之治政"①。马端临撰《文献通考》，三百四十八卷，凡二十四门，"食货"类占其八门，且排列于先，包括《田赋》《钱币》《户口》《职役》《征榷》《市籴》《土贡》《国用》。

二、人民史观与民本史观的契合

马克思主义是人民的理论，马克思主义史学是人民的史学，马克思主义史学的立场是人民的立场，群众的观点是马克思主义史学的基本观点，"人民性是马克思主义最鲜明的品格"②。唯物史观必然持人民史观，因为"既然人类社会发展的历史，本质上是生产发展的历史，是生产方式发展的历史，那么，它首先应该是从事物质生产资料生产的人民群众的历史"③。人民史观是以人民群众为中心的历史观，人民群众是历史活动的主体，"历史活动是群众的活动"④，人民是历史的创造者，是创造历史的根本动力，是历史的真正主人，在历史发展中发挥决定性作用，人民群众推动的阶级斗争是历史发

① （唐）杜佑：《通典》第 1 册，王文锦等点校，中华书局 2016 年版，第 3 页。

② 《习近平著作选读》第 2 卷，人民出版社 2023 年版，第 162 页。

③ 陈立新、于沛、隽鸿飞：《马克思主义史学思想发展史》第 1 卷，中国社会科学出版社 2015 年版，第 122 页。

④ 《马克思恩格斯文集》第 1 卷，人民出版社 2009 年版，第 287 页。

展的直接动力，人民群众推动的生产力进步是历史发展的最终动力，人民群众是真正的历史英雄，"具有优秀精神品质的是少数人，而决定历史结局的却是广大群众"①。人民群众创造历史，并不是全体有计划有目的的创造，而是"意向的相互交错"的创造，即体现"历史必然性"的偶然性的创造，人民群众创造历史是一种"历史合力"的作用，"人们自己创造自己的历史，但是到现在为止，他们并不是按照共同的意志，根据一个共同的计划，甚至不是在一个有明确界限的既定社会内来创造自己的历史。他们的意向的相互交错的"②。群众是有阶级性的，人民群众如果能够"推举出自己的善于组织和领导运动的政治领袖和先进代表"③，往往就能够以阶级的力量自觉推动历史向前发展。

中华优秀传统史学虽然缺乏具有系统阐述的人民史观，但却有近似人民史观的民本史观。民本史观虽然并非人民史观，但二者具有相当的亲和性，民本史观可以说是人民史观的前身，是人民史观的古典形式。民本史观认为人民是国家的根本，"民惟邦本，本固邦宁"（《尚书·五子之歌》），国家兴亡取决于统治者对人民的态度，"国之将兴也，视民如伤，是其福也。其亡也，以民为土芥，是其祸也"（《左传·哀公元年》），人民是世界（"天地之间"）的根本，"天地之大，黎元为本"（《晋书·宣帝纪》）。既然人民是治国理政的根

---

① 《列宁专题文集：论社会主义》，人民出版社 2009 年版，第 333 页。
② 《马克思恩格斯文集》第 10 卷，人民出版社 2009 年版，第 669 页。
③ 《列宁全集》第 4 卷，人民出版社 1984 年版，第 336 页。

本，统治者就必须做到亲民爱民，爱群众百姓，"兼爱天下之百姓"（《墨子·法仪》），就必须以人民之心为心，顺应民心是政治合法性所在，"圣人常无心，以百姓心为心"（《老子》第四十九章），"为君之道，必须先存百姓"（《贞观政要·君道》），"为政之道，以顺民心为本"（程颐《代吕晦叔应诏疏》）。顺应民心，具体而言，就要"因百姓情"（《慎子·因循》），"因民之欲"（《吕氏春秋·贵因》），"民之所好好之，民之所恶恶之"（《礼记·大学》），如果不能顺应民心，后果是政权不稳或被推翻，"水能载舟，亦能覆舟"（《贞观政要·政体》），"载舟覆舟，所宜深慎"（《贞观政要·君道》）。民本史观在"爱民""顺民心"的价值诉求基础上，具体提出了"养民""富民""利民""惠民""便民"等一系列具体的政治主张，如《尚书·大禹谟》提出养民论，"德惟善政，政在养民"；《史记·平津侯主父列传》提出富民论，"治国之道，富民为始"；《淮南子·氾论训》提出利民论，"治国有常，而利民为本"；《论语·公冶长》提出惠民论，"养民也惠"；《吕氏春秋·爱类》提出便民论，"仁人之于民也，可以便之，无不行也"。民本思想处理的是朝代兴亡的核心问题，唐代史家、政治家对此有充分的认识。他们在继承前人所论的基础上，对"水"与"舟"的关系反复论述，一方面显示出对二者的辩证认识，另一方面也反映出对于人民力量的畏惧和重视，这或多或少认识到了人民在历史进程中的作用。[①] 民本史观的形成和发

---

① 瞿林东主编：《中国古代历史理论》（中），人民出版社 2022 年版，第 338 页。

展在中华优秀传统史学中发挥了"资治"的重大作用,《资治通鉴》在纷繁复杂的历史事实中"专取关国家盛衰,系生民休戚,善可为法,恶可为戒"的部分写入史书,说明其所言"鉴前世之兴衰,考当今之得失",确有民本史观作支撑。

三、发展史观与变易史观的契合

吸取进化论的合理性成果,马克思主义史学坚持具有历史进化色彩的不断发展史观,秉持一元多线论,既承认历史发展的规律性,又承认历史发展道路的多样性,既承认历史是进步的,又承认历史的进步是曲折的,反对历史单线发展论,反对历史目的论与终极规律论,认为历史是一个不间断的无限发展的过程,无预定,无目的,无终点,未来是可以预期的,但又是难以具体预测的,因为"人类始终只提出自己能够解决的任务"[①],历史的长远结果是难以意料的,"我们没有最终目标。我们是不断发展论者,我们不打算把什么最终规律强加给人类。关于未来社会组织方面的详细情况的预定看法吗?您在我们这里连它们的影子也找不到"[②]。马克思主义史学认为,历史是具有连续性的,是在历史传承中不断创新性发展的,人类与环境是互动变化的,人类不断改变环境(包括自然环境与社会环境),不断变化的环境也在重新塑造人类活动,"人创造环境,同样,

---

① 《马克思恩格斯文集》第 2 卷,人民出版社 2009 年版,第 592 页。
② 《马克思恩格斯文集》第 4 卷,人民出版社 2009 年版,第 561—562 页。

环境也创造人"①，人类的创造是无止境的，环境的变化也是无止境的，"历史不外是各个世代的依次交替。每一代都利用以前各代遗留下来的材料、资金和生产力；由于这个缘故，每一代一方面在完全改变了的环境下继续从事所继承的活动，另一方面又通过完全改变了的活动来变更旧的环境"②。人类社会的历史发展并不是直线发展的，而是曲折的、螺旋式的、跳跃式的，有前进，亦有倒退，但总体方向是前进的，因为生产力是不断发展的，建立在不断发展的生产力基础上的生产关系和上层建筑也是不断发展的，同时人类也在发挥其主观能动性，自觉创造历史，不断汲取历史上的经验教训。故整体而言，人类历史必然从简单向复杂发展，从低级向高级发展，从地域性联系向世界性联系发展，从人的依附性社会（前资本主义社会）向人的独立性社会（资本主义社会），进而向人的自由而全面发展的社会（社会主义社会）发展。

中华优秀传统史学的历史观有循环史观、复古史观、不变史观、变易日新史观等，其中变易日新史观是一种朴素的历史进化史观。《周易·系辞》言"日新之谓盛德""变通者，趣时者也"，《礼记·大学》言"苟日新，日日新，又日新"，《韩非子·五蠹》言"世异则事异""世异则备变"，《吕氏春秋·察今》言"世易时移，变法宜矣"，都是变易日新史观的代表，《易》尤为言阴阳变化，章学诚《易教中》指出："孔仲达曰：'夫《易》者，变化之总名，改

---

① 《马克思恩格斯文集》第 1 卷，人民出版社 2009 年版，第 545 页。
② 《马克思恩格斯文集》第 1 卷，人民出版社 2009 年版，第 540 页。

换之殊称。'先儒之释《易》义，未有明通若孔氏者也。得其说而进推之，《易》为王者改制之巨典，事与治历明时相表里，其义昭然若揭矣。"①其核心观念包括"易""生""时""新""作"。"易"，是指历史是一个永无止境的变化过程，没有尽头（"未济"），但有一定规律，"一阴一阳之谓道"，"刚柔相推，而生变化"（《周易·系辞》）。"生"，是指宇宙是一个生生不息的变化过程，"天地之大德曰生"（《周易·系辞》），"日新之谓盛德，生生之谓易"（《周易·系辞》），人类历史变化的道理，也遵循宇宙变化的道理，"天地变化，圣人效之"（《周易·系辞》），是一个内在变易的必然过程，"物盛则衰，时极而转"（《史记·平准书》），"穷则变，变则通，通则久"（《周易·系辞》）。"时"，是指人类历史的变化具有时代性，"社稷无常奉，君臣无常位"（《左传·昭公三十二年》），无论是国家社会治理，还是每一个人的思想道德修养都要适应时代的变化，"孔子，圣之时者也"（《孟子·万章下》），孔子"制历史，布文籍，振学术，平阶级"②是中华文明与时俱进精神的一个代表。儒家君子人格是"时中"，即追求"与时偕行"和"极高明而道中庸"。"新"，是指人类历史是一个不断创新的过程，《礼记·大学》倡导"苟日新，日日新，又日新"，《诗·大雅·文王》说"周虽旧邦，其命维新"，极为强调创新的连续性。商鞅主张"当时而立法，因事而制礼"，"苟

---

① （清）章学诚撰：《文史通义校注》，叶瑛校注，中华书局 2014 年版，第 14 页。
② 《驳建立孔教议》，载《章太炎全集》（太炎文录初编），徐复点校，上海人民出版社 2014 年版，第 202 页。

可以强国，不法其故；苟可以利民，不循其礼"（《商君书·更法》），极为强调制度创新的重要性。"作"，是指在传承（"述"或"循"）的基础上进行创新，注重原创性。中国史书之中，《世本·作篇》特别提倡"作"的精神，载有先秦时期中华民族的祖先创造的具有原创性贡献的大批科技成果。先秦诸子之中，墨家特别提倡"作"的精神，主张既"循"又"作"（《墨子·非儒下》），反对"循而不作"，《墨经》载有许多墨家科技创新成果。历代纪传体史书中有《方术传》《方伎传》《艺术传》之类，《九章算术》《梦溪笔谈》《本草纲目》《天工开物》《农政全书》等，都有记载中国古代科技类创新成果。变易日新史观是中华文明创新精神和创新特性的根源。

四、实践观与"经世致用"的契合

唯物史观的立足点是"社会化的人类"，历史"是人类生活的行程，是人类生活的联系，是人类生活的变迁，是人类生活的传演，是有生命的东西，是活的东西，是进步的东西，是发展的东西，是周流变动的东西"，"我们所研究的，应该是活的历史，不是死的历史；活的历史，只能在人的生活里去得，不能在故纸堆里去寻"①。社会生活在本质上是实践的，实践是人类改造世界的感性活动，具有客观性、物质性、社会性和历史性，马克思主义史学把实践观引入了认识论，强调史学的实践性特点，认为史学活动必须

---

① 李守常：《史学要论》，河北教育出版社 2000 年版，第 3 页。

立足于社会实践，总结历史发展经验，探讨历史发展规律，反映历史的真相，不断接受社会实践的检验，以正确引领现实和未来社会发展，这就把"死的历史"变成了"活的历史"，马克思主义史学由此成为真正的"科学史学"。马克思、恩格斯在《德意志意识形态》中言："在思辨终止的地方，在现实生活面前，正是描述人们实践活动和实际发展过程的真正的实证科学开始的地方。"①马克思主义史学之前的西方史学由于缺乏实践观的运用，多陷入唯心主义泥坑，其标榜的"科学史学""实证史学"，其实只是变相的思辨哲学，往往经不起实践的考验，并非真正意义的"科学史学""实证史学"。"实践的观点、生活的观点是马克思主义认识论的基本观点，实践性是马克思主义理论区别于其他理论的显著特征。"②唯物史观是实践性的唯物主义，高度重视人的主体性的实践活动，认为历史从来不是历史自己的活动，"历史什么事情也没有做"，而不过是"追求着自己目的的人的活动而已"③，研究历史从来不是为了研究历史而研究历史，而只是研究人的主体性实践活动，从而进一步为现实的人服务而已，"从前的一切唯物主义（包括费尔巴哈的唯物主义）的主要缺点是：对对象、现实、感性，只是从客体的或者直观的形式去理解，而不是把它们当做感性的人的活动，当做实践去理解，不是

---

① 《马克思恩格斯文集》第 1 卷，人民出版社 2009 年版，第 526 页。

② 习近平：《在纪念马克思诞辰 200 周年大会上的讲话》，人民出版社 2018 年版，第 9 页。

③ 《马克思恩格斯文集》第 1 卷，人民出版社 2009 年版，第 295 页。

从主体方面去理解"①。马克思主义史学认为，"历史学和其他任何哲学社会科学一样，其生命力在于社会的需要和该学科对社会需要满足的程度"②。不管你怎样去对历史进行各种各样的资料整理和思辨概括，"离开了现实的历史就没有任何价值"③。与马克思主义哲学一样，马克思主义史学不只是用不同的方式解释世界，还旨在改变世界④。马克思主义史学之前的西方史学主要是为了解释历史，而马克思主义史学不仅要认识历史，而且要实现历史的自觉，以"改造世界"，"历史不是书斋里的学问，而是认识和改造世界的工具，这是马克思主义对历史学价值的一个基本认识"⑤。

中国传统哲学"以实践为特性"，没有"去抽象地谈论纯粹理性"⑥。中国传统史学也极为重视史学的社会实践性特点，即"史用"，强调要以历史作镜鉴以指导实践，批评"明心见性之空言"，主张"修己治人之实学"。《史通·史官建置》谓"史之为用，其利甚博，乃生人之急务，为国家之要道，有国有家者，其可缺之哉"⑦。经世致用是中国传统史学极为引人注目的核心价值所在，主

---

① 《马克思恩格斯文集》第 1 卷，人民出版社 2009 年版，第 499 页。

② 于沛：《史学思潮和社会思潮：关于史学社会价值的理论思考》，北京师范大学出版社 2007 年版，第 8 页。

③ 《马克思恩格斯文集》第 1 卷，人民出版社 2009 年版，第 526 页。

④ 《马克思恩格斯文集》第 1 卷，人民出版社 2009 年版，第 506 页。

⑤ 彭卫、杨艳秋：《马克思主义史学思想史》第 3 卷，中国社会科学出版社 2015 年版，第 239 页。

⑥ 楼宇烈：《中国文化的根本精神》，中华书局 2016 年版，第 33 页。

⑦ （唐）刘知幾：《史通》，（清）浦起龙通释，上海古籍出版社 2008 年版，第 215 页。

要落实在治国理政（"表征盛衰，殷鉴兴废"）和道德教化（"善可为法，恶可为戒"）方面，钱穆极言"中国之史学精神，在能经世明道"①，《史记·太史公自序》言"述往事，思来者"，《文心雕龙·史传》主张史书书写"必贯乎百氏，被之千载，表征盛衰，殷鉴兴废"，《史通·曲笔》谓"盖史之为用也，记功司过，彰善瘅恶，得失一朝，荣辱千载"②，司马光《进通鉴表》言《资治通鉴》"专取关国家盛衰、系生民休戚，善可为法，恶可为戒者"③，《国史要义·史术》谓"史学之益，自持身涉世谋国用兵，为术多而且精，非徒记问撰著可为史学也"④。孔子在中国史学史上具有十分重要的地位，对中国史学思想和史学编撰产生了深远的影响，章学诚认为，孔子开启了中国传统史学经世致用的传统，其《文史通义·浙东学术》言"知史学之本于《春秋》，知《春秋》之将以经世，则知性命无可空言"⑤。刘知幾《史通·忤时》认为《春秋》开启了中国传统史学"惩恶劝善"的道德教化传统，"《春秋》之义也，以惩恶劝善为先"⑥。陈功甫详细分析了孔子因鲁史而作《春秋》的历史背景、历史动机和历史价值，高度评价孔子开创的史学经世传统，充分肯定史学"口

---

①　钱穆：《中国史学发微》，九州出版社 2012 年版，第 33 页。

②　（唐）刘知幾：《史通》，（清）浦起龙通释，上海古籍出版社 2008 年版，第 144 页。

③　金毓黻：《中国史学史》，河北教育出版社 2000 年版，第 259 页。

④　柳诒徵：《国史要义》，商务印书馆 2011 年版，第 253 页。

⑤　（清）章学诚撰：《文史通义校注》，叶瑛校注，中华书局 2014 年版，第 484—485 页。

⑥　（唐）刘知幾：《史通》，（清）浦起龙通释，上海古籍出版社 2008 年版，第 438 页。

诛笔伐"的社会功能，"迨王迹既熄，小雅尽废，政教号令，不行诸侯。四夷交侵，中国寝微。于是《春秋》以作，尊王室，攘夷狄，褒善贬恶，不屈于王公之尊，不畏于吴楚之威，伸礼法以抑权势，遏乱贼以正人伦。盖自董狐、齐太史以来，柄政之权奸，天子不能谁何者，史官得而口诛笔罚（伐）之。至孔子作《春秋》，而匹夫之清议，乃得与王者同权"①。中华优秀传统史学的"经世致用"功能使得历史成为传统中国"最好的教科书"。近代以来，在民族危机刺激和西方史学观照下，中国传统史学深受批判，往往被指责为"君学"或"无用之学"，如梁任公《新史学》谓"吾党常言，二十四史非史也，二十四姓之家谱而已。其言似稍过当，然按之作史者之精神，其实际固不诬也"②，但其"经世致用"的风格却在中国马克思主义史学中得以进一步传承发扬。

五、自然辩证法与"究天人之际"的契合

马克思主义史学认为自然史与人类史是不可分割的，"历史本身是自然史的一个现实部分，即自然界生成为人这一过程的一个现实部分"③，人与自然是互动发展的，人是自然界的一部分，既在顺应自然，也在不断地改造自然，"只要有人存在，自然史和人类史就彼

---

① 陈功甫：《中国史学史》，载《中国史学史未刊讲义四种》，上海古籍出版社2018年版，第6页。

② 梁启超：《新史学》，商务印书馆2014年版，第85页。

③《马克思恩格斯文集》第1卷，人民出版社2009年版，第194页。

此相互制约"①。马克思主义自然辩证法认为，违反自然、征服自然、主宰自然的观点是很荒谬的，"我们不要过分陶醉于我们人类对自然界的胜利。对于每一次这样的胜利，自然界都对我们进行报复。每一次胜利，起初确实取得了我们预期的结果，但是往后和再往后却发生完全不同的、出乎意料的影响，常常把最初的结果又消除了"。人类和自然并不是对立对抗的，而应该是一体互动的，我们必须正确理解并科学运用自然规律，从而为人类造福，"我们每走一步都要记住：我们决不像征服者统治异族人那样支配自然界，决不像站在自然界之外的人似的去支配自然界——相反，我们连同我们的肉、血和头脑都是属于自然界和存在于自然界之中的；我们对自然界的整个支配作用，就在于我们比其他一切生物强，能够认识和正确运用自然规律"②。科学运用自然规律，就不能只计较短期利益，从而违反自然规律，而必须从人类发展的长远角度出发，尊重顺应自然规律，恰当合理地处理人与自然的关系。

中华文明早已认识到处理好天人关系的极端重要性。"天人之际"乃是中国史学史、思想史上贯穿始终的重大论题。③中华优秀传统史学高度重视探究天人关系，把"究天人之际"排在史学旨趣第一位，为史学核心观念，主张天人和谐、顺天应人。第一个明确提出要"究天人之际"的史家是司马迁，这一史学观念深刻影响了

① 《马克思恩格斯文集》第1卷，人民出版社2009年版，第516页，注释②。
② 《马克思恩格斯文集》第9卷，人民出版社2009年版，第559—560页。
③ 瞿林东主编：《中国古代历史理论》（下），人民出版社2022年版，第38页。

历代史家。章学诚在《文史通义·答客问上》要求史家"纲纪天人，推明大道"，在《文史通义·史德》提出"盖欲为良史者，当慎辨于天人之际，尽其天而不益于人也"。《旧唐书·刘知幾传》高度评价刘知幾"学际天人"。二十四史往往开辟有《天文志》《地理志》《五行志》《律历志》《灾异志》《郊祀志》《沟洫志》等多种篇章来探讨天人关系，《文心雕龙》《文史通义》等文史理论著作都辟有《原道》来探究天人关系。何谓"天"？"天"有天地万物、天道、天命、天理、天性、天心、天庭、天帝、天意等丰富的含义，何谓"人"？"人"有人世、人道、人为、人文、人性、人欲、人心、个人等多种含义，"究天人之际"，实际上包括探讨自然与人为、上天与人世、天地万物与个人、道与器、天道与人道、天理与人欲、天命与个人意志、天性与人性、天心与人心等多种关系。"'天人合一'的观念，是中国宗教、哲学思维的一个独有的特色"[1]，当然也是中华优秀传统史学观念一个独有的特色。中华优秀传统文化有一个整体思维方法，即"通过对事物的多样性和矛盾的分析达到对宇宙整体性和过程性的认识"，"本质上是一种辩证的方法"[2]。就自然界与人类社会的关系而言，中华优秀传统文化把自然生态系统与人类视为一体，《庄子·齐物论》言"天地与我并生，而万物与我为一"，把人与自然和谐共生视为理想的生活样态，《老子》有"人法地，地法天，天

---

① 余英时：《论天人之际：中国古代思想起源试探》，中华书局 2014 年版，第 63 页。

② 张岱年、程宜山：《中国文化精神》，北京大学出版社 2015 年版，第 173 页。

法道，道法自然"的说法，《荀子·天论》谓"万物各得其和以生，各得其养以成"，《史记·太史公自序》云"夫春生夏长，秋收冬藏，此天道之大经也，弗顺则无以为天下纲纪"。道法自然、天人合一是中华文明内在的长期生存智慧，"就人与自然的关系而言，我们大概可以用'人与天地万物为一体'来概括中国人的基本态度"[①]。中华文明历来强调敬畏自然、尊重自然、顺应自然、保护自然，反对人为宰割自然，反对过分消耗自然，反对肆无忌惮破坏自然，深刻认识到可持续发展之重要，主张对自然之物要取之有时，获之有节，用之有度，坚决反对杀鸡取卵、涸泽而渔的行为。"果实不时，不粥（鬻）于市；五木不中伐，不粥于市；鸟兽鱼鳖不中杀，不粥于市"（《孔子家语·刑政》），"数罟不入洿池，鱼鳖不可胜食也；斧斤以时入山林，材木不可胜用也"（《孟子·梁惠王上》）。中华文明早就意识到自然资源的有限性与人类欲望的无限性之间的深刻矛盾，要求我们树立"恒念物力维艰""俭朴""节用""节葬"的节俭观念，反对奢侈浪费。

六、探索历史规律与"通古今之变"的契合

马克思主义史学是探究历史发展及其规律的科学，是"关于现实的人及其历史发展的科学"[②]，马克思主义史学既研究自然史（人化的自然史），也研究人类史，重点是研究人类社会发展史，致力于

---

① 余英时：《中国思想传统的现代诠释》，江苏人民出版社 2003 年版，第 15 页。

② 《马克思恩格斯文集》第 4 卷，人民出版社 2009 年版，第 295 页。

探索人类发展的历史经验及其普遍规律，"我们需要深入研究的是人类史，因为几乎整个意识形态不是曲解人类史，就是完全撇开人类史"①。历史学不仅要客观记载历史实践活动，而且要总结历史规律与历史经验，以指导人类当下和未来的实践活动。"历史科学最基本的任务，就是从那作为人类总体的生活相续的实践活动中，亦即历史上各种对立的阶级关系之互相代起的具体的历史事实中，抽象出一个历史发展的法则，以这一法则，去说明人类向前发展之历史的合法则的前程。"②马克思主义史学"要求历史研究要发现历史规律，其目的是要对未来作出预测，掌握创造历史的主动性"③。马克思主义史学的核心是创立了唯物史观，发现了生产力与生产关系、经济基础与上层建筑、社会存在与社会意识、生产方式与社会形态的辩证运动的历史规律，提出了生产力对生产关系、经济基础对上层建筑、社会存在对社会意识、生产方式对社会形态的历史决定性，同时也看到生产关系对生产力、上层建筑对经济基础、社会意识对社会存在、社会形态对生产方式的历史反作用。1883 年 3 月 18 日前后，恩格斯作《在马克思墓前的讲话》，认为"马克思发现了人类历史的发展规律，即历来为繁芜丛杂的意识形态所掩盖着的一个简单事实：人们首先必须吃、喝、住、穿，然后才能从事政治、科学、

① 《马克思恩格斯文集》第 1 卷，人民出版社 2009 年版，第 519 页。
② 翦伯赞：《历史哲学教程》，河北教育出版社 2000 年版，第 118 页。
③ 李杰：《马克思主义史学思想史》第 2 卷，中国社会科学出版社 2015 年版，第 108 页。

艺术、宗教等等；所以，直接的物质的生活资料的生产，从而一个民族或一个时代的一定的经济发展阶段，便构成基础，人民的国家设施、法的观点、艺术以至宗教观念，就是从这个基础上发展起来的，因而，也必须由这个基础来解释，而不是像过去那样做得相反"①。马克思主义史学虽然致力于探索历史发展规律，但并不把历史发展过程公式化，既看到历史发展的必然性，也看到历史发展的偶然性，而且深刻认识到历史的必然性是通过历史的偶然性和历史的合力发生作用的，因而"绝不提供可以适用于各个历史时代的药方或公式"②。

中华优秀传统史学虽然没有明确提出要探索历史发展的客观规律，但提出"即器而存道"（《文史通义·原道下》）、"因文以明道"（《文心雕龙·原道》）、"通古今之变"（《汉书·司马迁传》）、"会通之义大矣哉"（《通志·总序》）的说法，即从历史中求道，以史学史书为载道之器，贯通性探究从古到今的历史变化的兴衰得失，"原始察终，见盛观衰"（《汉书·司马迁传》），分析其中的因果关系，总结历史经验与法则，通古今之道，会天下之理，以有助于"治道"和"人道"，"居今之世，志古之道，所以自镜也"（《史记·高祖功臣侯年表》），这成为中华优秀传统史学的核心观念之一。"道"的含义虽然比较复杂，但确有原理、法则、规律之意。章学诚在《文史通义·原道上》中指出，"道者，万事万物之所以然，而非万事万物

①《马克思恩格斯文集》第3卷，人民出版社2009年版，第601页。
②《马克思恩格斯文集》第1卷，人民出版社2009年版，第526页。

之当然也"，又言"道者，非圣人智力之所能为，皆其事势自然，渐形渐著，不得已而出之，故曰天也"①。"所谓的道，实际上是被实体化了的普遍规律、最高原理。"② 司马迁在《史记·太史公自序》中提出"述往事，思来者"，司马光在《进通鉴表》中提出"鉴前世之兴衰，考当今之得失"。"通古今之变"成为中国史学的重要思想传统。每当中国历史出现大变动，就会出现精思"古今之变"的史家与史著，站在时代的前列，用过往的行程解释社会现实及其变化方向，并就此提出治理国家的"一家之言"，力图引导现实的发展方向。③ 在"通古今之变"观念的深刻影响下，中华优秀传统史学形成了相对完整的通史体系，纪传体通史有《史记》，编年体通史有《资治通鉴》，纪事本末体通史有《通鉴纪事本末》，纲目体通史有《通鉴纲目》，而史学理论有《史通》《文史通义》。尤其值得一提的是，典章制度通史有所谓"十通"，其中有代表性的为《通典》《通志》《文献通考》等。章学诚在《文史通义·释通》中分析了通史书写兴起的历史过程和内在逻辑，"梁武帝以迁、固而下断代为书，于是上起三皇，下迄梁代，撰为《通史》一编，欲以包罗众史。史籍标通，此滥觞也。嗣是而后，源流渐别，总古今之学术，而纪传一规乎史迁，郑樵《通志》作焉。统前代之书志，而撰述取法乎《官礼》，杜佑《通典》作焉。合纪传之互文，而编次总括乎荀（悦）、袁（宏），

---

① （清）章学诚撰：《文史通义校注》，叶瑛校注，中华书局 2014 年版，第 139—140 页。

② 张岱年、程宜山：《中国文化精神》，北京大学出版社 2015 年版，第 186 页。

③ 瞿林东主编：《中国古代史学理论》（下），人民出版社 2022 年版，第 81 页。

司马光《资治通鉴》作焉。汇公私之述作，而诠录略仿乎孔（道）、萧（统），裴潾《太和通选》作焉。此四子者，或存正史之规，或正编年之的，或以典故为纪纲，或以词章存文献。史部之通，于斯为极盛也"①。钱穆解释了制度通史"通古今""通彼此"的必然逻辑，"研究制度，则必然是一种通学。一方面，每一制度，必前有所因，不可凭空特起。此须'通古今'。又一方面，每一制度，同时必与其他制度相通合一，始得成为某一时代、某一政府之某一制度。此须'通彼此'"②。会通以求道、会通以明道，是"通古今之变"的根本旨趣。

七、发挥主体能动性与"成一家之言"的契合

马克思主义史学认为，研究历史既要尊重历史发展的客观规律，又要充分发挥史家的主体能动性。唯物史观从来不是现成的公式或教条，而只是历史研究的指南与方法，历史研究要在唯物史观的指导下，在广泛搜集占有史料的基础上，充分发挥史家的主体能动性，去重新研究全部历史，以发现历史的内在联系，形成规律性的认识。1890年6月5日恩格斯在致保尔·恩斯特的信中提出"把唯物主义方法当做研究历史的指南"的说法，指出"如果不把唯物主义方法当做研究历史的指南，而把它当做现成的公式，按照它来剪裁

---

① （清）章学诚撰：《文史通义校注》，叶瑛校注，中华书局2014年版，第347页。

② 钱穆：《中国史学名著》，九州出版社2012年版，第192页。

各种历史事实，那它就会转变为自己的对立物"①。1890年8月5日恩格斯在致康拉德·施米特的信中提出"必须重新研究全部历史"的要求，指出"我们的历史观首先是进行研究工作的指南，并不是按照黑格尔学派的方式构造体系的杠杆。必须重新研究全部历史，必须详细研究各种社会形态的存在条件，然后设法从这些条件中找出相应的政治、私法、美学、哲学、宗教等等的观点"②。1895年3月11日恩格斯在致韦尔纳·桑巴特的信中提出"研究出发点"和"研究方法"论，认为"马克思的整个世界观不是教义，而是方法。它提供的不是现成的教条，而是进一步研究的出发点和供这种研究使用的方法"③。恩格斯的三封信都强调了史家发挥自己的主体能动性之必要，史学不能仅仅满足于"整理历史资料"，而必须"对每个时代的个人的现实生活过程和活动"进行充分研究，历史研究的前提和结论都只能从中得出。

中国传统文化特别注重人的主体性的发挥，《春秋繁露·天地阴阳》谓"人，下长万物，上参天地"。中华优秀传统史学也极为注重发挥史家的主体性，《史记·太史公自序》《文史通义·申郑》等均提出要"成一家之言"。强调史家当有"史意"（"史义"）、"史识"（"史鉴"）、"史德"（"史心"）的极端重要性，推重在书写"记注"、"实录"（史料）基础上的"撰述"（史学）。刘知幾在《史通·辨职》

---

① 《马克思恩格斯文集》第10卷，人民出版社2009年版，第583页。
② 《马克思恩格斯文集》第10卷，人民出版社2009年版，第587页。
③ 《马克思恩格斯文集》第10卷，人民出版社2009年版，第691页。

70

中提出上、中、下三等史学的观点，"彰善贬恶，不避强御，若晋之董狐，齐之南史，此其上也。编次勒成，郁为不朽，若鲁之丘明，汉之子长，此其次也。高才博学，名重一时，若周之史佚，楚之倚相，此其下也"①。章学诚区别史学作品为"撰述"与"记注"，认为"撰述"没有定法，灵活变化而"圆神"，"记注"则往往拘成例，"守绳墨"，《文史通义·书教下》谓"撰述欲其圆而神，记注欲其方以智也。夫智以藏往，神以知来，记注欲往事之不忘，撰述欲来者之兴起，故记注藏往以智，而撰述知来拟神也。藏往欲其赅备无遗，故体有一定，而其德为方；知来欲其决择去取，故例不拘常，而其德为圆"。章学诚赞《史记》与《汉书》都属于"撰述"，司马迁、班固、郑樵具有"别识心裁"，批评后世的纪传体史书，往往"失班史之意，而以纪表志传，同于科举之程式，官府之簿书，则于记注撰述，两无所似，而古人著书之宗旨，不可复言矣"②。但像《资治通鉴》《通志》《文献通考》这样的通史类作品，《史通》《文史通义》这样的史学理论类作品，《读通鉴论》《廿二史札记》这样的史评类作品，无疑都具有作者的"别识心裁"，属于"撰述"。金毓黻谓"自孔子、左丘明、司马迁、班固、荀悦以来，所修编年纪传之史，皆撰述也"。金氏特别表彰《史记》"善叙事理，辨而不华，质而不野，其文直，其事核，不虚美，不隐恶，即司马迁之史学也"；

---

① （唐）刘知幾：《史通》，（清）浦起龙通释，上海古籍出版社 2008 年版，第 200 页。

② （清）章学诚撰：《文史通义校注》，叶瑛校注，中华书局 2014 年版，第 58、59—60 页。

《汉书》"不激诡，不抑抗，赡而不秽，详而有体，使读之者亹亹而不倦，即班固之史学也"①。当然，史家主体性的良好发挥其实并不容易，章学诚感叹："才、学、识三者，得一不易，而兼三尤难，千古多文人而少良史。"②

八、历史合力论与纪传体书写的契合

马克思主义史学虽然秉持人民群众是历史的创造者，但历史的创造并不是整体有计划的创造，而是每个人不同意志的合力的创造，即"无数个力的平行四边形"，这就是马克思主义的历史合力论，"历史是这样创造的：最终的结果总是从许多单个的意志的相互冲突中产生出来的，而其中每一个意志，又是由于许多特殊的生活条件，才成为它所成为的那样，这样就有无数互相交错的力量，有无数个力的平行四边形，由此就产生出一个合力，即历史结果，而这个结果又可以看做一个作为整体的、不自觉地和不自主地起着作用的力量的产物。因为任何一个人的愿望都会受到任何另一个人的妨碍，而最后出现的结果就是谁都没有希望过的事物"③。马克思主义历史合力论认为，单个人参与历史活动是有计划的，有目的的，有方向的，是自觉的，但整个历史的发展却是"无数互相交错的力量"的综合作用，即"各种各样作用的合力"，"无论历史的结局如

---

① 金毓黻：《中国史学史》，商务印书馆 2010 年版，第 66、68 页。

② （清）章学诚撰：《文史通义校注》，叶瑛校注，中华书局 2014 年版，第 205 页。

③ 《马克思恩格斯文集》第 10 卷，人民出版社 2009 年版，第 592—593 页。

何，人们总是通过每一个人追求他自己的、自觉预期的目的来创造他们的历史，而且这许多按不同方向活动的愿望及其对外部世界的各种各样作用的合力，就是历史"。就历史的整体发展方向而言，单个人的意志及其力量是微不足道的，是相互制约的，但并不是无意义的，当然只有从属的意义。"在历史上活动的许多单个愿望在大多数场合下所得到的完全不是预期的结果，往往是恰恰相反的结果，因而它们的动机对全部结果来说同样地只有从属的意义。"但马克思主义历史合力论，并不满足于追究单个历史人物的动机，包括"非常杰出的人物的动机"，而是进一步追究"历史人物的动机背后并且构成历史的真正的最后动力的动力"，即使"整个整个阶级""整个整个的民族""广大群众"行动起来的动机。①1879 年 9 月马克思、恩格斯在致奥·倍倍尔、威·李卜克内西、威·白拉克等人的通告信中强调"将近 40 年来，我们一贯强调阶级斗争，认为它是历史的直接动力"②，而"经济因素""经济关系"则被认定为历史发展"具有决定意义"的作用力。1894 年 1 月 25 日恩格斯在致瓦尔特·博尔吉乌斯的信中言："经济关系不管受到其他关系——政治的和意识形态的——多大影响，归根到底还是具有决定意义的，它构成一条贯穿始终的、唯一有助于理解的红线。"③恩格斯提出"经济决定论"，但反对"单一经济决定论"，其"历史合力论"，"无非是要人们辩证

① 《马克思恩格斯文集》第 4 卷，人民出版社 2009 年版，第 302、303、304 页。
② 《马克思恩格斯文集》第 3 卷，人民出版社 2009 年版，第 484 页。
③ 《马克思恩格斯文集》第 10 卷，人民出版社 2009 年版，第 668 页。

地、全面地理解唯物史观，不要犯机械的单一经济决定论的错误"①。

中华优秀传统史学最为重要的史书体裁是纪传体与编年体，刘知幾称之为"二体"，其中"正史"都是纪传体，以人物为中心书写历史，实际上蕴含着深刻的历史合力论的思想，书写的历史人物五花八门，包括统治者与被统治者、精英与边缘、男性与女性、汉族与少数民族、本国与外国等。纪传体史书的奠基之作《史记》所载帝王、诸侯、将相、外戚、官吏（循吏、酷吏、佞幸）、滑稽、货殖、儒林、文学、游侠、刺客、日者、医生、龟策、隐士等相关人物；涉及各种民族，如匈奴、西南夷、南越、东越等；诸子百家人物，如老子、孔子及其弟子、孟子、荀子、韩非、苏秦、张仪等；各种起义人物，如陈胜、吴广、项梁、项羽等。"《史记》每一篇列传，必代表某一方面的重要人物。如《孔子世家》、《孟荀列传》、《仲尼弟子列传》代表学术思想界最重要的人物，《苏秦、张仪列传》代表造成战国局面的游说之士，《田单、乐毅列传》代表有名将帅，四公子《平原、孟尝、信陵、春申列传》代表当时新贵族的势力，《货殖列传》代表当时经济变化，《游侠列传》、《刺客列传》代表当时社会上一种特殊风尚。每篇都有深意，大都从全社会着眼，用人物来做一种现象的反影，并不是专替一个人作起居注。"② 此后，中

---

① 李红岩：《历史合力论再检视》，载中国社会科学院台湾史研究中心主编：《中国近代史学科体系的理论建构和学术反思》，社会科学文献出版社 2020 年版，第 73 页。

② 梁启超：《中国历史研究法　中国历史研究法补编》，中华书局 2015 年版，第 254 页。

国的纪传体史书深受《史记》的影响，基本上也是各色人等并载，并突出时代特色。往往共有的人物传记，如《忠义传》、《孝友传》（或叫《孝义传》）、《循吏传》（或叫《良吏传》）、《酷吏传》、《佞幸传》、《奸臣传》、《逆臣传》、《叛臣传》、《外戚传》、《宦者传》（或叫《宦官传》）、《列女传》、《儒林传》（或叫《儒学传》）、《文苑传》（或叫《文艺传》）、《方伎传》（或叫《方术传》）、《隐逸传》（或叫《逸民传》）、《四夷传》（或叫《蛮夷传》）、《西域传》、《外国传》等；具有时代特色的人物传记，如《汉书》有《货殖传》、《游侠传》、《匈奴传》、《西南夷两粤朝鲜传》等；《后汉书》有《党锢传》、《独行传》、《南匈奴传》、《西羌传》、《乌桓鲜卑传》等；《新唐书》有《藩镇传》、《卓行传》、《吐蕃传》、《突厥传》、《回鹘传》、《沙陀传》等；《新五代史》有《义儿传》、《伶官传》等；《宋史》有《道学传》、《世家传》等；《元史》有《释老传》等；《明史》有《阉党传》、《土司传》、《流贼传》等；《清史稿》有《畴人传》、《土司传》、《藩部传》、《属国传》等。历史是有目的的人的共同活动的结果，每个人的意志都对历史合力有所贡献，因此，中国古代纪传体史书，契合历史合力论的书写要求。

九、实事求是与"直笔""信史"的契合

马克思主义史学坚持实事求是的历史研究原则，要求主观反映客观、主观符合客观，尊重客观历史，从历史事实出发。史家书写历史必须以经过严格考证的充分史料为依据，虽然可以通过解释历

史而"成一家之言"，但不能凭空捏造历史，历史不能成为任人打扮的小姑娘。实事求是体现了马克思主义实践观，是马克思主义史学的灵魂。恩格斯在《自然辩证法》中提出自然科学和历史科学都要遵循实事求是的研究原则，即从"既有的事实"中发现"种种联系"，再进一步"从经验上加以证明"，"在自然界和历史的每一科学领域中，都必须从既有的事实出发，因而在自然科学中要从物质的各种实在形式和运动形式出发；因此在理论自然科学中也不能构想出种种联系塞到事实中去，而要从事实中发现这些联系，而且这些联系一经发现，就要尽可能从经验上加以证明"①。历史叙述方法与历史研究方法有所不同，历史研究方法必须"充分地占有材料"，再加以分析，从中找出"内在联系"，而历史叙述方法则必须做到材料与叙述的浑然一体，看似一个"先验的结构"。1873 年 1 月 24 日马克思在《资本论》第 1 卷第 2 版跋中言："在形式上，叙述方法必须与研究方法不同。研究必须充分地占有材料，分析它的各种发展形式，探寻这些形式的内在联系。只有这项工作完成以后，现实的运动才能适当地叙述出来。这点一旦做到，材料的生命一旦在观念上反映出来，呈现在我们面前的就好像是一个先验的结构了。"②

中华优秀传统史学在历史书写方面主张"直书"与"实录"，追求"信史"，《文心雕龙·史传》言"盖文疑则阙，贵信史也"。自古以来，中国史官重视书写信史，直载事与言，因为史官具有"正官

---

① 《马克思恩格斯文集》第 9 卷，人民出版社 2009 年版，第 440 页。
② 《马克思恩格斯文集》第 5 卷，人民出版社 2009 年版，第 21—22 页。

民之诈伪"之责,"治吾国史书,必先知吾自古史官之重信而不敢为非,而后世史家之重心术,实其源远流长之验也"①。中国传统史学的书写原则是"信以传信,疑以传疑",被认为是《春秋》之义,《文心雕龙·史传》称孔子"实良史之直笔"。"直书""实录"的历史书写主张在《史记》书写中得到了很好地体现,刘向、杨雄、班固等人均赞《史记》为"实录",《汉书·司马迁传》赞司马迁"不虚美,不隐善","据事直书"的"直笔"、"善恶必书"的"实录"遂成为历史书写的基本原则,"后世史官,虽与古之史职不同,而自史迁以降,史家所重,尤在实录"②。唐代以来,以帝王编年书写"实录"逐渐成为一种史学传统。赵翼《廿二史札记·史汉不同处》言:"一代修史,必备众家记载,兼考互订,而后笔之于书。"③《史通·直书》大力表彰"无所阿容"的"直书","史之为务,申以劝诫,树之风声。其有贼臣逆子,淫君乱主,苟直书其事,不掩其瑕,则秽迹彰于一朝,恶名被于千载。言之若是,吁可畏乎"④,严厉指斥"持诌媚以偷荣"的"曲笔","盖烈士徇名,壮夫重气,宁为兰摧玉折,不作瓦砾长存。若南、董之仗气直书,不避强御;韦、崔之肆情奋笔,无所阿容。虽周身之防有所不足,而遗芳余烈,人到于今称之。与夫王沈《魏书》,假回邪以窃位,董统《燕史》,持诌

---

① 柳诒徵:《国史要义》,商务印书馆 2011 年版,第 114 页。
② 柳诒徵:《国史要义》,商务印书馆 2011 年版,第 115 页。
③ 王树民:《廿二史札记校正》,中华书局 2013 年版,第 14 页。
④ (唐)刘知幾:《史通》,(清)浦起龙通释,上海古籍出版社 2008 年版,第 140 页。

媚以偷荣，贯三光而洞九泉，曾未足喻其高下也"①。钱大昕在《严先生传》称赞《通鉴补》的作者严衍"于史学实事求是，不肯妄下雌黄，其有所辩证，皆确乎不可易"②。章太炎《信史上》认为，中国古代史书记载，包括六经，大体是值得相信的，虽然未免有"曲笔道谀"，但"政有经制，国有大故，固弗能以意损益"③。宋、元、明时期，学界围绕理与气、心与物、心与理等关系问题展开了长期的辩论，积极结果之一是形成了一种认为理、气均为实有而理寓于气的"唯物主义的学术思潮"，进而产生了一种"完全否认直觉主义的思维方式"，即"实事求是"，对中国传统学术进行大规模整理的清代朴学就是在这种思维方式中展开的。④

十、"论从史出"与"未尝离事而言理"的契合

理论和实践结合，理论源于实践，是马克思主义认识论的基本原则。马克思主义史学主张以唯物史观为理论指导，"史论结合"，深入研究历史过程，详尽占有史料，"论从史出"，从客观事实和丰富史料中引出结论，反对离开历史过程和史学实践空谈理论。何谓

---

① （唐）刘知幾：《史通》，（清）浦起龙通释，上海古籍出版社 2008 年版，第141 页。

② 陆懋德：《中国史学史》，载《中国史学史未刊讲义四种》，上海古籍出版社2016 年版，第 265 页。

③ 《信史上》，载《章太炎全集》（太炎文录初编），徐复点校，上海人民出版社2014 年版，第 56 页。

④ 张岱年、程宜山：《中国文化精神》，北京大学出版社 2015 年版，第 180 页。

"论"，何谓"史"？"'史'可以指史料，也可以指史料所反映的客观历史。还可以指对史料、事实的具体考辨、梳理、分析、揭示过程。'论'既可以在思想指导层面指马克思主义理论，也可以在研究层面指具体的历史结论。"① "史"与"论"究竟应该如何结合？恩格斯在《反杜林论》中阐明了"论从史出"的基本观点，反对从原则出发，强调原则只能从历史事实中抽象而来，只有符合历史实际情况的原则才是正确原则，"原则不是研究的出发点，而是它的最终结果；这些原则不是被应用于自然界和人类历史，而是从它们中抽象出来的；不是自然界和人类去适应原则，而是原则只有在符合自然界和历史的情况下才是正确的"②。马克思、恩格斯在《德意志意识形态》中强调，历史知识，或者说"真正的知识"，"只能从对每个时代的个人的现实生活过程和活动的研究中产生"，历史研究的理论前提"充其量不过是从对人类历史发展的考察中抽象出来的最一般的结果的概括"③。翦伯赞阐述了"史论结合"的具体方式，认为"史论结合"既是史料与马克思列宁主义理论的结合，也是"理论和概念"与"具体的史实"的结合，"在历史研究工作中，必须把史与论结合起来。所谓史就是史料，所谓论就是理论，我们所说的理论，就是马克思列宁主义"，但"史论结合"并不是机械结合，而是内在、有

---

① 李红岩：《马克思主义史学思想史》第 4 卷，中国社会科学出版社 2015 年版，第 230 页。

② 《马克思恩格斯文集》第 9 卷，人民出版社 2009 年版，第 38 页。

③ 《马克思恩格斯文集》第 1 卷，人民出版社 2009 年版，第 526 页。

机、整体的结合，即"论从史出"，"研究历史要从实际出发，从具体的史实出发，不能而且不允许从理论出发，从概念出发。一般的理论或概念只是研究历史的指导原则，不是出发点。理论和概念是研究具体史实得出来的结论"①。

中华优秀传统史学主张道器合一，道寓于器，道不离器，理事合一，理寓于事，理不离事，反对空谈义理、"离器言道"、"离事而著理"，《文史通义》之《原道》谓"义理不可空言也"②，其《易教》言"六经皆史也。古人不著书，古人未尝离事而言理，六经皆先王之政典也"③，其《经解》谓"事有实据而理无定形，故夫子（孔子）之述六经，皆取先王典章，未尝离事而著理"④。章学诚结合孔子史学实践阐述了中华优秀传统史学"道不离器"、"理不离事"的叙事方式，其《原道》云："道不离器，犹影不离形。后世服夫子（孔子）之教者自六经，以谓六经载道之书也，而不知六经皆器也"，"夫子述六经以训后世，亦谓先圣先王之道不可见，六经即其器之可见者也。后人不见先王，当据可守之器而思不可见之道，故表章（彰）先王政教，与夫官司典守以示人，而不自著为说，以致离器言道也。夫子自述《春秋》之所以作，则云'我欲托之空言，不如见诸行事之深切著明'"⑤。《史记·太史公自序》认为孔子作《春秋》

① 翦伯赞：《历史哲学教程》，河北教育出版社2000年版，第366、368页。
② （清）章学诚撰：《文史通义校注》，叶瑛校注，中华书局2014年版，第130页。
③ （清）章学诚撰：《文史通义校注》，叶瑛校注，中华书局2014年版，第1页。
④ （清）章学诚撰：《文史通义校注》，叶瑛校注，中华书局2014年版，第97页。
⑤ （清）章学诚撰：《文史通义校注》，叶瑛校注，中华书局2014年版，第123页。

有史论结合的思想萌芽，即"我欲载之空言，不如见之于行事之深切著明也"。司马迁创立"寓论断于叙事之中"的历史叙述方式，成为史论结合的典范，顾炎武言"古人作史，有不待论断而于序事之中即见其指者，惟太史公能之"（《日知录·史记于序事中寓论断》）。司马迁既做到充分地占有史料，"网罗天下放失旧闻"，"协《六经》异传，齐百家杂语"，又形成"善序事理，辩而不华，质而不俚"（《汉书·司马迁传》）的叙述风格。

结　语

马克思主义史学与中华优秀传统史学都具有强烈的历史意识，强调研究历史的重要性，重视史学的社会功能，要求书写真实的历史，积极探索历史的法则，具有恢宏的历史视野，书写人类的历史和世界的历史，具有多方面的契合性，这是马克思主义史学得以在中国扎根并茁壮成长的深层逻辑和深厚基础。大体而言，二者在以下十个方面具有相当的契合性：其一，马克思主义史学提出唯物史观，把物质生活的生产方式视为整个社会生活、政治生活和精神生活的基础，把经济关系视为整个社会关系中具有决定意义的关系，高度重视经济发展，尤其是生产力的作用。中华优秀传统史学把"食货"视为国计民生的根本和道德教化的前提，注重经济史的书写和研究，《食货志》有长期的编撰传统。其二，马克思主义史学提出人民史观，认为人民是历史的创造者，历史是人民书写的，史家要自觉为人民书写历史。中华优秀传统史学有民本史观，把"民惟邦本，本固邦宁"视为核心价值，要求统治者以史为鉴，牢记"水能载舟，亦能覆舟"的历史教训，主张史书要"著生民之休戚"。其三，马克思主义史学提出不断发展史观，认为历史是从低级向高级发展的，生产力的发展推动生产关系的变化，生产方式的进步推动社会形态的更替，反对历史目的论与历史终结论。中华优秀传统史学提出变易日新史观，认为历史是不断向前发展的，历史的变化是无止境的，人类应该"自强不息"，反对历史"既济"论，主张"未济"论。其四，马克思主义史学提出实践观，主张历史研究要从事实和实践出发，理论与实践相结合，研究"活的历史"，历史经验和历史规律要运用于指导社会实践活动，科学地引领未来。中华优秀传统史学注重"经世"与"资鉴"，主张史学要"记功司过，彰善瘅恶"，有益于个体修养，有助于社会教化，有裨于治国理政。其五，马克思主义史学有自然辩证法，认为自然史与人类史是紧密关联的，人类与自然是互动发展的，要求辩证看待并合理处置人与自然的关系，反对征服自然，主张走人与自然和谐共生的可持续发展之路。中华优秀传统史学提出"究天人之际"，从多层次多角度探讨天人关系，注重"天人合一"，要求顺应天道，"道法自然"，节约资源。其六，马克思主义史学致力于探索历史发展规律，总结历史发展经验，指明历史发展的大道，走历史的必由之路。中华优秀传统史学亦注重探讨历史变易日新之道，以史明道，提出"通古今之变"，"述往事，思来者"，"鉴前世之兴衰，考当今之得失"。其七，马克思主义史学高度重视人的主体能动性，主张史家要以唯物史观为研究指南去"重新研究全部历史"，反对教条主义。中华优秀传统史学主张史家要有"别识心裁"，"成一家之言"，提倡"圆而神"的"撰述"。其八，马克思主义史学具有卓越的世界历史眼光，深刻体察到历史的复杂性，提出"历史合力论"，认为历史发展是各种历史人物的意志和行动共同发生作用的结果，反对过分突出个人作用的英雄史观。中华优秀传统史学具有恢宏的天下视野，具有鲜明的时代精神，其纪传体，以人物为中心来书写历史，充分重视历史人物的广泛代表性，尽可能创造更多的、且富有时代特色的人物传记。其九，马克思主义史学主张历史研究必须遵循实事求是的根本原则，致力于探索和记载历史的客观真相。中华优秀传统史学主张书写"不虚美""不隐恶"的"信史"，反对任意褒贬的"秽史"，以"直笔""实录""实事求是"为根本诉求。其十，马克思主义史学主张"史论结合""论从史出"，反对单纯思辨与"史观史学"。中国传统史学主张道器合一，寓理于事，反对"离器而言道""离事而言理"，反对空谈心性和道理。"马克思主义和中华优秀传统文化来源不同，但彼此存在高度的契合性。"[1] 中华优秀传统史学是中华优秀传统文化的重要组成部分，马克思主义史学和中华优秀传统史学亦同样具有相当

---

[1] 习近平：《在文化传承发展座谈会上的讲话》，《求是》2023 年第 17 期。

的契合性，二者可以有机结合。马克思主义史学应该中国化，而且可以中国化，不仅要与中国的历史实际相结合，而且要与中华优秀传统史学相结合。马克思主义史学，本质上是一种历史科学，建立在长期的、整体的、系统的、严密的历史研究基础上，以世界历史为视野，把唯物论、辩证法、实践观紧密结合在一起，具有整体的、系统的、辩证的思维，站在人民的立场上，关注人的发展，以每个人的自由而全面发展为追求，既详细研究西方历史，也深入探索东方历史，着力于探讨人类历史发展的基本原理和一般规律，又没有忽视研究历史的细节和偶然性，眼光向下，注重探究人民的历史，打通了人类的过去、现在和未来，批判地继承了人类历史上的一切优秀成果，具有科学性、实践性、发展性、人本性和前瞻性。包括中华优秀传统史学在内的中华优秀传统文化则是中国五千年文明历史的结晶，具有连续性、创新性、开放性、包容性、和平性，善于吸收人类文明的丰富的优秀成果，不断推陈出新，与时俱进。作为"文化的主干、思想的母体、精神的核心"的中国哲学建立在道器不割、体用不二的独特建制之中，哲学与政治、哲学与历史，直接贯通和相互归属，[①] 与西方以神为本的文化相比，中华优秀传统文化"上薄拜神教、下防拜物教"，没有外在的造物主，也没有内在的鬼神信仰，大体属于无神论，强调人的理性、主体性、独立性、能动性，"以人为本的人文精神是中国文化最根本的精神，也是一个最重

---

① 吴晓明：《三论中西哲学之根本差别》，《学术月刊》2023 年第 8 期。

要的特征"①。中华优秀传统史学，根基于深厚的中华优秀传统文化，立足于独特的中国哲学，明白"民以食为天""仓廪实而知礼节"的道理，重视"食货志"的书写，有朴素的历史唯物论思想，亦重视"究天人之际、通古今之变"的大历史思维，注重整体思维与矛盾（阴阳）分析，有朴素的历史辩证方法，同时明白"民惟邦本"的道理，重视书写各阶层人群的历史，包括下层社会的历史，且注重叙述"实录""信史"，书写以人为中心的历史，因而中华优秀传统史学与马克思主义史学具有多方面的契合性。

---

① 楼宇烈：《中国文化的根本精神》，中华书局 2016 年版，第 46 页。

第二章　中国马克思主义史学的发展 进程、演变态势及经验启示

马克思主义史学是世界近现代史学的重要一支，是中国近现代史学的主流。中国马克思主义史学，以唯物史观为研究指南，积极回答历史之问、时代之问、世界之问，立足中华优秀传统史学文化的深厚土壤，借鉴国外史学的理论与方法，历经新民主主义革命时期、社会主义革命和建设时期、改革开放和社会主义现代化建设新时期、中国特色社会主义新时代四个重要的阶段，做到了守正创新，与时俱进，新时代以来进一步坚定历史自信、文化自信，创造性构建中国特色史学学科体系、学术体系和话语体系，建设自主知识体系，日益走向成熟。从宏观和整体的视角把握中国马克思主义史学的发展历程是中国近现代史学史研究的一个重点，也是一个难点，瞿林东、蒋大椿、朱政惠、吴怀祺、张剑平、张越、张旭鹏、陈峰等进行了这方面的有益探索，值得借

鉴。[①]温故而知新，我们已踏上全面建设社会主义现代化强国的新征程，面对世界百年未有之大变局，中国马克思主义史学必须在全面审视自身的发展历程和演变态势基础上回答历史向何处去、我们应该如何书写历史的大问题，科学分析其经验教训，深入挖掘其历史启示，以推动马克思主义史学的新发展。

一、新民主主义革命时期的中国马克思主义史学

20世纪初，我国史学领域存在不同流派，多流并进，知识分子多以报纸杂志和翻译著作来介绍社会主义与马克思主义学说。1919—1949年是中国马克思主义史学发展的第一个时期，在唯物史观的早期传播过程中，李大钊、杨匏安、陈独秀、蔡和森、李达等作出了突出的贡献。在唯物史观传入中国以前，最受欢迎的历史观是进化史观，而唯物史观的传播对史学创新和发展更有划时代的意义，带来了第二

---

① 参阅瞿林东：《20世纪中国史学》，《历史教学》2000年第3、5期；蒋大椿：《20世纪中国马克思主义史学》，载罗志田主编：《20世纪的中国：学术与社会·史学卷》，山东人民出版社2001年版，第131—447页；朱政惠：《马克思主义史学在中国的传承与发展》，《历史教学问题》2006年第6期；吴怀祺：《中国马克思主义史学的历史命运》，载瞿林东主编：《20世纪中国史学发展分析》，北京师范大学出版社2009年版，第104—134页；张剑平：《中国马克思主义史学的历史命运简论》，载《中国马克思主义史学研究》，人民出版社2009年版，第1—11页；张越：《中国马克思主义史学的发展历程与学科特性》，载《史学史通论与近现代中国史学史研究》，北京师范大学出版社2011年版，第202—217页；张旭鹏：《新时期以来中国史学发展的特点与趋向》，《史学理论研究》2014年第3期；陈峰：《中国马克思主义史学史研究的反思与重构》，《中共党史研究》2020年第3期。

次历史观念的巨大变革。^① 正如李大钊所言"自有马氏的唯物史观，才把历史学提到与自然科学同等的地位。此等功绩，实为史学界开一新纪元"^②。唯物史观自 20 世纪初传入我国后，在史学界产生了广泛影响，但由于人们对这一理论的理解和接受程度存在差异，使之在实践领域往往会形成不同的层次和流派，而增加了这一社会文化表象的复杂性。^③ 马克思主义非但没有因为大革命失败而从人们的思想中消失，反而以前所未有的态势在知识界与学术界传播开来，^④ 直接催生了中国马克思主义史学的诞生。国内局势更加错综复杂，存在国共两种政治力量，也开辟了两种不同的学术走向，开始了对中国社会性质和发展方向的激烈讨论，这对于马克思主义史学的发展是一个强大的催化剂，论战中涌现了一大批优秀的马克思主义史家及史学著作，形成了中国早期马克思主义史学的基本队伍。

据白寿彝、瞿林东的分期，1919—1949 年是中国马克思主义史学初步建立的时期。与中国革命形势发展相一致，这个时期可分为四个阶段：1919—1927 年是第一阶段，随着马克思主义在我国的传播，中国马克思主义史学产生。1927—1937 年是第二阶段，史家用

① 彭卫、杨艳秋：《马克思主义史学思想史》第 3 卷，中国社会科学出版社 2015 年版，第 43 页。

② 《马克思的历史哲学与理恺尔的历史哲学》，载《李大钊全集》第 4 卷，人民出版社 1999 年版，第 467 页。

③ 胡逢祥：《唯物史观与民国时期的马克思主义史学》，《史学理论研究》2014 年第 1 期。

④ 李红岩：《20 世纪 30 年代马克思主义思潮兴起之原因探析》，《文史哲》2008 年第 6 期。

马克思主义的历史理论观察整个中国历史的进程并跟当时的革命实践结合起来。全民族抗日战争时期（1937—1945 年）是第三阶段。解放战争时期（1946—1949 年）是第四阶段。后两个阶段的中国马克思主义史学比前两个阶段要成熟得多。[①]

　　1919—1927 年是中国马克思主义史学诞生和形成的时期，这一时期的核心问题在于阐明中国历史发展的规律性及其与世界历史发展的关系，抓住"社会性质"这一话语之源，具体表现为如何在唯物史观的指导下进行中国历史的具体研究，突破传统史学的框架。在 20 世纪 20 年代末至 30 年代末的"中国社会史论战"中，史学家们的讨论集中在亚细亚生产方式、中国史上有无奴隶社会和资本主义社会等问题上。

　　新民主主义革命时期涌现出一大批优秀的马克思主义史家，留下了诸多影响深远的史学作品，这一阶段的显著特色是在论战中逐渐形成中国马克思主义史学的早期形态，是在对马克思主义理论的学习中、在对中国历史研究的具体实践中形成的，展现出"以论带史"和"史论结合"的双重研究态度，并以前者占上风。[②]

　　1919—1927 年中国马克思主义史学处于形成之中，李大钊、蔡和森、瞿秋白、李达等人对中国马克思主义史学的形成贡献巨大。

---

　　① 　白寿彝、瞿林东：《马克思主义史学在中国的传播和发展——纪念马克思逝世一百周年》，《史学史研究》1983 年第 1 期。

　　② 　彭卫、杨艳秋：《马克思主义史学思想史》第 3 卷，中国社会科学出版社 2015 年版，第 148 页。

李大钊是我国马克思主义史学理论的奠基者，是"我国最早把唯物史观运用于史学研究的勇敢探索者"①，留下了诸多史学论著，1924年李大钊《史学要论》出版，开启了用唯物史观书写史学理论著作的先声，系统介绍和阐释唯物史观，为中国马克思主义史学提供了认识历史的思想武器；同时，他从历史本体论、史学认识论两个方面建构了马克思主义史学理论体系，将唯物史观运用于具体的历史研究中，将理论与实践相结合。② 蔡和森也对马克思主义史学的早期发展有所贡献，其史观带有革命性，将唯物史观用作改造中国社会的锐利武器，他对中国历史的考察，尤其是对中国革命史、中共党史的研究具有开创性的贡献。蔡和森的《社会进化论》用唯物史观的基本原理来解析社会史，科学地阐明了人类社会发展的动因是生产力的发展，并且论述了国家产生的历史过程及国家的本质，探讨了人类社会进化的规律。瞿秋白参与了社会主义论战、东西文化论战、科学与人生观论战，逐步坚定了自己的马克思主义历史观，先后写下了《社会哲学概论》《现代社会学》《社会科学概论》等专著，第一次将辩证唯物主义与历史唯物主义视为一个整体进行研究，并且进行了中国化的改造，运用于中国近代史研究中。李达《现代社会学》高度赞扬了唯物史观对社会学研究的价值，对阐明和宣传

---

① 胡逢祥等：《中国近现代史学思潮与流派：1840—1949》（中册），商务印书馆2019年版，第755页。

② 彭卫、杨艳秋：《马克思主义史学思想史》第3卷，中国社会科学出版社2015年版，第54页。

唯物史观、解释社会发展基本规律提供了有力的理论借鉴和思想武器。

1927—1937 年间学术界、思想界掀起了关于中国社会性质、中国社会史分期和中国农村性质的三大论战，总称"中国社会史论战"，史家们就"亚细亚生产方式""奴隶社会""商业资本主义社会""前商业资本主义社会"进行讨论，1936 年基本结束。这次论战，有着复杂的意识形态背景，不是严格意义上的学术争辩。但正是通过这次论战，许多学者接受了马克思主义，并将唯物史观作为研究工作的理论指南，代表人物有郭沫若、吕振羽、范文澜、翦伯赞等人。郭沫若开辟了运用马克思主义研究中国史的科学道路，其研究主要聚焦在对中国古代社会的研究和早期历史观念的研究上，其《中国古代社会研究》是用马克思主义理论系统论述中国史的第一部书，被称为"中国社会史论战中影响最大"的一部著作，也是中国马克思主义史学"第一部重要著作"[1]。在社会史研究方面，吕振羽的《史前期中国社会研究》《殷周时代的中国社会》是运用马克思主义观点研究中国原始社会史、奴隶社会史、初期封建社会史的早期典范，他于 1942 年继续出版《中国社会史诸问题》对社会史论战作出较系统的总结。

1937—1945 年是中国马克思主义史学的重要发展期，史学界对中国史分期、古代社会性质和变迁的讨论进一步深化。在全民族抗

---

① 林甘泉、田人隆、李祖德：《中国古代史分期讨论五十年》，上海人民出版社 1982 年版，第 11 页。

日战争的背景下，马克思主义史家们面对民族的生死存亡，对宣扬侵略的反动史学进行猛烈抨击，与一些非马克思主义的史学观点进行博弈。如吕振羽与华岗对秋泽修二的中国历史分期作出批判，翦伯赞对胡适的实验主义历史观进行批评，白寿彝等学者展开了关于"民族"概念和"中华民族"问题的讨论，翦伯赞、胡绳对"复古"主张进行系统性批判，表现出中国马克思主义史家在民族存亡的危急时刻的自觉使命与责任担当。进步的马克思主义史家把握马克思主义的主要内涵，又根据中国历史的实际情况分析材料，提出独立的见解，深化我国马克思主义的发展，这一时期郭沫若、范文澜、邓初民、翦伯赞、侯外庐、吕振羽、吴泽、何干之等史家作出了卓越成绩。

在通史编纂上，中国马克思主义史家在唯物史观的指导下，创立了以社会形态为标准区分历史阶段，以生产力和生产关系、经济基础与上层建筑为基本内容的新通史体例。吕振羽《简明中国通史》是在马克思历史学说的框架下开展的通史编述，这部通史不仅吸收了马克思主义社会形态理论的内容，还贯通了历史上汉族与其他民族之间的关系，缔结了中华民族的共同历史，体现了"把人民的面貌复现出来"[①]。范文澜《中国通史简编》将鸦片战争以前的中国划分为三个阶段，生产力、生产方式和经济状况是《中国通史简编》中的重要内容，充分体现了鲜明的"人民性"和"阶级斗争"的历

---

① 吕振羽：《简明中国通史》，生活·读书·新知三联书店 1949 年版，"跋"。

史观。范文澜还注意到不同时期农民起义的特征，涉及如"历史上的统一和分裂""历史上的民族战争""封建王朝和统治者"等重要历史问题的讨论。翦伯赞《中国史纲》和范文澜《中国通史简编》相同，按照马克思主义社会形态理论对中国史进行分期，但翦伯赞还进行了探索和创新，对进入阶级社会后的中国史作了更详细的划分，还对史前社会的演变过程进行详细说明，吸收了大量考古资料，关注古代不同民族之间的活动，指出了历史认识的客观性和主体性。

马克思主义史家还对中国历史发展道路进行探索。以侯外庐为代表，在对中国古代社会史和思想史的研究中，对中国文明起源和发展路径进行探讨，其史学主张和研究实践展现了他的史学思想特征，即理论的价值要通过具体研究来体现，马克思主义的基本原理不能代替对具体问题的研究。因此，对中国历史发展道路的探索，是侯外庐在马克思主义理论框架下的尝试，不仅遵循了马克思主义提出的人类发展的普遍规律，也考虑了不同国家和地区的特殊性，做到了"马克思主义历史科学的民族化"。

起步阶段的中国马克思主义史学思想形成了五个基本特征：一是以马克思主义唯物史观为引领，致力于总结历史经验教训，探索历史发展规律，奠定了中国马克思主义史学的整体基调；二是具有强烈的阶级性和人民性，在用唯物史观解释历史的同时，也指导了当时的现实革命斗争；三是对传统历史学进行了重新架构，对历史学的性质、对象、任务、内容、功能进行系统的论述，推动历史学走上了社会科学化的发展路径，突破了传统史学"以考证叙述为主"①的范式与逻辑；四是继承了传统史学"经世致用"的风格，历史研究与现实需要紧密相关，随着社会形势的变动和革命斗争的需要而不断调整；五是对马克思主义历史理论与方法的认识还存在一定的模糊，对唯物史观的运用尚显稚嫩，由于这一时期的马克思主义史家一直处在与不同史学流派与史学观点的斗争之中，内部对于一些历史问题的看法彼此尚存在分歧。

新民主主义革命时期的中国马克思主义史学的起步发展与中国新民主主义革命、国际共产主义运动、马克思主义中国化的历程息息相关，是在危急的形势下应运而生的，现实的需求推动了一批马克思主义史家自觉将唯物史观投入历史实践中，因此中国马克思主义史学从一开始就是中国共产党革命事业的重要组成部分。这一时期也是中国马克思主义史学诞生、形成、巩固、取得巨大成就并开始获得话语权的阶段，与新民主主义革命的使命任务相呼应，实现了唯物史观与中国史的科学结合，使中国的史学系统、史学理论在整体样貌上获得了新生。同时，中国马克思主义史学构建了自身的研究逻辑，显示了唯物史观的内在生命力，提出了一系列新的史学理论命题。胡逢祥认为，这一时期史学发展的影响，要从两个层面加以把握：一是马克思主义史学队伍的成长及其活动；二是唯物史观在各史学实践领域的表现。前者为中国马克思主义史学的核心和

---

① 陈峰：《重访中国现代史学》，山东大学出版社 2023 年版，第 33 页。

主体力量，后者则标示着该史学思潮在学术界的实际影响力。① 近年来，越来越多学者关注到唯物史观的影响力并不局限在马克思主义史家上，还辐射到一些非马克思主义史家中。唯物史观本身具备科学性和学术魅力，在当时史学界的影响决不局限于共产党人内部。在一些非中共人士和非马克思主义的史家论著中，有时也可以看到对唯物史观的运用或某些观点的采纳。② 马克思主义曾经是一个开放性论域，1949 年以前的中国马克思主义史家并非只有中共一支孤军，而是有一大批党外学者在活动。③ 同时，马克思主义史家之间也存在分歧，但属于唯物史观内部的分歧。④

二、社会主义革命和建设时期的中国马克思主义史学

1949—1978 年是中国马克思主义史学发展的第二个时期。新中国成立后，全国迎来学习马克思主义理论的高潮，"从史学的发展上说，这是马克思主义史学在中国开始广泛传播的时期"⑤。"马克思主义史学主导地位的确立，当然与新中国的建立有着不可分割的关系，

---

① 胡逢祥：《唯物史观与民国时期的马克思主义史学》，《史学理论研究》2014 年第 1 期。

② 胡逢祥：《中国现代史学史研究三题》，《探索与争鸣》2014 年第 5 期。

③ 陈峰：《中国马克思主义史学史研究的反思与重构》，《中共党史研究》2020 年第 3 期。

④ 李红岩：《马克思主义史学思想史》第 4 卷，中国社会科学出版社 2015 年版，第 2 页。

⑤ 白寿彝、瞿林东：《马克思主义史学在中国的传播和发展——纪念马克思逝世一百周年》，《史学史研究》1983 年第 1 期。

也是 20 世纪前半期马克思主义史家艰辛探索的内在逻辑发展使然，但究其根本，还是马克思主义理论自身的科学性被史学家所认同和接受的结果。"[①] 50 年代初开始，中国马克思主义史学工作的基本建设启程，提供了政治上和组织上的有利条件，大量翻译、出版了马克思、恩格斯、列宁、毛泽东等人的著作，全国高校的历史学系进行改革，出版了一批全国性史学刊物，国家对马克思主义史学的重视程度与日俱增，非马克思主义史家向马克思主义史学积极靠拢。这也是中国马克思主义史学占主导地位并深入发展的阶段。通过全国范围的学习和讨论，马克思主义理论水平普遍提高，马克思主义史家的研究领域不断扩大，内容也更加深刻，马克思主义史学迎来新的历史发展机遇。

社会主义革命和建设时期的马克思主义史学可以具体分为三个阶段：1949—1966 年（新中国成立后的 17 年）；1966—1976 年（"文化大革命" 10 年）；1976—1978 年（拨乱反正）。从 1949—1966 年新中国成立后的 17 年，马克思主义史家付出辛勤的努力，获得丰硕的史学成就，主要成果集中在提出与讨论各种重大史学问题上，影响较大的有被形象地称为史学界"五朵金花"的古史分期问题、封建土地所有制形式问题、农民战争问题、资本主义萌芽问题、汉民族形成问题。此外，讨论热烈的还有中国近代史分期问题、封建社会长期延续问题和历史人物评价问题等。

---

① 卜宪群：《新中国七十年的史学发展道路》，《中国史研究》2019 年第 3 期。

其一，中国古代史分期、中国封建社会诸问题的讨论。马克思主义史家坚持人类史发展的统一性、规律性、一元性，对中国社会特殊论予以批判。主要出现七类观点，一是吕振羽、范文澜、翦伯赞主张的"西周封建论"，吴大琨、赵俪生、童书业、王亚南等学者参与了讨论；二是郭沫若、杨宽、白寿彝、林甘泉主张的"战国封建论"；三是以尚钺、王仲荦、何兹全为代表的"魏晋封建论"；四是以李亚农、唐兰、祝瑞开为代表的"春秋封建说"；五是以黄子通、夏甄陶为代表的"秦统一封建说"；六是以侯外庐、赵锡元为代表的"西汉封建说"；七是以周谷城为代表的"东汉封建说"。除此之外，还有关于中国奴隶社会诸问题、亚细亚生产方式的讨论。

其二，中国封建土地所有制形式的讨论。要讨论古代社会的性质，就必须探讨古代社会关系。对不同时代的封建土地所有制的研究主要有两种看法，一是封建土地所有制包含皇族土地所有制、大土地占有制等；二是包括贵族官僚富豪等大土地所有制等。对封建土地所有制问题的核心争论中还涉及几个重要的问题，如对"东方"或"亚细亚"土地制度的理解、对封建社会土地所有权性质的看法、国家政权对土地所有权的限制问题、地租与课税合一的问题、封建的中央集权与土地制度的关系问题。[①] 对封建土地所有制的探讨是史家们从"西欧才是封建社会"的狭隘视域下解放出来的表现，具有典型性意义。

---

① 杨志玖：《关于中国封建社会土地所有制问题的讨论情况简介》，《历史教学》1961 年第 10 期。

其三，中国农民战争历史问题的讨论。中国作为传统的农业国，农民、农村、农业问题始终是我国史学研究的重要对象。在唯物史观的指导下，中国的马克思主义史家指出，农民不仅是封建时代的物质生产者，还是历史发展的重要推动力量，而农民群众带动历史发展的形式之一就是农民战争。在我国历史长河中，农民战争不计其数，郭沫若、范文澜、翦伯赞等马克思主义史家对农民战争给予了肯定。新中国成立后，马克思主义史学界对农民战争史的研究进一步深化，在实证研究和理论研究上皆有进展，如翦伯赞、蔡美彪、关锋等学者讨论了农民战争的性质、农民的阶级性、对农民战争的评价等。20世纪80年代中后期之后，农民战争史的研究逐渐衰微，"三农史"，特别是农村社会史与农业现代化史的研究取而代之。

其四，中国资本主义萌芽问题的讨论。中国没有经历过资本主义发展阶段，但中国存在资本主义生产关系，近代中国在列强的侵略下也被迅速卷入世界资本主义体系之中。因此，马克思主义史家如邓拓、尚钺、翦伯赞、吕振羽、李达、华岗等学者就中国资本主义的萌芽问题进行了深入研究，讨论涉及的问题有资本主义萌芽的定义、出现时间、程度和水平及中国社会的变化。对于资本主义萌芽时间，大多数学者如吴晗、傅衣凌、侯外庐、翦伯赞等主张明清时期出现资本主义萌芽。对资本主义萌芽的讨论，所依靠的不仅是重要史料，还有这一时期马克思主义史家对马克思主义基本理论的理解更加准确和深刻。

其五，汉民族形成和民族关系问题的讨论。我国是统一的多元一体的多民族国家，"民族"问题也是史学界重要的讨论对象。这一时期，马克思主义史家主要探讨了汉民族的形成问题和历史上民族关系的评价。范文澜认为，秦汉开始我国就在"独特的社会条件下形成的独特的民族"①，一些学者赞成，一些学者则持反对意见。这一时期的讨论涉及七大理论问题，分别是我国统一的多民族国家的形成问题、"外族"与"外国"的关系问题、我国历史上各民族国家间的战争性质问题、民族英雄问题、民族关系的主流问题、汉民族是不是多民族国家的主体、民族关系史与现实的民族问题。②

这一时期中国史学发展的最大特点就是马克思主义史学在思想界占据主导地位，唯物史观也成为史学研究的指导思想，并且表现出了强烈的战斗性。马克思主义史学作为一种革命的历史学，发挥了改造现实世界的重要功能，在当时的历史情境下具备相当的合理性。但也有学者指出，这一时期逐渐出现了一种不分层次和性质把非马克思主义学术观点的各种争论绝对化、政治化和阶级斗争化的倾向，对后来产生了消极影响。③随着新民主主义革命向社会主义革命和建设过渡，这一阶段的马克思主义史学开始转型，自觉地与

---

① 范文澜：《试论中国自秦汉时成为统一国家的原因》，《历史研究》1954 年第 3 期。

② 孙祚民：《建国以来中国民族关系若干理论问题研究评议》，《东岳论丛》1987 年第 1 期。

③ 胡逢祥：《唯物史观与中国现代史学传统》，《南开学报》2002 年第 2 期。

新社会形势相适应，不断地做大方向之下的调适。^①

新中国成立后，整个中国史学界都集合到了唯物史观的旗帜下，注入新鲜的血液，领域不断扩大，队伍不断壮大，涌现了一大批重要的史学成果。"五朵金花"是这一时期理论与实际相互结合的成果，具有重要的史学思想价值，也被称为中国马克思主义史学的骨架，"不仅代表着中国马克思主义史学的风范与成就，而且蕴含着中国马克思主义史学的内在逻辑秩序，彰显着中国马克思主义史学家的治学路数、本质特征及价值追求，是马克思主义史学之'中国性'的典范代表"^②。对新中国成立后的 17 年史学的评价，也是当下马克思主义史学界讨论的热点话题。陈其泰对新中国成立后的 17 年史学成就予以充分肯定，认为这一时期的马克思主义史家坚决抵制了教条化错误，表现了马克思主义史学家的崇高品格，同时，新历史考证学也在新中国进入新境界。^③卜宪群认为，"十七年的史学尽管存在着对马克思主义教条化的理解、学术研究过度政治化的偏差，但总体上取得了很大成绩"^④。瞿林东也有相似的见解，"新中国史学发展出现了一个很有生机的活跃局面，以唯物史观为指导的

---

① 李红岩：《马克思主义史学思想史》第 4 卷，中国社会科学出版社 2015 年版，第 2 页。

② 李红岩：《马克思主义史学思想史》第 4 卷，中国社会科学出版社 2015 年版，第 91 页。

③ 陈其泰：《中国马克思主义史学发展道路的思考》，《当代中国史研究》2004 年第 2 期。

④ 卜宪群：《新中国七十年的史学发展道路》，《中国史研究》2019 年第 3 期。

马克思主义史学从不合法、只在局部范围内得以存在的状态，转向合法的、可以在全国范围存在和发展的状况，这是一个历史性的变化"①。

但同时，也出现了"左"倾思潮和教条主义的倾向，以及将学术问题政治化、上纲上线的做法。②史学界的反右派斗争、"史学革命"与"厚今薄古"等在执行中出现了一些偏差，这些偏差对中国马克思主义史学发展起了反作用。以批判吴晗的《海瑞罢官》开始，马克思主义史学的发展进程被迫延缓，留下了深刻的历史教训。1976 年粉碎"四人帮"后，马克思主义史学家们自觉撰写了许多拨乱反正的优秀文章，为改革开放后马克思主义史学的重新起航提供条件。总而言之，中国马克思主义史学是科学的学术形态，是具有强烈现实关怀和历史担当的史学，并不是脱离实际的空中楼阁。社会主义革命和建设时期的马克思主义史学有成就，也有曲折，但马克思主义史学与唯物史观始终以其强大的生命力、自洽的逻辑性成为中国史学界的主流与主干。

三、改革开放和社会主义现代化建设新时期的中国马克思主义史学

1978—2012 年是中国马克思主义史学发展的第三个时期。从党

---

① 瞿林东：《新中国史学五十年的理论建设》，《安徽大学学报》1999 年第 6 期。
② 乔治忠：《略谈新中国 70 年来史学理论研究》，《中国社会科学报》2019 年 10 月 21 日。

的十一届三中全会开始，我国进入了改革开放和社会主义现代化建设新时期。史学与时代有着不可分割的关系，时代的变迁也带来了史学的新发展，比如政治与社会环境的根本改变，人才培养与组织机构建设的成效显著，研究方向和重要项目有了系统规划，开放的信息交流渠道的完善，都加速了马克思主义史学研究领域的深化与学科体系构建的完善。

以中国特色社会主义理论体系为指导，与改革开放的全面繁荣发展相适应，聚焦改革开放和社会主义现代化建设，形成强烈的问题意识，是这一时期中国马克思主义史学发展始终坚持的主线，马克思主义东方学与马克思主义现代化史学的兴起是这一时期的重要特色。但这一时期，马克思主义史学也面临着一些质疑，并受到其他学术思潮的挑战，学术地位有一定削弱，很大程度上是因其以往存在的简单化、公式化、教条化地运用理论，对西方史学的理论、方法和学术成果"既缺乏了解又盲目排斥""对我国古代和近代的史学遗产更多地强调批判而忽视继承"等。[①] 在接触西方史学思潮的过程中，我国史学界出现了多元化的局面。因此，在改革开放、全球化、信息化的新变局中，如何应对"史学危机"，继续坚持唯物史观的指导，在此基础上开拓创新，是这一时期中国马克思主义史学面临的新任务。

随着改革开放的进程加速，中国与世界也在日益融合，西方各

---

① 张越：《当代中国马克思主义史学的研究特点与发展趋向》，《史学月刊》2022年第7期。

种史学理论与方法及跨学科的研究展开，使我国的史学发展面临新的机遇与挑战。当时出现了所谓"史学危机"，即史学研究中存在方法角度和领域的单一化、理论薄弱的问题。我国的马克思主义史学家大多认为，历史学确实存在问题，但不是"危机"。因此在20世纪80年代中期，我国史学界立足于丰富和发展马克思主义史学，加强了历史学科建设，在一体多样的格局中不断创新，成为这一时期马克思主义史学的基调。

其一，经济史是新时期中国史学发展取得突出成就的领域，在某种程度上展示了新时期中国史学的辉煌成就。随着改革开放的到来，我国的经济史研究得到重视，具体表现在研究队伍的扩大，阵地增加；学术思想空前活跃，研究领域不断扩展；研究成果丰硕，涌现了不少高质量成果；一大批经济史文献档案资料得以搜集、发掘、整理和刊布。[①] 这一时期的经济史研究会通宏观与微观、学术与时代、理论与材料、中国与西方、历史学与经济学等社会科学，其中，傅衣凌、吴承明和李伯重堪称这一研究中三个前后相继的代表人物。[②]

其二，社会史研究异军突起，无论是在理论方法，还是区域研究、专题研究方面，都取得了可喜的成绩。社会史研究长期被忽略，新时期走出了具有鲜明特色的研究之路，遵循了学科内在逻辑，汲取了新的学科理念和方法，实现了跨学科的融合交汇，从区域、专

---

① 张剑平等：《新中国历史学发展路径研究》，人民出版社2016年版，第502页。
② 王学典：《近五十年的中国历史学》，《历史研究》2004年第1期。

题研究到整体性和跨区域研究的不断深化、拓展和提升，历史观从"自上而下"到"自下而上"再到"整合"。如对社会组织与结构、宗族与家族、家庭与人口、婚姻形态、社会生活、社会问题、社会势力、风俗信仰、民间宗教、地域或区域社会、日常生活、社会文化、社会流动与社会控制等研究硕果累累。与社会史相关的疾疫史、医疗史、灾害史、性别史、乡村史，以及田野调查和口述史等都受到广泛重视。[1] 王先明认为，社会史已经成为中国近代史研究中十分重要的学科方向，能"把历史的内容还给历史"，"使历史研究的内容更加丰富"[2]。

其三，对西方史学的研究发展，积极吸收国外史学研究的新理论和新方法，与国际史学发展的新趋势互动交流。这一时期的中国马克思主义史学重新认识西方史学，呈现出从思辨的历史哲学日益转向分析的历史哲学的趋势，表明中国历史研究要面向世界、走向世界与国际史学对话的态势。

其四，多学科研究、跨学科研究的深化，形成了新史学潮流。这一时期的中国历史学"同社会科学的其他学科以及自然科学，相互交叉、渗透、融合，科学研究呈现整体结合的趋势，一些边缘学科、交叉学科方兴未艾，诸如社会史学、人口史学、生态史学、心

---

① 郭松义：《中国社会史研究五十年》，《中国史研究》1999 年第 4 期；赵世瑜、邓庆平：《二十世纪中国社会史研究的回顾与思考》，《历史研究》2001 年第 6 期。

② 王先明：《社会史改塑近代史研究基本格局》，《中国社会科学报》2019 年 9 月 27 日。

理史学、城市史学、计量史学正在崛起"①。其中历史研究与社会科学方法论的融合导致现代化史学、经济史学、社会史学、文化史学等学科的兴起，历史研究与自然科学方法论的融合、马克思主义东方学与现代化史学的崛起、心理史学的兴盛、历史人类学的兴起、环境史学的兴起。

其五，"全球史观"下世界史体系的建设。冷战结束后出现了一个显著的变化，那就是对世界史和对全球史的关注在不断增强。②国内出现了一大批以全球视野思考世界历史发展的著作，全球史强调分析文明、地区和社群之间的交流，是全球化在历史观念上的体现，而全球史的写作，其主要目的就是为全球化在世界历史的进程中定位。③"全球史观"作为一种新的史观推动了我国历史学科的发展。但是，全球史观也面临一些挑战，如何恰当处理全球化与本土化、世界的趋同化与多元化、宏观研究与微观研究等问题。

其六，后现代主义史学对我国史学界的影响。伊格尔斯认为，"后现代主义的思想就由于其警告人们要反对空想主义的与进步的观念而对当代历史学的讨论作出了重大的贡献"④，但后现代主义思潮对史学的根本性冲击在于对历史知识客观性的否定，"否定历史的客

---

① 张剑平等：《新中国历史学发展路径研究》，人民出版社2016年版，第548页。
② ［美］格奥尔格·伊格尔斯、王晴佳著，苏普里娅·穆赫吉参著：《全球史学史：从18世纪至当代》，杨豫译，北京大学出版社2011年版，第410页。
③ 王晴佳：《新史学讲演录》，中国人民大学出版社2010年版，第105页。
④ ［德］格奥尔格·G.伊格尔斯：《二十世纪的历史学：从科学的客观性到后现代的挑战》，何兆武译，商务印书馆2023年版，第175页。

观性、真实和真理"①，后现代主义史学对西方史学理念和范式都提出了新挑战，我国史学界对这种思潮比较冷静，形成了自己的学术理念，但我们也需要积极思考和应对这种挑战，将其升华为学术发展的动力。

改革开放后，中国马克思主义史学不断与西方史学对话，进行了许多创新，展现了实践性、时代性、使命感的特性。这一时期，我国马克思主义史学在史学概论的研究、历史认识的研究、各学科的发展方面都有了耀眼的成就，如考古学的发展、历史文献的发现与整理、中国断代史研究的进展、专门史研究的拓展、世界史研究的繁荣、历史地理学的发展等。同之前的马克思主义史学发展阶段相比，我们从经验总结进入理性的学科自省，完善了现代意义的历史科学，"人们由此更深刻地理解了马克思主义唯物史观在正确认识历史中无可替代的作用"②。但在具体的史学研究领域，出现了一些"新"的"模式"、讲法或说法，"突破"和"创新"纷纷涌现出来，这些新的"突破"与"创新"，有的是对原有马克思主义史学样态的深化和拓展，但有的却是对原有马克思主义史学样态的"突破"与"另起炉灶"③，且史学研究中的"碎片化"倾向比较普遍。因此，马

---

① 杜维运：《中国史学与世界史学》，商务印书馆 2010 年版，第 226 页。

② 姜义华：《改革开放 40 年：伟大的解放运动和史学的解放》，《探索与争鸣》2018 年第 12 期。

③ 李红岩：《马克思主义史学思想史》第 4 卷，中国社会科学出版社 2015 年版，第 5 页。

克思主义史学要发展，既要保持固有的科学性，正本清源，同时又不能故步自封，而必须守正创新，与时俱进。

四、中国特色社会主义新时代的中国马克思主义史学

中国特色社会主义进入新时代，这也是我国发展的新的历史方位。在习近平新时代中国特色社会主义思想的指导下，我国的马克思主义史学在继承前人史学成就的基础上也有了时代性、创新性、民族性、原创性、系统性和专业性的发展，继续建设有中国特点、中国作风、中国气派的马克思主义史学体系。

新时代中国马克思主义史学既有对过去中国马克思主义史学与中国优秀史学传统的继承，又有因时而变、与时俱进的创新，在理论创新和实践创新中都有成就。

其一，新时代中国马克思主义史学在史学理论层面有了较大的进展。史学界对"唯物史观的创新性发展问题""马克思主义与中华优秀传统文化的结合问题""马克思主义世界历史理论与全球化问题""树立历史自信与批判历史虚无主义问题""树立大历史观与批判历史碎片化问题""中国近现代史研究范式问题""国外马克思主义史学的发展问题"等重大问题进行回溯、总结与创新。新时代以来张海鹏、庞卓恒、李治安、张越、陈峰、赵庆云、李学功等就马克思主义唯物史观中的社会经济形态问题、阶级分析方法问题、"五朵金花"的评价问题等经典话题进行创新性的解读和阐释，在思想和理

论上得到了升华。^① 史学界对马克思主义基本理论与中华优秀传统文化相结合的研究呈现出新的面貌，对马克思主义与中华优秀传统文化结合的路径、马克思主义与中华优秀传统文化结合的时代意义进行了研究。史学界对马克思主义世界历史理论与全球化等问题继续探讨，关注马克思主义世界历史理论与全球化、全球史研究、人类命运共同体等具体问题。史学界大力批判历史虚无主义，要求坚定历史自信，卜宪群、于沛、郑师渠、夏春涛、左玉河、吴英、高希中、瞿林东、吴浩、胡逢祥等学者揭露了历史虚无主义的本质和危害，坚持和发展唯物史观。^② 章开沅、王学典、章清、李长莉、

---

① 参阅李学功：《闻道与问道：中国古代社会形态问题研究的思考》，《史学理论研究》2021 年第 2 期；陈峰：《社会形态理论视阈下的中国社会经济史研究》，《历史研究》2022 年第 2 期；张海鹏：《如何理解马克思主义社会形态理论》，《历史评论》2021 年第 5 期；赵庆云：《阶级理论与马克思主义史学》，《史学理论研究》2022 年第 3 期；庞卓恒：《人类本性和人的阶级性》，《史学理论研究》2022 年第 3 期；张越：《"五朵金花"问题再审视》，《中国史研究》2016 年第 2 期；李治安：《从"五朵金花"到"皇权""封建"之争》，《中国经济史研究》2020 年第 5 期。

② 参阅卜宪群：《历史唯物主义与历史虚无主义琐谈》，《历史研究》2015 年第 3 期；于沛：《后现代主义历史观和历史虚无主义》，《历史研究》2015 年第 3 期；郑师渠：《当下历史虚无主义之我见》，《历史研究》2015 年第 3 期；武力：《唯物史观视角下的历史虚无主义辨正》，《历史研究》2015 年第 3 期；夏春涛、左玉河、吴英、高希中：《历史虚无主义解析》，《史学理论研究》2019 年第 3 期；瞿林东：《在唯物史观指导下推动中国史学走向新的发展》，《史学理论研究》2015 年第 1 期；瞿林东：《唯物史观与学科话语体系建构》，《中国史研究》2018 年第 2 期；吴浩、蔡敏敏：《当代中国史学界对唯物史观的理论认知与思考历程》，《史学理论研究》2020 年第 5 期；胡逢祥：《唯物史观与民国时期的马克思主义史学》，《史学理论研究》2014 年第 1 期；李勇：《郭沫若唯物史观接受史》，《史学理论研究》2017 年第 3 期。

李金铮、张太原等批判历史碎片化，提倡树立大历史观，也有一些学者聚焦于中国式现代化、中国共产党的百年奋斗，形成整体性的历史理解。① 史学界聚焦中国近现代史研究范式展开研究，左玉河、杨念群、郑师渠、虞和平、张海鹏、李怀印、李侃、马敏、雷颐、吴剑杰、周东华、夏明方、杨天宏、龚书铎、朱文通等对革命史范式与现代化范式进行再探，致力于研究范式的超越与重建。② 史学界还从多个领域和角度回顾了国外马克思主义史学的发展及现状，总结了国外马克思主义史学的经验和不足，深入探讨了马克思主义史学的时代诉求，并对其前景进行了展望。③

----

① 参阅章清：《"碎片化的历史学"：理解与反省》，《近代史研究》2012 年第 5 期；郑师渠：《近代史研究中所谓"碎片化"问题之我见》，《近代史研究》2012 年第 4 期；杨念群：《"整体"与"区域"关系之惑》，《近代史研究》2012 年第 4 期；章开沅：《重视细节，拒绝"碎片化"》，《近代史研究》2012 年第 4 期；王学典、郭震旦：《重建史学的宏大叙事》，《近代史研究》2012 年第 5 期；王晴佳：《历史研究的碎片化与现代史学思潮》，《近代史研究》2012 年第 5 期；王玉贵、王卫平：《"碎片化"是个问题吗》，《近代史研究》2012 年第 5 期；李长莉：《"碎片化"：新兴史学与方法论困境》，《近代史研究》2012 年第 5 期；李金铮：《整体史：历史研究的"三位一体"》，《近代史研究》2012 年第 5 期；张太原：《个体生命与大历史》，《近代史研究》2012 年第 5 期；陈金龙：《从建党纪念看中国共产党的大历史观》，《中国高校社会科学》2021 年第 3 期；杨凤城：《从大历史观看中国共产党的百年奋斗》，《北京社会科学》2021 年第 6 期。

② 参阅左玉河：《中国近代史研究的范式之争与超越之路》，《史学月刊》2014 年第 6 期；杨天宏：《系统性的缺失：中国近代史研究现状之忧》，《近代史研究》2010 年第 2 期；朱文通：《"新革命史"范式提升党史研究》，《中国社会科学报》2014 年 1 月 27 日。

③ 参阅侯树栋：《西方马克思主义史学的新动向》，《史学理论研究》2012 年第 3 期；蒲国良：《乌托邦与社会主义》，《史学理论研究》2016 年第 4 期；汪荣祖：《西方马克思主义史学的过去、现在与未来》，《文史哲》2021 年第 1 期。

其二，新时代马克思主义史学在史学实践层面也有创新与发展。史学界对"马克思主义传播与中国化""新中国马克思主义史学的成就与经验""中国共产党领导革命和建设取得的重大成就和历史经验""中国式现代化道路的形成与发展""文明理论与中华文明起源""土地、三农与小康问题""马工程史学类教材的编撰问题"等问题展开讨论和研究。史学界对马克思主义的传播与中国化的研究从多个维度展开，对这一主题的研究主要体现在三个方面，即马克思主义如何传播、马克思主义如何中国化、马克思主义中国化的基本经验。史学界对新中国马克思主义史学的发展脉络与主要成就进行系统性的回顾与梳理，对 20 世纪马克思主义史学发展的回顾与思考，构建中国特色现代化史学理论体系。史学界还对中国共产党领导的革命和建设相关研究展开热烈讨论，从党的百年奋斗、三个历史决议、自我革命、中国式现代化、马克思主义中国化时代化等视角观察中国共产党领导的革命与建设。史学界还热情回应了中国式现代化道路的形成与发展，从历史学、社会学、政治学、哲学、经济学等多个学科出发，在研究中国式现代化道路的独特内涵、阶段、特征、经验、意义方面形成了丰硕的成果。史学界在探讨文明理论和中华文明起源问题方面进行了多层次、多角度的研究，努力寻求历史和考古学的实证，推动对中国古代历史和文化的深入理解，在文明的标准、中华文明的起源、考古发现上成果丰厚。史学界对中国的土地问题、"三农"问题、小康问题的研究取得了一系列成果，体现了史学界在探讨中国经济社会发展问题方面的努力。

　　总之，新时代以来我们开始建设中国特色史学学科体系、学术体系和话语体系，马克思主义史学在新时代发展潮流中的学术价值和现实作用愈发凸显。正如张海鹏所言："新时代坚持和发展中国特色社会主义对历史学发展提出了新要求。我国历史研究工作者绝不能辜负党和人民的期望，要在构建中国特色历史学学科体系、学术体系、话语体系上不断取得新进展。"① 中国马克思主义史学是中国历史进程中的产物，在不同的历史时期有不同的内涵和样态，但基本理论与基本精神是贯通的，唯物史观始终是中国马克思主义史学的灵魂和核心。因此新时代的中国马克思主义史学建设，"当下要坚守和传扬唯物史观，首先必须展开正本清源的研究，重温马克思恩格斯的原典，厘清马克思主义演化的历史脉络，在准确把握唯物史观要义的基础上创制新的思想体系和学术话语"②。同时，也要坚守"时代精神"，与"百年未有之大变局"相适应，"时代精神是中国史学的优良传统，在不同的历史时期有着不同的意蕴和内涵，表现出对时代、社会和国家的关切"③。新时代的马克思主义史学的建设路径在继续坚持唯物史观的基础上更加体现了中国历史本身，立足于社会现实的需要，吸收国外史学理论中的合理成分，努力打造拥有中国特色、中国气派、中国风格的史学学科体系、学术体系和

----

① 张海鹏：《守正创新　资政育人——新中国 70 年历史学的繁荣发展》，《人民日报》2019 年 6 月 17 日。

② 陈峰：《"唯物史观"在近代中国的流变》，《近代史研究》2018 年第 5 期。

③ 杨艳秋：《论习近平的时代思考——把握新时代史学的时代精神》，《史学理论研究》2020 年第 4 期。

理论话语体系。

五、中国马克思主义史学的发展态势

中国马克思主义史学与中国共产党相伴而生，具有强烈的社会性和主体性，从萌发、奠基、形成、发展，至今已经有 100 多年历史，在吸收借鉴域外史学中不断壮大，在对传统史学和马克思主义史学的历史传承中不断创新，在社会变动中积极应对时代问题而奋力前行。

历史理论与史学理论方法研究方面，中国马克思主义史学高度重视理论方法的建设，以唯物史观为指导，先后经历了从学习借鉴国外马克思主义史学的理论方法，到在合理传承中国传统史学和马克思主义史学基础上的守正创新。新民主主义革命时期的中国马克思主义史学积极学习借鉴苏联和欧美、日本的马克思主义史学的理论方法，也借鉴一些非马克思主义史学的理论方法，如考古学、考据学、人类学、社会学、地理学、心理学、经济学、政治学等，开始了"学术中国化"进程，积极讨论了中国社会形态演进、中国近代社会性质、中国近代社会发展阶段、中国革命性质、中国封建社会主要矛盾与发展动力、中国社会长期"停滞"、资本主义萌芽、亚细亚生产方式、中国通史理论、中国民族关系史理论等重大理论问题。改革开放以前的中国马克思主义史学，在封建土地所有制、汉民族形成与民族关系、资本主义萌芽、农民战争、亚细亚生产方式、中国古史分期、中国近代史分期、史论关系、历史主义与阶级分析、历史人物评价、历史发展动力、清官问题、爱国主义与民族英雄等重大理论问题方面展开积极讨论，取得了诸多成就，但没有完全摆脱对苏联马克思主义史学理论方法的仿效。改革开放以来，中国马克思主义史学在史学领域实现拨乱反正，面对改革开放和中国特色社会主义现代化建设的新形势新问题，积极吸收西方史学、包括西方马克思主义史学的合理成果，进行以我为主的创造，积极讨论了历史动力问题、历史创造者问题、历史规律问题、历史决定论问题、农民战争新认识、马克思主义现代化理论建设与现代化范式问题、中国近代史线索问题等重大理论问题。进入新时代以来，中国马克思主义史学坚持理论自信和文化自信，重新诠释和发展唯物史观，积极建设中国特色史学理论体系、学科体系、学术体系、话语体系和自主知识体系。历史学科被分成三个一级学科：考古学、世界史、中国史，各自的二级学科建设得到进一步加强，同时作为法学学科的中共党史党建学亦成为一级学科，成为中国特色学科体系建设的重要成果。

研究主题方面，中国马克思主义史学坚持理论与实践相结合，立足现实，关怀社会，坚持人民立场，积极回应时代问题，研究主题从关注新民主主义革命和社会主义革命问题，发展到关注改革开放和中国式现代化建设问题。新民主主义革命时期，中国马克思主义史学紧紧围绕革命问题（背景、条件、基础、性质、对象、动力、方式、阶段、经验、前途等）展开历史研究，由革命问题研究而进一步延伸到革命史、社会史、近代史、通史、思想史、经济史、民族史、边疆史地、原始社会史、先秦史等诸多历史问题，出现了著名的中国社会史论战，成为推动中国马克思主义史学迅速发展的重要历史事件。新中国成立后，在社会主义革命和建设时期，马克思主义史学占据支配地位，在新民主主义革命时期马克思主义史学研究的基础上，研究主题进一步丰富拓展，热烈讨论了古史分期、土地所有制形式、资本主义萌芽、汉民族形成与民族关系、农民起义、亚细亚生产方式、中国封建社会长期延续、历史主义与阶级分析、史论关系等重大历史问题。改革开放和社会主义现代化建设新时期，中国马克思主义史学的研究主题聚焦历史研究范式的检讨、"史学危机"及其解决办法、"文化热"与文化史研究问题、"三农"、小康与现代化问题、文明标准与中华文明探源问题、全球化问题与全球史的理论方法、生态文明建设与环境史学建设等重大历史问题。中国特色社会主义新时代，唯物史观新诠释与新概括、中国特色史学"三大体系"建设、中国史学自主知识体系建设、历史虚无主义批判、中国式现代化的历史文化解读、国家治理的历史与经验、中华优秀传统文化的创造性转化与创新性发展、中华文明的起源发展与转型、文明史与全球史编撰、"四史"研究与教育、中共党史党建学的学科建设、马克思主义与中华优秀传统文化的结合、西方马克思主义史学、中外史学文化交流等又成为新的重大研究主题。

研究方法方面，中国马克思主义史学坚持辩证唯物主义和历史唯物主义的基本方法，同时积极吸收多学科、跨学科的方法，越来越走向多样化。新民主主义革命时期，中国马克思主义史学除运用唯物史观方法（经济—社会—思想分析、社会形态分析、社会进化分析、阶级分析等）之外，已经广泛采用社会学、考古学、考据学、语言文字学、人类学、民族学、经济学、政治学、哲学等多学科的理论方法，其中考据学方法、考古学方法、社会学方法、经济学方法是马克思主义史家常用的方法，这些方法在新中国成立之后继续得到运用。改革开放以来，马克思主义史学又广泛吸收现代化理论、全球化理论、系统论、控制论、信息论、计量分析、模型分析、心理分析、社会史学、文化史学、全球史学、环境史学、生态史学、情感史学、历史地理学等各种理论方法，开拓现代化史、市场经济史、社会文化史、医疗社会史、知识社会史、物质文化史、国家治理史、中华文明史、概念史、全球史、环境史、海洋史、区域史等新的研究空间。

历史教育与知识普及方面，马克思主义史学是人民的史学，人民立场是马克思主义史学的根本立场，中国马克思主义史学始终重视对人民群众的历史教育和知识普及。全民族抗日战争时期，中国马克思主义史学把历史教育和普及历史知识视为团结整个中华民族的重要手段。新中国成立后，高度重视对知识分子和人民群众的马克思主义历史观教育。进入新时代，中国马克思主义史学越来越重视对广大党员干部和群众的历史教育，特别加强了对中国近代史、中共党史、新中国史、改革开放史、社会主义发展史、中华民族发展史等方面的教育，爱国主义教育得以加强，历史知识进一步走向大众化。

六、中国马克思主义史学发展的经验启示

经历了 100 多年的历史发展，中国马克思主义史学积累了丰富的发展经验，留下了深刻的历史启示，对于推动新时代的马克思主义史学理论创新和自主知识体系建设具有重要价值。

其一，坚持以唯物史观为研究指南，在继承马克思主义史学传统基础上进行守正创新。唯物史观是马克思主义史学的基本理论和根本方法，是唯一科学的历史观，必须始终坚持唯物史观，这是不可动摇的，但我们在坚持唯物史观的同时，也要根据时代变化不断丰富和发展唯物史观，加强对唯物史观的新阐释和新概括。近代以来，经过长期的论战和革命的洗礼，中国马克思主义史学已经形成，其中国特色得到彰显。新中国成立后，中国马克思主义史学占据主导地位，在反复争鸣中得到进一步发展。改革开放以来，中国马克思主义史学经过拨乱反正，汲取国外史学理论方法的合理之处，得到新的发展，但也存在未受充分重视的问题。新时代以来，中国马克思主义史学的优良传统受到高度重视，马克思主义史学的主导地位重新巩固，理论自信进一步彰显。马克思主义史学是马克思主义与社会历史实践高度结合的史学，教条主义是马克思主义史学的最大敌人，必须坚决反对教条主义，重新研究全部历史，实事求是，立足于充分的历史证据，进行扎实的历史研究，切实做到论从史出，守正创新。

其二，坚持文化自信，把马克思主义史学文化与中华优秀传统

史学文化相结合，古为今用，推陈出新。文化自信是文化传承和发展的前提和基础，缺乏文化自信，文化传承就得不到根本保障，文化创新也就无从谈起，就会出现文化虚无主义。中华优秀传统史学文化根植于悠久绵延的中国历史和深厚丰富的中华文化土壤，有其深刻的历史合理性和现代意义，不仅不是马克思主义史学文化的对立面，恰恰是中国马克思主义史学文化的发展创新必须长期汲取的丰富营养资源，必须重新认识中华优秀传统史学文化，在新时代予以新的分析、概述和评价。马克思主义史学是立足于历史文化发展的客观实际而研究历史发展规律的史学，中国马克思主义史学离开了中国历史文化实际，就走向了非马克思主义。中国马克思主义史学必须致力于中华优秀传统文化的创造性转化和创新性发展，把马克思主义史学文化与中华优秀传统史学文化相结合，让中国马克思主义史学体现中国内涵、中国精神、中国风格和中国气派。

其三，坚持历史自信，反对历史虚无主义，扎根中国历史进程进行史学知识体系建设。历史自信是一种历史主义态度，要求我们在研究历史时，必须对历史发展过程有一种自觉的真实性追求，树立起研究者对客观历史的自觉尊重，而不是任意涂抹历史，历史自信与历史虚无主义是对立的。建设中国史学自主知识体系，离不开历史自信，任何历史研究必须立足于各个国家、各个民族、各个文明历史发展的实际，不能以某个国家、某个民族、某一文明的历史为标准去剪裁或贬低其他国家、其他民族、其他文明的历史，马克思主义史学坚决反对搞历史虚无主义，要求自觉还原历史的真相。

中国马克思主义史学必须扎根于中国历史发展的客观实际，把马克思主义历史观与中国历史实际相结合，构建具有中国特色的历史学学科体系、学术体系和话语体系。

其四，坚持理论联系实际，关注社会现实，凸显问题意识，体现时代精神，做到与时俱进。马克思主义理论是解释世界与改造世界相结合的理论。与马克思主义理论一样，马克思主义史学不是书斋里的学问，而是要积极通变经世，勇敢面对时代问题，致力于探讨历史规律，善于总结历史经验，与时俱进，以达到改造现实世界的目的。中国马克思主义史学从创始以来，就始终密切关注中国的社会现实问题，从社会现实问题回溯历史，从历史深处寻找解决现实社会问题的智慧。新民主主义革命时期，中国马克思主义史学围绕中国革命的历史条件、社会性质与革命性质、革命路径、革命阶段、革命地位、革命前途等现实问题展开历史研究，为新民主主义革命成功作出了自己的贡献。新中国成立初期，中国马克思主义史学围绕社会主义革命和建设的相关问题，如封建土地所有制问题、农民革命问题、资本主义萌芽问题、汉民族形成与民族关系问题、中国封建社会长期延续、亚细亚生产方式等展开研究，为社会主义革命和建设道路的探索作出了积极的贡献。改革开放以来，中国马克思主义史学围绕小康问题、"三农"问题、现代化问题、市场经济问题、文化建设问题、全球化问题等事关改革开放成败的重大现实问题展开研究，为改革开放的顺利推进作出了积极的贡献。进入新时代以来，中国马克思主义史学围绕中国特色历史学学科体系学术体系话语体系建设、中国史学自主知识体系建设、树立文化自信历史自信、马克思主义与中华优秀传统文化相结合、中华优秀传统文化的创造性转化和创新性发展、历史虚无主义批判、中国式现代化的历史文化根基、中华文明起源发展与鼎新、中华文明的根柢与核心价值、全球化问题、生态文明建设、现代化强国建设等重大现实问题展开研究，为以中国式现代化全面推进中华民族伟大复兴、建设中国特色社会主义现代化强国贡献自己的独特力量。

其五，坚持开放创新，以拿来主义态度吸收消化域外史学理论方法和各种社会科学方法的合理之处，他山之石，可以攻玉，洋为中用。兼收并蓄、开放创新是学术发展的要道。马克思主义史学不是封闭僵化的史学，而是具有开放包容态度、具有拿来主义精神的史学。中国马克思主义史学的成长壮大史，是一部积极吸收域外史学合理的理论方法而加以自我消化的历史，新民主主义革命时期，欧美、日本、苏联的马克思主义史学成果都被广泛吸收，其他非马克思主义史学的合理成果亦被汲取，社会学、人类学、考古学、心理学、统计学、语言学、经济学、政治学等多学科的理论方法亦被吸收，形成了具有中国风格、中国气派的马克思主义史学。新中国成立之后则是积极吸收苏联马克思主义史学成果并加以努力消化。改革开放以来，包括西方马克思主义史学在内的国外史学的不少优秀成果亦被吸收，各种新兴的社会科学和自然科学方法亦被加以吸收，如系统科学方法、新文化史方法、新社会史方法、医疗社会史方法等，形成具有"全球视野、中国特色"的马克思主义史学。

结 语

当今世界处于国际风云变幻莫测的"百年未有之大变局",和平与发展面临严峻的危机,人类社会面临前所未有的挑战,世界再次处于历史的十字路口。中国已踏上全面建设社会主义现代化强国新征程,面对新的国际环境和时代背景,新时代中国马克思主义史学肩负着构建中国史学自主知识体系、促进中国式现代化建设、推动中华民族伟大复兴的历史使命。因此,新时代中国马克思主义史学必须坚持以"唯一科学的历史观"唯物史观为指南,同时根据新的时代要求推动唯物史观的新诠释和新概括,坚持把马克思主义历史理论与中华优秀传统史学文化相结合,积极推进中华优秀传统史学文化的创造性转化和创新性发展,坚持历史自信和文化自信,深入批判历史虚无主义,勇于吸收外来的史学理论方法并加以彻底消化,必须坚持以问题为导向、经世致用的优良史学传统,直面尖锐的现实问题和国际问题,"立时代之潮头,通古今之变化,发思想之先声",大力构建中国特色史学学科体系、学术体系和话语体系,积极构建中国史学自主知识体系。

第三章　新时代中国马克思主义史学发展的显著特色

　　中国马克思主义史学与中国共产党相伴而生，历经一百多年风雨荣光，先后经历新民主主义革命时期、社会主义革命和建设时期、改革开放和社会主义现代化建设新时期、中国特色社会主义新时代四个重要的阶段，有了长足的发展。新时代中国马克思主义史学已经逐步走向成熟，其重要标志和主要特色就是既坚持唯物史观，又发展唯物史观，高度重视历史学科建设，提出建设中国特色史学学科体系、学术体系与话语体系和中国史学自主知识体系，中国史、世界史、考古学、文物学、博物馆学、中共党史党建学学科均得到重大发展，牢固树立了文化自信和历史自信，深入批判历史虚无主义，直面时代之问，注重研究重大理论与实践问题，聚焦重大历史主题，高度重视历史教育。

一、坚持唯物史观，加强中国特色史学理论体系建设

唯物史观是马克思主义的历史观，是关于人类社会发展一般规律的科学世界观和方法论，是马克思主义史学的研究指南，是中国马克思主义史学的魂脉。唯物史观是一个系统的科学整体，其精髓是三大观点和三大理论，即"最重要、最核心、最精髓的是生产的观点、阶级的观点和群众的观点；社会基本矛盾理论、社会形态演变规律理论和国家、社会革命与无产阶级专政理论"[1]。以劳动大众为主体的实践的人的物质生活实践活动及其实践能力是决定世界面貌和人类命运的终极原因或根本力量，是唯物史观理论体系的逻辑起点。[2]唯物史观中居于核心地位的无疑是"五种社会形态理论"[3]。社会经济形态学说是唯物史观指导历史研究的最基本的理论。[4]最本质最重要的方法论是"社会存在决定社会意识的思想方法、从经济必然性角度看待社会历史进程的思想方法、从历史联系性角度观

---

[1] 王伟光：《坚持和发展唯物史观，推进马克思主义史学理论发展》，载张顺洪、吴英、董欣洁主编：《唯物史观与马克思主义史学新视野》（上），中国社会科学出版社 2016 年版，第 6 页。

[2] 庞卓恒：《为什么说世界观是人们控制自己的思想和行为的总开关》，载朱佳木主编：《中国特色社会主义与马克思主义史学理论建设》，中国社会科学出版社 2015 年版，第 23 页。

[3] 高翔：《坚持和发展唯物史观》，载朱佳木主编：《中国特色社会主义与马克思主义史学理论建设》，中国社会科学出版社 2015 年版，第 3 页。

[4] 瞿林东：《关于当代中国史学话语体系建构的几个问题》，《中国社会科学》2011 年第 2 期。

察问题的历史主义方法和互相作用方法论"①。马克思主义史学方法是辩证逻辑分析与实证历史分析相结合的方法。② 深入挖掘唯物史观的丰富内涵，不断发展唯物史观，是坚持唯物史观的正确路径，是马克思主义史学的应然使命。

坚持和发展唯物史观，必须坚持以当代中国马克思主义为指南，坚持理论自信、道路自信、制度自信和文化自信，把马克思主义基本原理同中国具体实际相结合、同中华优秀传统文化相结合，推动唯物史观创造性发展，深入挖掘马克思主义基本原理同中华优秀传统文化的契合性、马克思主义史学同中华优秀传统史学的契合性，反对历史虚无主义和文化虚无主义，建设中国特色史学学科体系、学术体系和话语体系，建设中国史学自主知识体系。

坚持和发展唯物史观，必须回到马克思，准确解读马克思主义经典原著，对唯物史观作出系统性、辩证性、创新性的诠释，并运用新的解释体系对重大的历史和现实问题作出解析。吴英批评传统的解释体系对唯物史观的一些概念和基本原理的理解未能遵循原著的意旨，如对生产力、生产关系、社会形态、国家的理解，对唯物史观的一些基本理论问题的理解存在简单化的倾向，如对因果联系、发展道路、阶级斗争的认识，对新问题回应能力不足，如对资本主

---

① 李振宏：《关于发展马克思主义史学的几点想法》，《史学月刊》2023 年第 9 期。

② 于沛：《马克思的两部〈历史学笔记〉》，载朱佳木主编：《中国特色社会主义与马克思主义史学理论建设》，中国社会科学出版社 2015 年版，第 46 页。

义的自我扬弃、落后国家的社会主义过渡等。主张重新解释唯物史观的基本理论和基本原理，深化对该理论真谛的理解和把握，使更多人服膺唯物史观的科学性。①

坚持和发展唯物史观，必须回应重大时代关切，做到与时俱进。唯物史观不是教条，理论创新是无止境的，唯物史观是与时俱进的，"随着自然科学领域中每一个划时代的发现，唯物主义也必然要改变自己的形式"②。社会历史领域的唯物史观也是如此，"并不是所谓绝对真理的封闭体系，而是一种在实践基础上不断生长着的活的学说"③。唯物史观是一个基本原理与时代实践紧密结合的体系，且随着时代的发展而不断丰富深化。坚持和发展唯物史观是新时代中国马克思主义史学继续保持科学性和活力性的关键所在。

坚持和发展唯物史观，必须把唯物史观与历史实际相结合。唯物史观是理论与历史相统一、科学解释历史的历史观，并不是由什么人发明出来而后从外部强加给历史的僵化的原则，而是从无数的历史现象中抽象出来的对于历史发展的规律性的认识。④ 在中国坚

---

① 参阅吴英：《重新解读唯物史观的紧迫性与可能性》，载朱佳木主编：《中国特色社会主义与马克思主义史学理论建设》，中国社会科学出版社 2015 年版，第 60—62 页；《重释唯物史观》，《理论与史学》第 2 辑，中国社会科学出版社 2016 年版，第 11 页。

② 《马克思恩格斯选集》第 4 卷，人民出版社 2012 年版，第 234 页。

③ 贾高建：《坚持和发展马克思主义哲学的唯物史观》，载张顺洪、吴英、董欣洁主编：《唯物史观与马克思主义史学新视野》（上），中国社会科学出版社 2016 年版，第 21 页。

④ 沙健孙：《马克思主义史学理论与历史研究》，载朱佳木主编：《中国特色社会主义与马克思主义史学理论建设》，中国社会科学出版社 2015 年版，第 43 页。

持和发展唯物史观，必须从中国历史的实际出发，姜义华指出，近代中国史学对中国历史的解释，基本上是跟着人家来解读我们自己的历史，我们不能再用外国人对中国历史一知半解的解释，不能再把外国人制定的那些框架，当成经典，当成普遍法则，当成研究中国历史的不可违拗的基本规律。①

坚持和发展唯物史观，必须把唯物史观与社会实践相结合。"全部社会生活在本质上是实践的"，唯物史观是理论与实践相统一、致力于改造现实世界的历史观。"哲学家们只是用不同的方式解释世界，问题在于改变世界。"② 在运用唯物史观改造现实世界的过程中，先后形成了富有地域与文化特色的西方马克思主义、苏联马克思主义、中国马克思主义等。毛泽东思想、邓小平理论、"三个代表"重要思想、科学发展观、习近平新时代中国特色社会主义思想是马克思主义与中国具体实际相结合的产物，是马克思主义中国化的理论成果。随着中国特色社会主义现代化建设和中国特色马克思主义史学建设的全面推进，唯物史观更加充满生机活力。

坚持和发展唯物史观，必须树立大历史观，从"从历史长河、时代大潮、全球风云中分析演变机理、探究历史规律"③。大历史观是唯物史观的应有之义。新时代的中国，在面临世界百年未有之大

① 姜义华：《中华文明三论：中华文明的经脉》，上海人民出版社 2021 年版，第 219、225 页。
② 《马克思恩格斯选集》第 1 卷，人民出版社 2012 年版，第 136 页。
③ 《习近平著作选读》第 2 卷，人民出版社 2023 年版，第 420 页。

变局和中华民族伟大复兴的战略形势下，中国马克思主义史学秉持大历史观，从世界历史长河的大视野出发，宏观把握历史发展的大局，深入探讨历史发展的规律，顺应历史发展的大势，自觉走历史发展的必由之路，积极构建人类命运共同体，以中国式现代化全面推进中华民族伟大复兴。

坚持和发展唯物史观，必须加强中国特色马克思主义史学理论"三大体系"建设。中国马克思主义史学实现了唯物史观与中国历史的结合，提出和探讨了一系列独特的理论命题，如史论关系、历史主义与阶级分析、统治阶级的让步政策与反攻倒算、农民政权的性质、资本主义萌芽、汉民族形成与民族融合、中国古史分期、亚细亚生产方式与中国土地制度、中国近代史基本线索、中国近代社会性质（半殖民地半封建社会）、中国近代史主题（反帝反封）、新旧民主革命、官僚资本主义与民族资本主义、中国文明起源、中国特色社会主义、中国式现代化等。在此基础上，新时代中国马克思主义史学对马克思主义史学理论与方法进行了进一步的认识，具体包括：唯物史观在中国的传播和发展，马克思主义理论及其中国化，马克思主义史学三大体系建设，历史发展的一元性与多元性，社会形态演进的多样性与统一性，马克思主义社会形态理论的新认识及当代意义，阶级和阶级斗争再认识，马克思主义历史认识论，中国马克思主义史学思想发展的历史，20世纪中国的史学方法论等，提出要构建中国特色的史学理论"三大体系"，对西方史学理论及方法"进行重新思考和检验"，立足于中国史学的优良传统和理论遗产，在对马克思主义唯物史观新的认识的基础上，构建"既符合中国历史和中国史学的实际而又具有全球视野的融通古今中外的当代中国史学话语体系"[①]。

　　中国特色马克思主义史学理论"三大体系"建设关系到中国史学指导思想的科学性与创新性，关系到中国史学知识体系建设的自主性。史学界积极探讨建设中国特色马克思主义史学理论"三大体系"，比如乔治忠主张摈弃观念推衍的论述方式，根据中国的史学发展史且参考西方史学史概括出概念、命题与思想因素。[②]吴英主张在唯物史观新的解释体系的构建、力戒教条主义、处理好史学理论与史学史和历史理论与史学理论两对关系等方面着力。[③]杨艳秋主张建设以唯物史观为指导的史学方法论，建立成体系的学科理论和概念；发扬中国史学优良传统，发掘中国史学的民族特色；坚守中国史学立场，构建中国史学自主知识体系。[④]左玉河主张在学科体系建设方面，增强学科意识，加强学科建设的自觉性和主动性；在学术体系建设方面，促进马克思主义哲学与马克思主义史学理论的深度融合，增强马克思主义史学理论研究的整体性和系统性，提高马克思

[①]　卜宪群主编：《新中国历史学研究 70 年》，中国社会科学出版社 2020 年版，第 629 页。

[②]　乔治忠：《关于史学理论学术体系建设问题的思考》，载卜宪群主编：《构建中国特色马克思主义史学理论和史学学科创新体系》（上），中国社会科学出版社 2018 年版，第 311 页。

[③]　吴英：《构建具有中国特色的史学理论学科体系和话语体系的思考》，《江海学刊》2022 年第 1 期。

[④]　杨艳秋：《新时代中国史学理论研究：进展、挑战与方向》，《求索》2023 年第 2 期。

主义史学理论的现实关怀，回应当代中国面临的重大理论问题；在话语体系建设方面，提炼富有民族特色和时代气息的新概念、新问题和新话语。① 周文玖主张坚持唯物史观与发扬中国史学民族特色结合，积极探索具有中国民族特色的史学理论，揭示中国历史的特殊规律。② 范国强主张加强唯物史观的研究，继承和发展历史文化遗产，鼓励史学创新，积极应对后现代主义等各种新学说、新理论的冲击与挑战，反对历史虚无主义，注重史学的传播与普及。③

二、坚持文化自信，深入批判历史虚无主义

文化自信是对本民族文化的一种价值认同，是民族团结、社会凝聚、国家富强的深厚基础，缺乏文化自信势必导致文化自卑，引来文化殖民主义，引发历史虚无主义。没有对中华文化的高度自信，就没有中国特色社会主义先进文化建设的成功，就没有中华民族的伟大复兴。"文化是一个国家、一个民族的灵魂。历史和现实都表明，一个抛弃了或者背叛了自己历史文化的民族，不仅不可能发展起来，而且很可能上演一幕幕历史悲剧。文化自信，是更基础、更广泛、更深厚的自信，是更基本、更深沉、更持久的力量。坚定文化自信，

---

① 左玉河：《新时代中国马克思主义史学理论研究与"三大体系"建设》，《中国高校社会科学》2023 年第 5 期。

② 周文玖：《唯物史观与发扬中国史学的民族特色——改革开放以来史学理论的发展及未来史学之展望》，载张顺洪、吴英、董欣洁主编：《唯物史观与马克思主义史学新视野》（下），中国社会科学出版社 2016 年版，第 434 页。

③ 范国强：《机遇、挑战与策略：新世纪中国马克思主义史学发展的路径选择》，载朱佳木主编：《中国特色社会主义与马克思主义史学理论建设》，中国社会科学出版社 2015 年版，第 331—340 页。

是事关国运兴衰、事关文化安全、事关民族精神独立性的大问题。"①

历史自信，是文化自信的产物，是对一个民族一个国家的发展历史及其史学文化的一种自信。有了历史自信，就能够对自己的历史产生温情和敬畏，客观公正地看待自己的历史发展，理性总结自己的历史经验，自觉传承自己的优秀史学文化，建构具有本国特色的史学体系和自主知识体系，不会被虚无主义的历史观所轻易左右，以致出现本国历史文化的虚无主义思潮和行为。

"灭人之国，必先去其史。"历史虚无主义是一种以历史研究为名却对历史文化采取轻蔑、抹杀态度而任意改写历史文化的历史观，本质上是一种消解民族团结与国家认同的政治态度和政治行为，具有巨大的危害性，传播错误的历史观，严重扭曲了价值观，严重破坏了学风。②对历史虚无主义的批判大体始于 20 世纪 80 年代末，史学界集中批判历史虚无主义是在 2005—2015 年。新时代马克思主义史学的一个重要特点就是深入批判历史虚无主义，把马克思主义与中华优秀传统文化相结合，坚定文化自信与历史自信。

历史虚无主义思潮在近代中国已经出现，其出现的深刻根源是对本国历史文化缺乏足够的理解与认同。历史虚无主义的产生有多种根源，其在中国的泛起亦有多种因素，梁柱认为历史虚无主义思潮的泛起是世界社会主义运动处于低潮、西强东弱态势明显的形势

---

① 《习近平著作选读》第 1 卷，人民出版社 2023 年版，第 536 页。
② 夏春涛：《历史虚无主义思潮的产生背景、主要特征及其危害》，《史学理论研究》2019 年第 3 期。

下出现的一种历史现象。[①] 龚云认为历史虚无主义思潮出现和蔓延的理论根源就在于没有坚定以历史唯物主义为指导。[②] 左玉河认为历史虚无主义的认识论根源在于违背了历史研究的客观性、全面整体性原则，违背了历史发展的矛盾性原则，违背了透过现象看本质、具体历史问题具体分析的原则。[③] 王增智认为历史虚无主义的泛起，反映了西方对中国社会主义实行和平演变战略的意图。[④] 高希中认为现阶段历史虚无主义泛起与后现代主义史学思潮、历史相对主义思潮的传入和微观史学的滥用相关；是全球化背景下中国社会转型中部分利益集团的政治诉求在历史领域的投射以及在市场意识驱动下肆意"消费"历史的外在显现。[⑤]

历史虚无主义的基本观点是：否定唯物史观，否定革命，否定人民领袖，否定人民英雄，否定人民群众，否定中国共产党的领导，

① 梁柱：《历史虚无主义思潮的泛起、特点及其主要表现》，载朱佳木主编：《中国特色社会主义与马克思主义史学理论建设》，中国社会科学出版社 2015 年版，第 615 页。

② 龚云：《坚持历史唯物主义，批判历史虚无主义思潮》，载张顺洪、吴英、董欣洁主编：《唯物史观与马克思主义史学新视野》（上），中国社会科学出版社 2016 年版，第 59 页。

③ 左玉河：《历史虚无主义的认识论根源》，载朱佳木主编：《中国特色社会主义与马克思主义史学理论建设》，中国社会科学出版社 2015 年版，第 648—652 页。

④ 王增智：《当下中国历史虚无主义的本质特征及叙事方式》，载张顺洪、吴英、董欣洁主编：《唯物史观与马克思主义史学新视野》（上），中国社会科学出版社 2016 年版，第 142 页。

⑤ 高希中：《坚持历史唯物主义 克服历史虚无主义》，载张顺洪、吴英、董欣洁主编：《唯物史观与马克思主义史学新视野》（上），中国社会科学出版社 2016 年版，第 219 页。

否定社会主义道路，宣扬抽象价值的历史观，宣传帝国主义侵华"有功"论，宣传中国非社会主义论，否定中华优秀传统文化。党史国史研究是历史虚无主义思潮泛滥的主要领域。①

历史虚无主义的本质是历史唯心主义，是对历史唯物主义的背叛，反对以唯物史观为指导进行历史研究和历史诠释，其虚无的是马克思主义、社会主义和共产党的历史，实化的是资产阶级意识形态和资本主义制度，煽动推翻中国共产党的领导和社会主义制度，本质上是一种曲解、否定中国革命史和中共党史，从而否定党的领导、马克思主义指导、社会主义道路和人民民主专政的政治思潮。②

如何抵制历史虚无主义，习近平总书记指出，"要旗帜鲜明反对

① 参阅左玉河：《"魔鬼"还是"天使"：帝国主义侵华"有功"论辨析》，《史学理论研究》2019 年第 3 期；吴英：《驳中国非社会主义论》，《史学理论研究》2019 年第 3 期；高希中：《中国优秀传统文化不容否定》，《史学理论研究》2019 年第 3 期；文世芳、王瑾：《历史虚无主义论争演变的历史考察》，载张顺洪、吴英、董欣洁主编：《唯物史观与马克思主义史学新视野》(上)，中国社会科学出版社 2016 年版，第 163—165 页；尚松蒲：《人民群众是战胜历史虚无主义的根本》，载张顺洪、吴英、董欣洁主编：《唯物史观与马克思主义史学新视野》(上)，中国社会科学出版社 2016 年版，第 231 页；王爱云：《试析历史虚无主义思潮的学术来源——以党史国史研究为中心的考察》，载张顺洪、吴英、董欣洁主编：《唯物史观与马克思主义史学新视野》(上)，中国社会科学出版社 2016 年版，第 116 页。

② 参阅上海市中国特色社会主义理论体系研究中心：《对历史的自觉自信是抵制历史虚无主义的基石》，《求是》2013 年第 1 期；吴英：《驳历史虚无主义中的几个主要观点》，载张顺洪、吴英、董欣洁主编：《唯物史观与马克思主义史学新视野》(上)，中国社会科学出版社 2016 年版，第 91 页；李红岩：《马克思主义史学思想史》第 4 卷，中国社会科学出版社 2015 年版，第 388 页；何怀宏：《再评历史虚无主义思潮》，《红旗文稿》2015 年第 6 期；张海鹏、龚云：《马克思主义是历史虚无主义吗？》，载朱佳木主编：《中国特色社会主义与马克思主义史学理论建设》，中国社会科学出版社 2015 年版，第 600 页。

历史虚无主义，加强思想引导和理论辨析，澄清对党史上的一些重大历史问题的模糊认识和片面理解，更好正本清源"①，在讲授中国历史时，"要注重引导学生传承民族气节、崇尚英雄气概，引导学生学习英雄、铭记英雄，自觉反对那些数典忘祖、妄自菲薄的历史虚无主义和文化虚无主义，自觉提升境界、涵养气概、激励担当"②。旗帜鲜明地反对历史虚无主义就必须坚持唯物史观的指导地位，掌握意识形态领域的领导权，坚持道路自信、理论自信、制度自信和文化自信，树立文化自立自觉自强意识，掌握历史研究与传播的话语权，绝不能以历史虚无主义的态度想当然地割裂历史、虚构历史、歪曲历史、否定历史；绝不能通过历史个别现象而否认历史活动的本质，孤立地分析历史的阶段错误而否定历史运动的整体过程。③

三、致力于中国特色史学"三大体系"建设，建构自主知识体系

建设中国特色马克思主义史学"三大体系"，建设中国史学自主

---

① 习近平：《关于〈中共中央关于党的百年奋斗重大成就和历史经验的决议〉的说明》，《求是》2021年第23期。

② 习近平：《论中国共产党历史》，中央文献出版社2021年版，第71页。

③ 参阅卜宪群、杨艳秋、高希中：《一个民族的历史是一个民族安身立命的基础——兼评历史虚无主义》，《求是》2014年第4期；王定毅：《历史虚无主义的前世今生》，载张顺洪、吴英、董欣洁主编：《唯物史观与马克思主义史学新视野》（上），中国社会科学出版社2016年版，第202—204页；邱琳：《从文化根柢上战胜历史虚无主义》，载卜宪群主编：《构建中国特色马克思主义史学理论和史学学科创新体系》（下），中国社会科学出版社2018年版，第623页。

知识体系，是新时代中国马克思主义史学的使命。近代中国衰落时期，中国史学建设是以西方史学为参照和圭臬。新中国成立后一段时间内，中国史学建设在很大程度上先是参照苏联史学，后是参照西方史学，以致中国史学学者对中国传统史学、马克思主义史学理论、中国马克思主义史学、中国古籍并不了解，反倒是西方史学的基本理论、研究范式、基本概念、基本命题、基本问题，在中国大行其道，偏离了中国历史文化发展的实际，背离了历史文化自信的基本原则，建设中国特色史学三大体系迫在眉睫。2016 年 5 月 17 日，习近平总书记在哲学社会科学工作座谈会上指出："我国是哲学社会科学大国，研究队伍、论文数量、政府投入等在世界上都是排在前面的，但目前在学术命题、学术思想、学术观点、学术标准、学术话语上的能力和水平同我国综合国力和国际地位还不太相称。要按照立足中国、借鉴国外、挖掘历史、把握当代，关怀人类、面向未来的思路，着力构建中国特色哲学社会科学，在指导思想、学科体系、学术体系、话语体系等方面充分体现中国特色、中国风格、中国气派。"① 习近平总书记指明了中国特色哲学社会科学"三大体系"建设的原因、思路与核心要义，为中国特色史学"三大体系"建设提供了研究指南。

在建设中国特色史学"三大体系"，实现中国史学知识体系的自主性方面，史学界展开了充分探讨。张海鹏提出，中国史学者要自

---

① 习近平：《在哲学社会科学工作座谈会上的讲话》，人民出版社 2016 年版，第 15 页。

觉地、有组织地制定中国史学研究课题，展开长期的、扎实的、精深的研究，如中国历史发展的规律性，中华文明起源的历史根据，中华文明何以不同于其他文明，中华文明如何吸收其他文明的精华，中国几千年政治经济结构是如何形成的，中华文明的弱点在哪里，国学体系的精华与糟粕在哪里，中国革命成功的特点究竟在哪里，马克思主义是如何与中国革命实际和历史实际结合的，中国化马克思主义是如何在中国传统文化的土壤里产生的，复兴起来的中华民族如何看待中国传统文化，5000 年中华文明的连续性发展对现实中国和现实世界的意义、中国历史学者如何看待世界历史的发展等。在此基础上，提出新的概括，形成新的概念和范畴，运用新的表述，作出新的判断。[1] 姜义华从时代使命的角度提出了建设具有独特的鲜明特色的当代中国历史科学的任务，强调必须有非常强烈的现实关怀，必须有一个极其宏大的历史眼光，有一个极其坚定的世界历史研究基础，必须加强与公众广泛而有效的互动，必须坚持"信史立国"，注重研究物质生产发展史、社会生活方式变迁史、社会结构与社会组织演化史、文化沿革史，以及人的经济状况、政治地位、文化品格、心态特征、精神素质形成发展演变史。[2] 瞿林东从唯物

---

[1] 张海鹏：《关于中国历史学话语体系的点滴思考》，《中国哲学社会科学话语体系研究辑刊第 1 辑·中国学术与话语体系建构》（总论·人文科学卷），社会科学文献出版社 2015 年版，第 250 页。

[2] 姜义华、瞿林东：《史学导论》（第 3 版），复旦大学出版社 2018 年版，第 297—308 页。

史观、史学遗产、世界视野三个角度，提出了当代中国史学话语体系建构要有明确的指导思想、鲜明的自我意识和开阔的世界眼光，主张以唯物史观为宗旨，加强对中国史学遗产的研究，发掘和梳理其中有价值、有意义的成果，并加以继承和发扬，同时以更加开阔的视野、更加开放的心胸和气度，借鉴和吸收外国史学的一切积极成果所提供的思想、理论和方法，用以充实、丰富以至于融入当代中国史学话语体系。[①]夏春涛强调加快中国特色史学"三大体系"建设，就必须加快中国特色历史理论研究的"三大体系"建设；有学术自信、底气和气魄，努力提出具有原创性、主体性的学术思想；继续以开放的胸怀加强中外学术交流与合作，摈弃学术上的崇洋心理，对西方后现代主义史学、公民社会理论以及全球史研究、新清史、新文化史等要有鉴别；中国史研究的学术中心、学术根基理应在中国；主动引领学术潮流，积极掌握学术话语权。[②]邹兆辰从六个方面提出建构具有中国特色和普遍意义的马克思主义史学：理论基础必须是马克思主义；总结中国马克思主义史学诞生以来的学术理念和方法；从中国丰富的史学遗产中汲取营养；站在世界史学的高度，吸收国外史学的丰富成果，建立中国的世界史研究体系；在"百花齐放、百家争鸣"的学术氛围中不断发展；面向今天的社会实

[①]　瞿林东：《关于当代中国史学话语体系建构的几个问题》，《中国社会科学》2011 年第 2 期。

[②]　夏春涛：《加快构建新时代历史理论研究"三大体系"》，《史学理论研究》2023 年第 1 期。

际，主动应对来自各方的挑战。① 陈筠泉从基本概念、跨学科交流、学术遗产继承和国际学术对话四个维度，提出当代中国史学话语体系建构要注重基本概念的确切性，加强与其他学科的概念交流与知识移植，深刻把握中国传统史学的范畴体系和精神特质，加强与国际史学界的对话与交流。②

在如何建设具有中国特色的中国近代史"三大体系"方面，张艳国、刘劲松反思了中国近代史研究中的西方话语体系，主张坚持马克思主义史学理论与方法指导，廓清西方话语体系误区，坚持中国传统史学优良传统，科学吸收当代西方史学积极成果。③ 在如何建设具有中国特色的中国近代社会史"三大体系"方面，李长莉主张研究论题要避免零碎化、简单同质化，形成比较系统的、立体的、多元的知识体系，避免平面化叙述，跨越纯实证性研究，致力于更加深入性、概括性的理论解释和归纳，形成多元开放、适应多层面的研究范式和学术流派，瞄准社会现实追求，力求针对中国近代社会转型和发展道路提出多层面的解释理论，将近代以来的"中国道

---

① 邹兆辰：《关于建构中国特色马克思主义史学的思考》，载卜宪群主编：《构建中国特色马克思主义史学理论和史学学科创新体系》（上），中国社会科学出版社2018年版，第43—56页。

② 陈筠泉：《唯物史观与当代中国史学话语体系的建构》，《中国哲学社会科学话语体系研究辑刊第1辑·中国学术与话语体系建构》（总论·人文科学卷），社会科学文献出版社2015年版，第77页。

③ 张艳国、刘劲松：《中国近代史研究中的西方话语体系及其误区》，《学术研究》2013年第12期。

路"和"中国治理"等课题放到全球视野和坐标中予以考察。① 在如何建设具有中国特色的中国近代思想文化史"三大体系"方面，郑大华主张继续坚持唯物史观，同时摒弃教条主义理解和运用，加强对思想家个人的生活经历、生存状况和生活环境的研究，继续加强中国近代思想史学科的"学科意识"、学科理论建设，继续扩大研究的领域和视野，继续引进西方的研究理论与方法，但要加以"中国化"或"本土化"。② 左玉河主张必须将"寻求意义"作为研究的根本目标，从"深度解释"入手寻求历史活动的深层意义，加强思想史与社会史、思想史与文化史、思想史与观念史的结合，加强社会文化史与新文化史研究。③ 李振宏肯定刘泽华（王权主义理论）、葛兆光（一般知识、思想和信仰世界的历史）、雷戈（历史—思想研究法）等人的研究，认为有助于中国思想史学术话语体系的拓展。④

在如何构建具有中国特色的中国经济史"三大体系"方面，李伯

---

① 李长莉：《中国近代社会史学科三十余年回望》，中国社会科学院台湾史研究中心：《中国近代史学科体系的理论建构与学术反思》（上册），社会科学文献出版社2020年版，第392—393页。

② 郑大华：《改革开放四十年来的中国近代思想史研究》，载中国社会科学院台湾史研究中心主编：《中国近代史学科体系的理论建构与学术反思》（上册），社会科学文献出版社2020年版，第331—332页。

③ 左玉河：《改革开放四十年来的中国近代思想文化史研究》，中国社会科学院台湾史研究中心主编：《中国近代史学科体系的理论建构与学术反思》（上册），社会科学文献出版社2020年版，第382页。

④ 李振宏：《中国思想史研究中的学派、话语与话域》，《学术月刊》2010年第11期。

重主张彻底清算西方中心论，在中国长达 2000 年的"食货学"深厚传统的基础上强化社会经济史研究。① 魏明孔主张在不断学习国外理论与方法的同时，要特别注意发掘我们传统的经济史理论和方法。②

在如何构建中国近代社会史"三大体系"，行龙认为中国近代社会史学科体系建设的重大课题是以唯物史观为统领，整合各类专题社会史而上升为整体社会史；运用多学科综合方法，结合"自上而下"与"自下而上"两个视角，加强区域社会史研究；话语体系建设要注重时代化。③

在如何建设具有中国特色的世界史"三大体系"方面，李兴主张以马克思主义为指导，做好世界史学科建设的基础性工作；持续推进"西方中心论"的解构工作，循序渐进，久久为功；坚持"东西平衡论"和"全球整体论"，深入探究世界史学科体系建构中的东方因素，重点挖掘世界史学科"三大体系"建构中的中国元素和中国内涵；深刻考察千年大变局和百年未有之大变局大交汇的学术影响，构建客观而科学、平衡而包容的世界史"三大体系"。④

---

① 李伯重：《中国经济史学的话语体系》，《中国哲学社会科学话语体系研究辑刊第 1 辑·中国学术与话语体系建构》（总论·人文科学卷），社会科学文献出版社 2015 年版，第 275 页。

② 魏明孔：《构建中国经济史话语体系适逢其时》，《中国哲学社会科学话语体系研究辑刊第 2 辑·中国学术与话语体系建构》，社会科学文献出版社 2016 年版，第 347—348 页。

③ 行龙：《中国近代社会史"三大体系"建设刍议》，《近代史研究》2022 年第 4 期。

④ 李兴：《世界史"西方中心论"破解与"三大体系"构建初探》，《北京师范大学学报》2023 年第 4 期。

在如何建设具有中国特色的西方史学史"三大体系"方面，张广智认为对于西方史学，盲目信从或一概排斥都应为我们所不取，主张应增强文化自信，持有主体性的自觉意识，同时也应有汲纳域外一切优秀史学遗产的大气，在"洋为中用"上下功夫，用中国学者的眼光，梳理和探索西方史学，以我们的史学实践，尝试创造自己的话语体系。① 在如何建设具有中国特色的中国史学史"三大体系"方面，汪高鑫主张坚持四点特色：必须坚持历史唯物主义和辩证法的思想，坚持理论联系实际，注重学术原创性，提倡严谨扎实的治学精神。②

自主知识体系是一个国家重要的文化软实力，也是文化繁荣与创新的核心体现。推进中国史学自主知识体系建设，是新时代中国马克思主义史学发展的迫切要求。如何才能更合理地推进中国史学自主知识体系建设，吴英提出其前提性工作是构建适应新时代需要的唯物史观新的解释体系，实现唯物史观与时俱进的发展。③ 张越提出决定历史学研究方向和高度的重要问题之一是，如何处理好宏观与微观、史观与史料、理论与史实等关系，仅仅纠缠于历史细节而忽视理论建树、宏大叙事的历史学研究，难以实现史学"通古今

---

① 吴晓群、阿慧：《驼铃：在学习与求索马克思主义史学的道路上——张广智与西方史学史研究访谈录》，《史学理论研究》2023 年第 5 期。

② 汪高鑫：《中国史学思想史新论》，北京师范大学出版社 2022 年版，第 217—218 页。

③ 吴英：《构建中国历史学的自主知识体系必须解决指导理论与时俱进的发展命题》，《史学理论研究》2023 年第 3 期。

之变"的要义，更难以肩负国家、民族和时代赋予的使命，必须高度重视理论建树与宏大叙事。[1]

中国马克思主义史学创立以来，就开始探索中国史学自主知识体系，改革开放以来我国在史学自主知识体系建设方面取得了丰硕成果，陈其泰从十三个方面进行分类：中华民族的多元一体格局；历史上民族关系的主流；宗周社会与礼乐文明；地区发展不平衡性和广大边区封建化进程；中国历史上的王权主义；历史文化认同与统一多民族国家发展；大宋史观和"新宋学"观；清朝前期的历史地位；明清时期江南早期工业化；抗日战争：中华民族伟大复兴的枢纽；民主革命时期"中间力量"的作用；中国近代社会进程的基本线索；"亚细亚生产方式"理论如何理解。在传承这些重要成果的基础上，新时代中国马克思主义史学应该继续推进中国史学自主知识体系建设：在方向指导方面，创造性运用唯物史观；在研究课题方面，立足于中国历史发展的壮阔道路和生动史实；在思路营养方面，创造性转化中国史学的优良遗产。[2]赵春梅主张在发掘中国古代史学遗产与借鉴国外史学理论与方法的基础上，对中国历史与外国历史进行深入的研究，从史学实践中提炼概念、术语、范畴，构建自己的历史解释体系，从而摆脱对西方史学的路径依赖。[3]

---

[1] 张越：《近现代中国史学史论略》，商务印书馆 2017 年版，第 415 页。

[2] 陈其泰：《对构建中国历史学自主知识体系的思考》，《史学理论研究》2023 年第 3 期。

[3] 赵春梅：《从"'梁启超式'的输入"到当代史学话语体系的建构》，《天津社会科学》2012 年第 4 期。

　　思想是一个民族、一个国家的灵魂，中国思想史是中华民族思想形成、演变和不断创新的历史，中国思想史自主知识体系建设关系到培育民族与国家认同、牢固树立文化自信的具体落实。贺新元提出构建中国思想史研究的中国学派"四要义"：毫不动摇坚持唯物史观，树立中国思想史就是中国人民思想史的观念，全面清算和摈弃历史虚无主义，破解西方学术话语权。① 章清认为思想史的边界并不那么清楚，思想史研究之"向下"与"向外"的扩充，也成为思想史研究学术体系建设的枢机所在。②

　　中华人民共和国史，是中华民族实现从站起来到富起来进而到强起来的历史，是革命、建设、改革各个历史时期取得伟大成就的历史，是中国特色社会主义和中国式现代化形成和拓展的历史。中华人民共和国史自主知识体系建设对于中国史学自主知识体系建设至关重要。左玉河从问题、史料与范式三个维度提出了构建中华人民共和国史学科自主知识体系的基本思路：以问题为导向，增强国史研究的问题意识，提升发现新问题的能力；以史料为基础，根据新史料建构新史实，形成新知识；推进研究范式更新，提高理论解释能力。③

---

　　① 贺新元：《构建中国思想史研究的中国学派之"四要义"》，载张顺洪、吴英、董欣洁主编：《唯物史观与马克思主义史学新视野》（上），中国社会科学出版社2016年版，第299页。

　　② 章清：《"重访"与"重读"：近代中国思想史研究的扩充与收缩》，《华中师范大学学报》（人文社会科学版）2023年第3期。

　　③ 左玉河：《问题、史料与范式：建构国史自主知识体系的关键环节》，《当代中国史研究》2023年第5期。

　　世界史自主知识体系建设是中国崛起、中华民族伟大复兴、构建人类命运共同体的迫切需要，钱乘旦认为中国的世界史知识体系深受西方史学观念和历史编撰学的影响，有意无意落在"西方中心论"的陷阱中，把西方文明说成是唯一正确的文明，把西方史等于世界史，把西方价值观等于"普世"的价值观，把西方走过的路当成全人类都要走的路，在人们头脑中构筑了一个歪曲的世界和一部歪曲的世界史，构建符合历史真实的世界史知识体系是一项刻不容缓的任务。必须破除西方中心论，重视对非西方地区、国家的历史书写，努力恢复世界各文明、各国家、各民族平行发展的历史原貌，纠正很多人认为世界史是少数几个西方大国历史的错误观念，展现世界史是全人类共同历史的基本事实。[1]董欣洁提出构建一种包括双主线、多支线在内的世界史编撰线索体系，双主线是纵向的生产主线与横向的交往主线，多支线是构成或依附于两条主线的不同领域及不同层次的、具体的细节线索，包括跨文化贸易、环境变化、物种传播、移民、战争、殖民主义扩张、帝国主义侵略、宗教传播、文化交流等。[2]

---

　　① 参阅钱乘旦：《新世界史纲要》，北京大学出版社 2023 年版，前言；周晓菲、高学思：《勾勒世界历史的横线和纵线，构建中国自主的世界史知识体系——访〈新世界史纲要〉主编、北京大学历史学系教授钱乘旦》，《光明日报》2023 年 6 月 19 日。

　　② 董欣洁：《构建双主线、多支线的中国世界史编撰线索体系》，载卜宪群主编：《构建中国特色马克思主义史学理论和史学学科创新体系》（上），中国社会科学出版社 2018 年版，第 224 页。

考古学是历史学科的一级学科，是参与中华文明探源工程的主干学科，建构中国考古学自主知识体系，是中国史学自主知识体系建设的内在要求和核心构成。吕厚远提出：在科学体系上，改变以人类学为主流的西方考古学科学体系，构建以文化—文明—环境协同演化为基础的考古学科学体系；在学术体系上，改变以区域农业、文明起源为基础的西方学术体系，构建以全球农牧渔文明系统演化为核心的学术体系；在话语体系上，改变以西方文明为中心的全球话语体系，构建以人类命运共同体为核心的全球话语体系。[1]

中国史学自主知识体系建设，并不否定借鉴国外史学理论与方法的重要性，如黄兴涛认为源于德国的概念史方法，对于中国近代史学科建设就具有特殊的价值，因为概念史方法特别适用于概念发生重大或整体性变革的社会政治转型时期，而中国近代正处于传统社会向现代社会转型的历史过渡时期。[2]王先明反思了当代中国史学一味以求新为发展趋向的问题，主张史学的根本诉求应该是求真，即求史料之真、史实之真、史识之真、史理之真。[3]

---

① 吕厚远：《气候环境和农耕文化奠定了中华文明永续根基》，载冯时等：《万年中国：中华文明的起源与形成》，东方出版中心 2023 年版，第 32—33 页。

② 黄兴涛：《概念史方法与中国近代史研究》，载中国社会科学院台湾史研究中心：《中国近代史学科体系的理论建构与学术反思》（上册），社会科学文献出版社 2020 年版，第 102 页。

③ 王先明：《对当代中国新史学发展趋向问题的反思》，载中国社会科学院台湾史研究中心：《中国近代史学科体系的理论建构与学术反思》（上册），社会科学文献出版社 2020 年版，第 43 页。

四、坚持文明交流互鉴，探索中华文明的起源和特质

"文明"概念具有突出的不确定性，不仅复杂多变，而且具有鲜明的道德和意识形态意涵，历史学家尚未就"文明"的概念取得稳定的共识。[①] 马克思主义经典作家认为文明是人类发展到一定历史阶段的产物。恩格斯在《家庭、私有制和国家的起源》中认为文明是社会分工、阶级分化、个体家庭形成、私有制产生和国家诞生的产物，"文明时代的基础是一个阶级对另一个阶级的剥削"[②]。在这里，"文明"是相对于"蒙昧""野蛮"的一个特定的历史时代概念，考古学以"文明"指称"由氏族制度解体而进入有了国家组织的阶级社会的阶段"[③]。哲学、政治学、人类学、社会学、心理学、文学等学科对文明意涵有不同的界定，在历史学学科里往往是多种文明概念混合使用。大体上，广义的文明通常指的是人类创造的物质文化与精神文化的总和（与文化概念重叠）。狭义的文明则往往指"以独特精神文化为标志的大规模且持久持续的文化社会共同体"[④]，更强调文明的精神文化（价值观）属性。

文明是丰富多彩的，是一个国家一个民族的灵魂，每一种文明都是独特的，都有其存在的价值，平等共处、和而不同、求同存异、

---

① 李剑鸣：《文明的概念与文明史研究》，《华中师范大学学报》2016 年第 1 期。

② 《马克思恩格斯选集》第 4 卷，人民出版社 2012 年版，第 194 页。

③ 夏鼐：《中国文明的起源》，《文物》1985 年第 8 期。

④ 赵轶峰：《文明与文明史研究的再思考》，《史学理论研究》2023 年第 1 期。

取长补短、交流互鉴才是世界文明发展的正道。2014 年 9 月 24 日，习近平总书记在纪念孔子诞辰 2565 周年国际学术研讨会暨国际儒学联合会第五届会员大会开幕式上指出："每一个国家和民族的文明扎根于本国本民族的土壤之中，都有自己的本色、长处、优点。我们应该维护各国各民族文明多样性，加强相互交流、相互学习、相互借鉴，而不应该互相隔膜、相互排斥、相互取代，这样世界文明之园才能万紫千红、生机盎然。"[①]

考古学意义上的文明要素，有三要素、六要素、七要素等说法，综合起来，大体包括密集型农业（农具、农作物）、金属冶炼（或青铜器）、城市（有一定的规模）、文字（或具有文字雏形的刻画符号）、礼仪制度（礼仪性的建筑与各种礼器）、宗教的统一力量（大型祭祀遗址与多种祭器）、社会分层与阶级分化（不同等级的墓葬与葬品）、公共权力（国家）的确立（大型公共工程、都城遗址、大型宗庙、宫殿、王陵、王室重器等）等，核心要素是生产力水平、社会分工与阶级分化、国家形成。

探索中华文明起源由来已久，可以说考古学从在中国诞生时起，就聚焦于中华文明起源问题。"从考古学上讨论中国文明的起源，是中国考古学诞生一百年来最重要的一个主题。"[②]20 世纪 80 年代中

---

① 习近平：《论坚持推动构建人类命运共同体》，中央文献出版社 2018 年版，第 160—161 页。

② 陈星灿：《考古学家眼中的中华文明起源》，文物出版社 2021 年版，前言第 1 页。

期以后探索中华文明起源再次成为热点，随着"夏商周断代工程"（1996—2000）和"中华文明探源工程"（2001—2015）的启动和持续推进，中华文明起源问题遂成为考古学和历史学研究的重点问题。中华文明起源说，有一元说（西来说，中原说）、二元说（东西说）、多元说，最终独立多元说成为主流。夏鼐最早（1977年）提出多元说，否定了中原说，认为中国文明的产生主要是由于自身的发展，具有相当的独立性与自己的个性。[1] 李学勤认为中华文明是全世界唯一没有中断的文明，其起源是独立的，并非源自西方，起源是多元的，反对单一的中原中心论，起源是相当早的，与古代埃及差不多，文明形成于公元前3000年的龙山时代，相当于五帝时代。[2] 王东认为中华文明是世界六大原创性文明之一，是世界文明起源的东西两大源头之一，距今1万年前为中华文明起源时代，距今5000年前后为中华文明形成时代。[3] 许宏认为大约距今5500—3800年，黄河流域和长江流域发生深刻的社会变革，进入一个邦国林立的"满天星斗"时代。[4] 卜工认为中华文明形成的实际年代极有可能比目前流行的5000年说还要久远，年代早于夏代的龙山（距今5000—

---

[1]　夏鼐：《中国文明的起源》，《文物》1985年第8期。

[2]　李学勤：《中华古代文明的起源》，生活·读书·新知三联书店2019年版，第20、35、87页。

[3]　王东：《世界文明的东方源头活水——中华文明世界历史地位新论》，载卜宪群主编：《构建中国特色马克思主义史学理论和史学学科创新体系》（上），中国社会科学出版社2018年版，第692页。

[4]　许宏：《前中国时代与"中国"的初兴》，《读书》2016年第4期。

4000 年）和仰韶时期（距今 7000—5000 年）同样有着波澜壮阔的文明发展大潮。[1] 王巍认为中华文明奠基于 1 万年前（稻米种植），起源于 8000 年前（已能制造独木舟），加速发展于 6000 年前（西坡墓葬里已呈现出对北斗天象的认知），5000 多年前进入文明社会（距今 5300 年前跨入古国文明阶段，良渚已进入早期文明），4300 年前中原崛起，4000 年前王朝建立（特点凸显），3000 年前王权巩固，2200 年前形成统一多民族国家。[2] 韩建业认为中华文明起源可分为三个阶段，距今 8000 年以前的裴李岗时代为第一期，南稻北粟两大农业体系初步形成，大部分地区产生了秩序井然的社会和一定程度的社会分化，大部分地区文化已经初步交融联结为一个"早期中国文化圈"的雏形，有了文化上"早期中国"的萌芽，迈开了中华文明起源第一步；距今 6000 年的庙底沟时代为第二期；距今 5000 多年形成由良渚等各区域文明组成的早期中国文明时代。[3] 李新伟认为距今 8500—7000 年之间中国区域文化"裂变"催生多元传统，距今约 6000 年前文化"撞击"形成"多元一体"的"最初的中国"，距今 4300 年前后，良渚文化解体，龙山文化高速发展，形成

---

[1]　卜工：《源远流长　内涵丰富　连续发展——从考古发现看中华文明自信》，《人民日报》2017 年 2 月 20 日。

[2]　参阅王巍、赵辉：《"中华文明探源工程"及其主要收获》，《中国史研究》2022 年第 4 期；王巍：《序一》，载冯时等：《万年中国：中华文明的起源与形成》，东方出版中心 2023 年版，第 1、2、4 页。

[3]　参阅韩建业：《中华文明的起源》，中国社会科学出版社 2021 年版，自序第 3 页；《中华文明的起源、形成及其长存之道》，《学习时报》2022 年 7 月 11 日。

"万邦林立"的政治景观,"万邦协和"政治理想形成并付诸实践,距今 3800 年,与夏王朝对应的二里头文化继续实践"万邦协和"的政治理念,完成了具有划时代意义的中国历史上第一个王朝的构建。①

关于中华文明的演变,中华文明是生生不息的,是世界文明史上唯一具有"万年连续进化模式"的文明。陈来指出,"文明起源方式形成的文化基因,不仅决定了各个国家的政治形式的不同,更决定了各个民族的文化面貌和思想传统"②。姜义华从大历史的视野将中华文明的演变分为七期:第一期从远古时代到公元前 20 世纪左右,为中华文明的孕育和萌芽阶段;第二期从公元前 20 世纪前后到公元前 3 世纪中期(夏商周),为中华文明基本架构的形成阶段;第三期从公元前 3 世纪晚期至公元 3 世纪初(秦汉),为中央集权的多民族国家与大一统的中华古代文明的确立阶段;第四期从公元 3 世纪初至公元 13 世纪中叶(三国两晋南北朝隋唐五代十国辽宋夏金),为中华文明在新的民族融合与重组基础上的辉煌发展阶段;第五期从公元 13 世纪中期至公元 19 世纪中叶(元明清),为中华文明的普遍发展与局部更化阶段;第六期从公元 19 世纪中叶至公元 20 世纪中叶,为中华文明面临西方资本主义文明冲击开始向现代文明转型

---

① 李新伟:《中华文明的宏大进程孕育多元一体、协和万邦的文明基因》,《光明日报》2020 年 9 月 23 日。

② 陈来:《古代思想文化的世界:春秋时代的宗教、伦理与社会思想》,北京大学出版社 2017 年版,第 6 页。

的阶段；第七期从公元 20 世纪中叶以来，为中华文明确立了独立自主的主体地位并一步一步走向伟大复兴的阶段。①

习近平总书记深刻指出中华优秀传统文化的重要元素包括：天下为公、天下大同的社会理想，民为邦本、为政以德的治理思想，九州共贯、多元一体的大一统传统，修齐治平、兴亡有责的家国情怀，厚德载物、明德弘道的精神追求，富民厚生、义利兼顾的经济伦理，天人合一、万物并育的生态理念，实事求是、知行合一的哲学思想，执两用中、守中致和的思维方法，讲信修睦、亲仁善邻的交往之道等。② 学界对中华文明的核心内涵作了深入探讨，王东认为中华文明有五大核心理念：天人合一的宇宙观，仁者爱人的互主体观，阴阳交合的发展观，兼容并包的多元文化观，义利统一、以和为贵的价值观。③ 冯时认为中华文明核心内涵包括格物致知的认识论，天人合一的价值观，中和守一的哲学观。④ 姜义华认为中华文明有三大根柢和四大核心价值，三大根柢是大一统国家的政治体制，家国共同体的社会结构和以天下国家为己任的民族精神；四大核心价值是民惟邦本、本固邦宁的政治伦理，以义制利、以道制欲

---

① 姜义华：《中华文明三论：中华文明的经脉》，上海人民出版社 2021 年版，第 2—3 页。

② 习近平：《在文化传承发展座谈会上的讲话》，《求是》2023 年第 17 期。

③ 王东：《世界文明的东方源头活水——中华文明世界历史地位新论》，载卜宪群主编：《构建中国特色马克思主义史学理论和史学学科创新体系》（下），中国社会科学出版社 2018 年版，第 714 页。

④ 冯时：《探寻中华文明核心内涵》，《中国社会科学报》2019 年 7 月 15 日。

的经济伦理，中为大本、和为达道的社会伦理，德施普也、天下文明的天下伦理。①

　　习近平总书记深刻指出中华文明具有突出的连续性、创新性、统一性、包容性与和平性。学界对中华文明的基本特征作了深入探讨，孙庆伟认为中华文明早期阶段已形成三个基本特征：重瓣花朵式超稳定结构，理性化与人文化的文明路径，家国一体的文明进程。② 陈胜前认为中华文明的基本特点为：历史连续、超大规模、多元统一、自成体系、和平内敛。③ 卜工认为中华文明具有独立起源、年代久远、文化多样、类型复杂、连续发展、未曾中断的特点。④ 王东认为中华文明三个最显著的历史特征是原创性、独特性和连续性。⑤

　　探索中华文明的精神特质（文化精神）是一个热点问题，韩建业认为早期中国就已经形成了独特的文化基因：整体思维，天人合一；祖先崇拜，以人为本；追求秩序，稳定执中；有容乃大，和谐共存；勤劳坚毅，自强不息。⑥ 张岱年、程宜山认为中国文化是以

---

　　① 姜义华：《中华文明三论：中华文明的根柢》，上海人民出版社 2021 年版，第 5—7 页。

　　② 孙庆伟：《三大特质熔铸早期中华文明基因》，《中国社会科学报》2019 年 7 月 12 日。

　　③ 陈胜前：《由中国考古人自己揭示，中华文明如何"相变"》，载冯时等：《万年中国：中华文明的起源与形成》，东方出版中心 2023 年版，第 3、15 页。

　　④ 卜工：《源远流长　内涵丰富　连续发展——从考古发现看中华文明自信》，《人民日报》2017 年 2 月 20 日。

　　⑤ 王东：《世界文明的东方源头活水——中华文明世界历史地位新论》，载卜宪群主编：《构建中国特色马克思主义史学理论和史学学科创新体系》（下），中国社会科学出版社 2018 年版，第 705 页。

　　⑥ 韩建业：《从考古发现看八千年以来早期中国的文化基因》，《光明日报》2020 年 11 月 4 日。

刚健有为思想为纲，包括和与中、崇德利用、天人协调等诸多要素的统一体系。① 楼宇烈认为中国文化的最根本的精神（最重要的特征）是以人为本。即在天地万物之中，注重人的主体性、独立性、主动性和能动性，人不要沦为外在世界的奴隶，家庭与社会秩序的维护靠道德的自觉自律，并强调：欧洲的人本主义是从中国传过去的，深受中国文化的影响。② 何中华也认为中华文明侧重于人文，强调德性优先，而西方文明则以科学为重心，表征为漫长而悠久的科学主义传统。③ 何爱国认为中华文明的五大特质有助于中国式现代化建设，其中政在养民、利民为本有助于建设以人民为中心的现代化，见利思义、人文化成有助于建设文化自信的现代化，扶危济困、损有余而补不足有助于建设公平和谐的现代化，协和万邦、天下大同有助于建设和平发展的现代化，天人合一、道法自然有助于建设绿色发展的现代化。④

五、坚持理论联系实际，探索关联社会实践的历史问题

马克思主义史学是理论联系实际、经世致用、以人民群众根本利益为导向、具有强烈社会实践性的科学。新时代中国马克思主义

---

① 张岱年、程宜山：《中国文化精神》，北京大学出版社 2015 年版，第 14、247 页。

② 楼宇烈：《中国文化的根本精神》，中华书局 2016 年版，第 46、47 页。

③ 何中华：《文明的历史含义及其当代启示》，《中国社会科学》2023 年第 6 期。

④ 何爱国：《中华优秀传统价值理念的现代意义》，《国家现代化建设研究》2023 年第 5 期。

史学强化问题导向，坚持史学为人民服务的基本立场，坚持史学为国家建设服务、为民族复兴大业服务的根本目标，聚焦时代重大问题，以史鉴今，兴起研究中共党史、中华人民共和国史、改革开放史、社会主义发展史（重点是中国社会主义发展史）、现代化史（重点是中国现代化史）、国家治理史（重点是中国国家治理史）、中华民族发展史（重点是中华民族共同体意识的形成）、中华文明发展史（重点是中华文明的起源）的热潮，积极推进中共党史党建学学科建设，呈现一派欣欣向荣的景象。

在中共党史研究方面，作为一门与时代发展关联最为紧密的社会科学之一，中共党史党建学学科建设得到高度重视和培育发展，设为一级学科，学界称其"是深入研究中国共产党历史发展的规律及其成功基因密码的基础学科；是服务中国共产党加强全面领导和自身建设的支撑学科；是构建中国特色自主知识体系和中国特色哲学社会科学的优势学科；是落实立德树人根本任务，解决为党育人、为国育才根本问题的关键学科"[1]。大历史观在中共党史"三大体系"中的主导作用得以强化。[2] 构建了马克思主义政党理论，中国共产党的起源、人物、事件、理论、决策、政策、策略、规划、制度、法规、精神谱系、政治、经济、文化、社会、环境、军事、外交、

---

① 中共中央党史和文献研究院科研规划部调查组（吴志军执笔）：《关于中共党史党建学一级学科建设的调研报告》，《中共党史研究》2023 年第 3 期。

② 杨凤城：《把传统党史研究带回来，让主流党史研究强起来》，《中共党史研究》2022 年第 3 期。

党建等方面得到拓展性研究，新民主主义革命时期、社会主义革命和建设时期、改革开放和社会主义现代化建设新时期、中国特色社会主义新时代各个阶段的历史都得到创新性研究，党的重大成就和基本经验得到系统总结，党史教育得以有了重要的理论支撑与扎实的史学基础，党史知识得以迅速普及。

在中华人民共和国史研究方面，中华人民共和国史理论与中华人民共和国史研究理论得到探讨，第三个历史决议对中华人民共和国史研究具有重要的学术价值和现实意义，为我们多维度审视中华人民共和国史提供了范本，以中华民族伟大复兴为主题创建了中华人民共和国史研究新范式，基于正确党史观提出了可资中华人民共和国史研究的方法范例。[①] 中华人民共和国的诞生和社会主义制度的建立、开始全面建设社会主义时期、"文化大革命"的 10 年、伟大的历史转折、开辟中国特色社会主义伟大事业、面向 21 世纪的社会主义现代化建设等各个历史时期都得到相当深度的研究，特别是加强了改革开放前后两个历史时期的贯通性的研究，国史教育也得到了强化，中华人民共和国成立 70 周年与 75 周年纪念的系列史书与口述资料得以编撰。

在改革开放史研究方面，习近平总书记在庆祝改革开放 40 周年大会上的讲话中提出了九个"必须坚持"，对于改革开放史研究具有重要的指导意义。改革开放的理论创新、历史进程、重大成就、突

[①]　朱汉国：《范本、范式、范例：第三个历史决议对新中国史研究的方法示范》，《当代中国史研究》2022 年第 4 期。

出人物、历史经验、伟大历史意义都得到充分研究，相关的口述史料得到广泛的收集整理，出版了系统的纪念改革开放 40 周年的史书编撰与口述汇编，改革开放史的教育也得到相应的加强。

在社会主义发展史研究方面，以科学社会主义为指导，社会主义从空想到科学、从理论到实践、从一国到多国的整个历史发展脉络得到整体性研究，加强了社会主义历史文献的搜集整理工作，特别是加强了对中国特色社会主义发展史的研究。

在国家治理史研究方面，探索世界各国国家治理的历史经验，加强了对中国历代国家治理理念、治理制度、治理实践、治理得失、重要政治人物的研究，重点加强了对中国共产党领导下的国家治理体系和治理能力现代化理论、历史和实践的研究。

在中华民族发展史研究方面，比较各种民族理论，反思西方民族、民族主义与民族型国家理论，传承和创新马克思主义民族理论，探索中华民族的起源、演变和转型的历史，重点研究民族政策、民族制度、民族关系、民族交流与民族融合、"中华民族"与"少数民族"概念的形成、中华民族共同体的形成与发展等，铸牢中华民族共同体意识。

在中华文明发展史研究方面，比较各种文明理论，反思西方文明理论，建构马克思主义文明理论，提出文明形成标准的"中国方案"，探索中华文明的起源、演变和近代转型的历史，深入研究中华文明的特质与精神。

在现代化史研究方面，加强了马克思主义现代化理论建设，革新了现代化研究范式，建构了马克思主义现代化研究范式，深入研究世界现代化历史，探索世界现代化的基本规律与一般经验，研究各国现代化的历史进程与具体得失，对各国现代化模式与各种现代化道路进行比较研究。积极研究中国式现代化的思想、理论、战略、进程、经验、教训，聚焦中国式现代化的来龙去脉、基本内涵、主要特色、基本经验、重大意义，深入探讨中国式现代化的理论逻辑、历史逻辑和实践逻辑，"深刻理解中国式现代化同早期现代化的区别和联系，深刻理解中国式现代化的自身演变脉络，深刻理解中国式现代化与中华优秀传统文化的内在联系，深刻理解中国式现代化与中华民族伟大复兴的密切关系"[①]，在深入研究中国现代化历史经验的基础上，初步形成了中国式现代化理论体系。

六、坚持"历史是最好的教科书"，高度重视历史教育

马克思主义史学是高度重视以史育人、立德树人的科学，素来极为重视总结历史经验，探索历史规律，树立人格风范，铭记初心使命，普及史学知识，以资现实借鉴。历史、现实、未来是息息相通的，学史使人明智，历史是最好的老师。新时代中国马克思主义史学高度重视历史教育的价值，注重马克思主义史学知识的大众化，把历史作为最好的教科书和清醒剂，发挥"明理""增信""崇德""力行"的重要功能，发挥"知史爱党""知史爱国"的重大功

[①]　马敏：《深刻理解中国式现代化的历史逻辑》，《中国社会科学报》2023年2月14日。

效。2013 年 3 月 1 日习近平总书记在中央党校建校 80 周年庆祝大会暨 2013 年春季学期开学典礼上指出："各级领导干部还要认真学习党史、国史，知史爱党，知史爱国。要了解我们党和国家事业的来龙去脉，汲取我们党和国家的历史经验，正确了解党和国家历史上的重大事件和重要人物。这对正确认识党情、国情十分必要，对开创未来也十分必要，因为历史是最好的教科书。"6 月 25 日习近平总书记在十八届中央政治局第七次集体学习时再次强调："历史是最好的教科书。领导干部通过学习党史、国史，认识和把握革命、建设、改革各个历史时期创造的丰富经验，可以获得思想的启迪、知识的武装，提高工作本领，站在历史的深厚基础上更加坚定地走向未来。"[1]2021 年 2 月 20 日习近平总书记在党史学习教育动员大会上强调了党史学习教育的明确要求："总的来说就是要做到学史明理、学史增信、学史崇德、学史力行。"[2] 在习近平总书记关于历史教育的系列重要论述的指导下，新时代历史教育方面加强了中国近现代史、中共党史、新中国史、改革开放史、社会主义发展史、中华民族发展史、中华文明发展史、中国现代化史等方面的教育，在全党发起了学习"四史"（中共党史、新中国史、改革开放史、社会主义发展史）的教育活动。2021 年 11 月 11 日党的十九届六中全会审议通过了《中共中央关于党的百年奋斗重大成就和历史经验的决议》，系统总结了中国共产党的光辉成就和基本经验，是中国特色马

---

① 习近平：《论中国共产党历史》，人民出版社 2021 年版，第 7、15 页。
② 《习近平著作选读》第 2 卷，人民出版社 2023 年版，第 418 页。

克思主义史学的经典范本，是党史教育的绝好文本。在马克思主义史学教育中，党史教育居于中心地位，"党史工作要以史鉴今，资政育人，不是抽象的、原则的，而应该是具体的、实在的"。①全党范围的党史教育使得党的初心使命、精神谱系、重大成就和治国理政经验得以深入人心，马克思主义史学的资政育人功能得到前所未有的彰显，取得了良好的社会效果。

新时代中国马克思主义史学在历史教育方面的一个突出特色就是，以马克思主义为指导编写历史学高等教育系列教材，强化马克思主义史学在历史教育中的引领作用。新时代为了牢固树立马克思主义意识形态的指导地位，建设中国特色哲学社会科学学科体系、学术体系和话语体系，建设中国自主知识体系，实施了马克思主义理论研究和建设工程，对整个哲学社会科学教材进行了重新审视与编撰，取得了丰硕的成果，其中马克思主义史学类重点教材富有体系性，覆盖人类历史的方方面面，成果最多，史学理论及史学史类教材包括：《马克思恩格斯列宁历史理论经典著作导读》《史学概论》《中国史学史》《外国史学史》；中国历史类教材包括：《中国近代史》《中国近现代史纲要》《中华人民共和国史》《中国思想史》；世界历史类教材包括：《世界古代史》《世界现代史》；考古学类教材包括：《考古学概论》《博物馆学概论》《文物学概论》；哲学史类教材包括：

---

① 曲青山：《历史是最好的老师》，载中共中央党史研究室：《历史是最好的教科书——学习习近平同志关于党的历史的重要论述》，中共党史出版社2014年版，第77页。

《马克思主义哲学史》《马克思主义发展史》《中国哲学史》《西方哲学史》《中国伦理思想史》《西方伦理思想史》《中国美学史》《西方美学史》；政治史类教材包括：《中国政治思想史》《西方政治思想史》《国际关系史》《中国革命史》《中国共产党思想政治教育史》《国际共产主义运动史》；经济史类教材包括：《马克思主义经济学说史》《中国经济史》《世界经济史》；法律史类教材包括：《中国法制史》；社会史类教材包括：《中国社会学史》《中国社会思想史》；文学史类教材包括：《中国古代文学史》《外国文学史》《中国文学理论批评史》；新闻史类教材包括：《中国新闻传播史》；教育史类教材包括：《西方教育思想史》；艺术史类教材包括：《中国戏曲史》《中国美术史》《中国音乐史》《中国舞蹈史》，还有一些重点教材仍然在编撰之中。这些教材坚持马克思主义的指导地位，对马克思主义史学理论进行了新的探索，把马克思主义基本原理与中国历史实际和史学实践相结合，让唯物史观进一步在历史教育的具体领域落地生根，推进了马克思主义史学中国化、时代化和大众化。

结　语

新时代中国已经解决了绝对贫困问题，全面建成了小康社会，社会主要矛盾发生根本变化。面向全面建设社会主义现代化强国和中华民族伟大复兴的历史任务，在新的历史背景下，中国马克思主义史学继承自身学术传统，理论联系实际，实事求是，回应时代重大关切，与时俱进，得到创新性发展，呈现以下六大特色：第一，坚持以当代中国马克思主义为引领，以唯物史观为研究指南，重新认识并丰富发展唯物史观，把马克思主义历史理论与中国历史实际相结合，与中华优秀传统史学文化相结合，加强中国特色史学理论体系建设，树立大历史观，从宏观上总体上把握历史发展的规律和大势；第二，树立文化自信和历史自信，深入批判文化虚无主义和历史虚无主义，指出其严重危害，寻找其形成根源，发掘其表现形式，揭露其立场本质，找到抵制措施，实现文化自觉和历史自觉，巩固了唯物史观的指导地位；第三，辩证看待中国史学文化传统和近代史学文化新传统的价值，对中华优秀传统史学文化进行创造性转化和创新性发展，致力于中国特色史学"三大体系"建设，努力建构中国史学自主知识体系；第四，坚持文明平等交流互鉴，提出文明形成标准的"中国方案"，深入探索中华文明的起源、演变、转型、新形态和特质，努力从事中华优秀传统文化的创造性转化和创新性发展；第五，坚持理论联系实际，经世致用，以史鉴今，兴起研究中共党史、中华人民共和国史、改革开放史、社会主义发展史、中华民族发展史、中华文明发展史的热潮，积极建设中共党史党建学科，聚焦探索中国现代化史和中国式现代化；第六，坚持历史是最好的教科书，高度重视历史教育，重点实施"四史"教育，编写马克思主义研究和建设工程史学系列教材，发挥学史明理、增信、崇德、力行的重要作用。

第四章　新时代中国马克思主义史学的理论创新

马克思主义史学高度重视理论思维，理论创新是马克思主义史学的生命。新时代中国马克思主义史学，以当代中国马克思主义为引领，以唯物史观为研究指南，在继承传统史学和马克思主义史学基础上，直面时代重大问题，有了新的理论突破，正在大力构建中国特色马克思主义史学理论体系，集中体现在关注"唯物史观的创新性发展问题""马克思主义与中华优秀传统文化的结合问题""马克思主义世界历史理论与全球化问题""树立历史自信与批判历史虚无主义问题""树立大历史观与批判历史碎片化问题""中国近现代史研究范式问题""国外马克思主义史学的发展问题"等重大问题上。

一、唯物史观的创新性发展问题

20世纪二三十年代唯物史观在中国广泛传播，并在三四十年代得到重要发展，其间唯物史观的基本内涵得到深入阐释，并同中国革命实践和历史文化相结合。新中国成立之后，以唯物史观为研究指南的马克思主义史学成为治史主流。新时代唯物史观研究依然是新时代马克思主义史学的研究重点，其基本问题得到了新的解读与阐释。

其一，社会经济形态问题。

社会经济形态，又被称为"经济的社会形态"，或"社会的经济结构"，指的是生产关系的总和，即劳动者和生产资料的结合形式。"生产关系总合起来就构成所谓社会关系，构成所谓社会，并且是构成一个处于一定历史发展阶段上的社会，具有独特的特征的社会。"① 社会经济形态是唯物史观的基本范畴，也是马克思主义政治经济学的基本问题。唯物史观认为，物质生活的生产方式决定和制约着社会的经济生活、政治生活和精神生活，也决定着整个社会的上层建筑和精神面貌。依据生产力与生产关系、经济基础和上层建筑、生产方式和社会形态的矛盾运动，对人类社会历史的不同阶段进行了划分，从原始社会到奴隶社会、封建社会、资本主义社会、社会主义社会和共产主义社会，系统分析了人类社会历史发展的脉络和规律，因此社会经济形态问题成了分析社会历史发展的核心。

新时代对社会经济形态问题的探讨和剖析依然占据着非比寻常的重要地位。首先，它依然是研究和解释社会历史的重要工具，能够帮助我们更好地理解和把握当今社会的发展趋势和新的特点。其

---

① 《马克思恩格斯文集》第 1 卷，人民出版社 2009 年版，第 724 页。

次，马克思主义社会经济形态理论的形成和丰富是当代中国马克思主义的重要组成部分，实践证明了，只有坚持社会主义基本经济制度，才能不断推进经济社会发展，实现中华民族伟大复兴的中国梦。最后，马克思主义社会经济形态理论也是在全球化时代背景下，中国能够深入理解世界的必要工具。随着经济全球化和文化多元化的不断深入，全球范围内的社会经济发展呈现出多样性和复杂性，它为社会经济形态问题的讨论提供了一种理论框架，帮助我们更好地理解全球社会经济发展的特点和趋势，推动全球范围内的共同发展。

第一，对中国古代社会经济形态的研究。古代中国是人类历史上一个重要的文明国家，其社会经济发展具有独特性与历史性。李学功认为，古代中国的社会形态具有多样性和复杂性，不能简单地用奴隶社会、封建社会等简单的分类方式来描述，也不能将西欧历史发展模式奉为经典、样板，要在普遍中看到差异。中国国家形成的道路、方式，迥异于希腊、罗马和德意志诸类型，其特点是以农村公社为表征的族社形态，由此，李学功深入探讨了中国古代是否存在农村公社、土地公有制的问题。[1] 陈民镇从考古学和人类学的角度再次解读了中国是否存在过奴隶社会阶段、中国哪一阶段属于奴隶社会等问题。[2] 李风华认为秦汉至明清中国社会为小生产社会，

---

[1] 李学功：《闻道与问道：中国古代社会形态问题研究的思考》，《史学理论研究》2021年第2期。

[2] 陈民镇：《奴隶社会之辩——重审中国奴隶社会阶段论争》，《历史研究》2017年第1期。

反驳了封建社会论中的"自然经济"和"地主土地制占主导"两大根据并认为其在逻辑上无法自洽。[①] 陈峰认为，社会形态理论为中国社会经济史研究提供了基本的概念系统和认知框架，使之既超越传统记述式的"食货之学"，又不同于以制度史、部门史为主体的实证化经济史研究。[②]

第二，对"三种形态论"和"五种形态论"的讨论。"五种社会形态理论"是中国马克思主义史学的鲜明特征，也是新中国成立以来取得的标志性学术成就之一。谭星通过对"五形态"论和"三形态"说的提出及其传播进行学术梳理，以此为基础论述两者之间的关系，澄清两者自20世纪七八十年代以来的论争，明确五种社会形态理论的科学性、合理性，及其在中国古史分期问题、中国近代社会性质等重大历史问题上留下的丰厚学术遗产，在历史研究中的重要地位和作用。[③] 张海鹏讨论了段忠桥所持的"马克思只有三种社会形态的观点，没有五种社会形态的观点"的说法，认为无论是"三形态"说还是"五形态"说，都符合马克思主义创始人的原意，把二者对立起来是不合适的。[④] 王伟光提出，必须坚持五种社会形

---

① 李凤华：《论秦汉至明清中国社会为小生产社会——兼论封建社会论的内在逻辑矛盾》，《史学月刊》2013年第8期。

② 陈峰：《社会形态理论视阈下的中国社会经济史研究》，《历史研究》2022年第2期。

③ 谭星：《"五形态"论与"三形态"说论争辨析》，《史学理论研究》2021年第4期。

④ 张海鹏：《如何理解马克思主义社会形态理论》，《历史评论》2021年第5期。

态理论，充分认识这一理论的普遍性与特殊性，同时，必须立足中国历史和中国国情，处理好特殊性与普遍性的关系，进行有中国特色的社会形态演变研究。① 甄修钰、张新丽通过探讨马克思在各个时期研究农村公社的动机和方法论，讨论了马克思研究前资本主义时代社会形态这一方法论的科学性，提出史学研究走出社会形态划分的争论和"亚细亚生产方式"问题困境的方法。②

第三，全球范围内社会经济形态的比较研究。在全球化深入发展的时代背景下，各国社会经济形态的发展也具有多元性和复杂性，因此我国马克思主义史学在新时代也更加注重对全球范围内的社会经济形态的比较研究。高燎认为，近代日本乡村史的发展壮大奠基于马克思主义唯物史观，从现实农业问题性质之争到农地改革引发的土地制度变迁，工业化时代乡愁牵连出自治村落的"想象"，再到"一亿中流"淹没"阶级"的话语，陷入"碎片"的汪洋，每个阶段都反映出日本当时的社会形态特点。③ 王献华通过对贾科诺夫的新社会阶段论的讨论，结合对萨尔贡帝国的研究，找到了马克思主义社会形态论与贾科诺夫社会形态论的共性与差别，提出了我国的世界古代史研究固然起步较晚，却有着值得珍惜的马克思主义史学

---

① 王伟光:《立足中国社会形态演变，坚持五种社会形态理论》,《史学理论研究》2021 年第 4 期。

② 甄修钰、张新丽:《马克思研究农村公社的动机和方法论——兼论走出"亚细亚生产方式"问题的困境》,《历史研究》2012 年第 3 期。

③ 高燎:《唯物史观与近代日本乡村史研究演变》,《史学理论研究》2022 年第 5 期。

传统，这种传统寻求对世界历史整体性的框架理解，追求史学研究对解决人类普遍问题作出的贡献，无法也不应该放弃，对这种传统的扬弃很可能是未来我国世界古代史研究的贡献所在。① 侯树栋则剖析了冈绍夫的狭义封建主义和布洛赫的广义封建主义，展现了马克思主义的封建主义概念的科学价值。唯物史观把封建主义（封建社会）首先作为一种经济社会形态，这一内涵呈现的历史视野，远比西方封建主义概念宽广得多，更有助于把握中世纪的经济与社会结构以及社会变革的动因。② 刘耀辉研究了英国马克思主义史家罗德尼·希尔顿通过对中世纪农民和农村社会、封建社会的阶级关系、农民的抗争和反抗、中世纪社会的发展动力和"过渡"问题的考察，把马克思主义应用到探讨英国的历史和社会现实，深入分析了英国社会乃至世界其他地区的诸多问题，也进一步发展了马克思主义史学理论。③ 王凤才通过对 21 世纪以来德国阶级问题进行研究，指出了马克思主义阶级理论的现实性，对马克思主义阶级理论进行批判性反思。④

其二，阶级分析方法问题。

阶级分析方法是马克思主义史学的核心方法之一，对于深入理

---

① 王献华：《贾科诺夫的新社会阶段论》，《史学史研究》2014 年第 4 期。

② 侯树栋：《论冈绍夫的狭义封建主义——为冈绍夫〈何为封建主义〉中译本出版作》，《史学理论研究》2017 年第 4 期。

③ 刘耀辉：《罗德尼·希尔顿的中世纪社会研究》，《史学理论研究》2019 年第 1 期。

④ 王凤才：《新世纪以来德国阶级问题研究》，《中国社会科学》2016 年第 4 期。

解历史和现实中的阶级结构和阶级斗争具有重要意义。同时，作为一种综合性的研究方法，阶级分析方法不仅能应用于历史研究，还可以提高社会科学分析和解决问题的能力。此外，阶级分析方法是中国特色社会主义理论体系的重要组成部分，具有重要的理论和实践价值。从马克思主义传入中国开始，阶级分析方法就逐渐成为重要的革命理论指南和学术研究范式。20 世纪 50—70 年代，存在简单化、教条式地理解和运用阶级分析方法的现象。20 世纪 80 年代到 21 世纪初，存在着回避、远离甚至排斥阶级分析方法的现象。[1]新时代以来，马克思主义史学关于阶级分析方法问题的研究推陈出新，包括历史学在内的多个学科都出现了重新认识阶级分析方法、运用阶级分析方法透析历史问题和理解现实趋势的回温，这些研究也被赋予较强的时代特色，增进了对当代历史发展的认识，主要集中在以下两个方面：

一是对阶级分析方法的理论探讨，包括对马克思主义阶级理论的重新解读、对阶级理论中国化的探讨等。王贵仁讨论了唯物史观"阶级观点"中国化的核心，对"阶级观点"溯源的流变、在中国的传播与构建、中国化的内涵及意义进行解读。认为阶级观点的传播与单纯的学术思想传播不同，是理论与现实双重轨道运行的结果，既是一种西学东渐的社会思想传播的过程，也是当时国人对西

---

[1] 王广：《阶级分析方法仍是认识历史、把握历史的科学方法》，《史学理论研究》2022 年第 3 期。

方社会结构和社会革命观察认识的过程。① 王广认为阶级分析法作为一种突出强调从社会历史的深层和宏观结构出发来解释历史的科学研究方法，可以有效廓清在历史发展的本质、规律、动力等一系列重大问题上的迷思。他从我国学界看待和运用阶级分析方法的几个阶段、阶级分析方法对深化史学研究具有不可替代的重要价值的基础上，提出了要立足新时代，更好地坚持、丰富、发展阶级分析方法。② 赵庆云认为马克思和恩格斯自始即以阶级斗争为基本线索去观察分析历史与社会现实，中国史家接受、认知阶级理论，并将之应用于史学研究实践，经历不断发展嬗变的过程，且与政治形势变化密切相关。在阶级观点的引导下，马克思主义史家不仅改变了价值立场，也改变了史料眼光和研究方式，更加关注"草根"的声音。③ 李斌认为以往的历史研究出现了两个误区，一个是将历史上丰富复杂的阶级关系简单化，另一个是在历史研究中放弃阶级分析方法。阶级分析只能建立在大量具体问题的研究之上，不能用现在的阶级概念去比附历史上的阶级情形，历史研究也只有贯彻了阶级分析方法，才能揭示历史本质，充分发挥以史为鉴的功能。④

---

① 王贵仁：《20 世纪上半期唯物史观"阶级观点"中国化论析》，《史学理论研究》2015 年第 4 期。

② 王广：《阶级分析方法仍是认识历史、把握历史的科学方法》，《史学理论研究》2022 年第 3 期。

③ 赵庆云：《阶级理论与马克思主义史学》，《史学理论研究》2022 年第 3 期。

④ 李斌：《坚持和发展立足于历史实际的阶级分析方法》，《史学理论研究》2022 年第 3 期。

　　二是阶级分析方法在历史研究中的应用，包括对不同历史时期的阶级结构和阶级斗争的研究、对历史事件和历史人物的阶级分析等。荆腾分析了恩格斯对"德国农民战争"起源的社会阶层分析，理解农民战争作为"早期资产阶级革命"的关键问题则在于"平民"阶层。恩格斯解释"德国农民战争"的核心路径并非很多学者所理解的单纯的宏观经济解释，而是以人为着眼点，综合考察各社会阶层的生活处境和生活方式。① 夏静认为理解中共如何使用"阶级"话语分析中国革命性质，划分革命敌友，开展革命实践，构成了我们理解中国革命的一条重要途径。② 庞卓恒反驳了"马克思主义只能讲人的阶级性，不能讲人类本性"的根深蒂固的理论偏见，认为唯物史观中包含着一个科学的人类本性论，不理解马克思的科学的人类本性论，就不能正确理解人的阶级性。③ 朱英通过对章开沅与辛亥革命和中国资产阶级的研究进行讨论，认为章开沅在坚持马克思主义指导的前提下，开创了"社会历史土壤学"这一辛亥革命史与中国资产阶级研究的新范式，并从概念、模式、类型、布局等若干方面提出改进研究中国资产阶级方法的一系列精辟见解。④

---

　　① 荆腾：《恩格斯的〈德国农民战争〉及其史学意义》，《世界历史》2016 年第6 期。

　　② 夏静：《阶级分析是理解 20 世纪中国革命的重要取径》，《史学理论研究》2022 年第 3 期。

　　③ 庞卓恒：《人类本性和人的阶级性》，《史学理论研究》2022 年第 3 期。

　　④ 朱英：《章开沅与辛亥革命和中国资产阶级研究》，《史学理论研究》2017 年第4 期。

其三，"五朵金花"的评价问题。

"五朵金花"是由向达、翦伯赞首先提及的中国古代史研究的五个重大历史理论问题，分别是古史分期问题、封建土地所有制问题、资本主义萌芽问题、农民战争问题和汉民族形成问题，并很快以其强烈的问题意识而在史学研究中广受关注，盛开于新中国成立后的17年。不同历史时期对"五朵金花"的研究有不同的重点和方向，对"五朵金花"的评价是中国马克思主义史学的发展脉络中一个重要的理论问题。"五朵金花"的绽放是建设与充实中国马克思主义史学学术体系的集中反映。① 经过一段时间的沉寂，"五朵金花"在21世纪之后重新以反思的形式出现。新时代以来"五朵金花"蕴含的深层学术价值被重新挖掘，其思考宏观问题和理论问题的特点也受到学界的重视，主要集中在以下两个方面：

一是对"五朵金花"学术成就的评价，对"五朵金花"的研究成果和研究理路进行回顾、重温与反思。张越回溯了"五朵金花"称谓及其由来，列举了新中国成立后的17年"五朵金花"的研究成果，认为古史分期问题以及由此延伸出的封建土地所有制形式和资本主义萌芽问题，是在运用社会经济形态理论研究中国历史的过程中，结合中国历史特征作兼具史料与理论综合考察的重要问题。汉民族形成问题则具有重大现实意义。农民战争问题虽受到政治因素影响甚大，却由于全面颠覆传统史学对农民战争问题的负面评价

---

① 张越：《"五朵金花"问题再审视》，《中国史研究》2016年第2期。

使得在这一研究领域呈现出广阔的研究空间。① 朱春龙重新评估了"旧史家"（以考证见长的史家）与"五朵金花"的关系，认为"旧史家"对"五朵金花"讨论中简单化、教条化、机械化地阐释与分析问题方法进行了反省与抵制。② 李治安则侧重于对新中国成立后的 17 年时期"五朵金花"探讨的成绩与失误进行评述，并将时段拉长，关注改革开放以来中古史多样性实证研究的迅猛发展，认为这是对 1949—1966 年间"五朵金花"基本问题和宏观问题的理论探索的一种"拨乱反正"。③

二是对"五朵金花"在马克思主义史学中地位的评价，总结了"五朵金花"对中国历史研究的影响与贡献，并对新时代"五朵金花"的新研究进行展望。高希中认为，"五朵金花"从长时段、整体视野关注和研究中国历史上的重大问题，运用跨学科方法对历史进行研究，促进历史研究从精英史到民众史的结构性转换，时代虽已变迁，但其学术价值和理论意义并未削弱，仍具有强大的生命力，建设具有鲜明中国特色、中国风格、中国气派的新时代中国历史科学，必须坚持中国马克思主义史学优良传统，积极回应时代命题。④

---

① 张越：《"五朵金花"问题再审视》，《中国史研究》2016 年第 2 期。
② 朱春龙：《"旧史家"与"五朵金花"的讨论（1949—1966）》，《史学理论研究》2015 年第 2 期。
③ 李治安：《从"五朵金花"到"皇权""封建"之争》，《中国经济史研究》2020 年第 5 期。
④ 高希中：《"五朵金花"并未凋谢》，《历史评论》2020 年第 4 期。

其四，唯物史观在当代中国的创新性发展问题。

除了以上对三个经典问题的具体研究外，还有不少学者对唯物史观在当代的重建进行了整体性的研究。董彪从价值论的角度出发，认为重建唯物史观要从价值论角度进一步拓展和深化对实践概念的理解，建立实践—价值理性，从文化价值哲学的角度重新理解传统唯物史观的原理框架，形成新的辩证时空结构，推动唯物史观理论范式的深层转换。① 田鹏颖、綦玮认为当代中国马克思主义始终秉承马克思唯物史观解释框架，在世界多极化、经济全球化、社会信息化、文化多元化发展图式下，以新时代中国特色社会主义伟大实践为基点，创造性发展唯物史观及其叙事结构。② 陈新夏认为唯物史观价值取向当代建构的一个重要前提是确定其建构路径，要体现在唯物史观变革内容上，阐明唯物史观对历史上优秀价值观念的继承和发展；要体现在唯物史观历史演变上，阐明以人的发展为核心的价值取向在唯物史观演变过程中其地位和作用的变化；要体现在唯物史观理论体系的建构中，将以人的发展为核心的价值取向确立为唯物史观理论的基本价值维度。③ 孙洁民从唯物史观的方法论革命与方法论内核的角度认为唯物史观既不是实证主义，也不是追求某种至高存在的思辨哲学，更不是对二者的调和，而是二者的有机

①　董彪：《价值论研究与唯物史观的重建》，《清华大学学报》2013 年第 4 期。

②　田鹏颖、綦玮：《当代中国马克思主义对唯物史观的创造性发展》，《中国人民大学学报》2020 年第 2 期。

③　陈新夏：《唯物史观价值取向当代建构的路径》，《北京师范大学学报》2021 年第 6 期。

统一。① 王菲、周振国讨论了以人民为中心的发展思想对唯物史观中国化的理论贡献，认为以人民为中心的发展思想作为习近平新时代中国特色社会主义思想体系的价值核心，构建了人民本位的发展主体观、生产力决定论与人民主体论相统一的实践逻辑，是对马克思主义历史主体思想的创造性运用和发展。②

可见，新时代以来马克思主义史学对唯物史观的创新性发展揭开了新的篇章，从最初对基本问题的分析进入反思、评价、再深入的阶段，在已有的研究基础上推陈出新，更加重视对历史过程的理论解释和对历史主体、历史地位的探讨。在研究的过程中，学者们加入了对比视角、全球化视野，更加关注现实和政党问题，关注世界范围内的历史发展和史学理论成果，为唯物史观的研究提供了新的角度和思路。除此以外，新时代以来学者们更加重视对唯物主义方法论的总结与评价，以社会经济形态问题、阶级分析方法问题为主，并结合新时代的实际需求，不断探索并丰富了唯物史观研究的多元性。

二、马克思主义与中华优秀传统文化相结合的问题

马克思主义与中华优秀传统文化结合的思想渊源和历史实践可

---

① 孙洁民：《论唯物史观的方法论革命与方法论内核——实证科学与唯物辩证法的有机统一》，《东南学术》2021 年第 2 期。

② 王菲、周振国：《以人民为中心发展思想对唯物史观中国化的理论贡献》，《河北学刊》2020 年第 6 期。

以追溯到中国共产党早期领导人对于中华优秀传统文化价值的重视。在建党初期，毛泽东等就已经深刻认识到中国革命的文化问题，提出了马克思主义与中国实际相结合的思想，同时也在探索如何将马克思主义与中华优秀传统文化相结合。

中国特色社会主义进入新时代，马克思主义与中华优秀传统文化的结合成为重要的研究课题。习近平总书记反复强调文化自信、文化繁荣、建设文化强国的重要性，指出："中国共产党人不是历史虚无主义者，也不是文化虚无主义者。我们从来认为，马克思主义基本原理必须同中国具体实际紧密结合起来，应该科学对待民族传统文化，科学对待世界各国文化，用人类创造的一切优秀思想文化成果武装自己。"① 在对马克思主义与中华优秀传统文化进行结合的过程中，学者们用唯物史观对中华优秀传统文化的作用和影响进行了全面、客观的评价，并应用至实践之中，开展了中国特色社会主义文化建设，弘扬了大国的文化自信，新时代以来对马克思主义与中华优秀传统文化相结合的研究呈现出新的面貌，体现在以下两方面：

其一，马克思主义与中华优秀传统文化相结合的路径。

马克思主义与中华优秀传统文化具有相似的价值观念，关注社会和人类的发展，重视人的本质和精神层面的发展，二者的结合具有契合性和必然性。如郑元凯所说："将马克思主义真理光辉和中华

---

① 习近平：《在纪念孔子诞辰 2565 周年国际学术研讨会暨国际儒学联合会第五届会员大会开幕会上的讲话》，《人民日报》2014 年 9 月 25 日。

优秀传统文化智慧光芒统一在一起，让二者在彼此互动与相互滋养下融合再生，生成了引领中国特色社会主义伟大事业的精神支柱与文化源泉，为中国式现代化与人类文明新形态赋予了全新的思想底蕴与文化底色。"① 因此，马克思主义与中华优秀传统文化相结合的路径研究成为重要的主题。欧阳军喜从初步实践、理论自觉的角度论述了二者结合的开创意义，分析了马克思主义同中华优秀传统文化相结合的新境界，并且提出了马克思主义与中华优秀传统文化相结合的两种含义，一方面是用马克思主义激活中华优秀传统文化，推动中华优秀传统文化创造性转化和创新性发展；另一方面是充分吸收中华优秀传统文化的丰厚滋养，发展当代中国马克思主义、21世纪马克思主义。② 王易提出，中华优秀传统文化的创造性转化和创新性发展归根到底，就是要根据时代发展的客观需要，对中华优秀传统文化作出新的选择、诠释和更新，使之与当代社会相适应，与现代文明相协同，为经济社会发展提供动力。③ 何中华认为二者的结合既是马克思主义在中国的传播史和接受史所展现的过程，同时又是一个不断地向未来敞开的过程，这不仅是一个理论问题，还是一个实践问题。随着马克思主义基本原理同中国具体实际相结合

---

① 郑元凯：《马克思主义基本原理同中华优秀传统文化相结合的理论旨趣、逻辑依据与价值意蕴》，《中共福建省委党校（福建行政学院）学报》2022 年第 6 期。

② 欧阳军喜：《马克思主义同中华优秀传统文化相结合的百年实践》，《历史研究》2021 年第 6 期。

③ 王易：《坚持马克思主义基本原理同中华优秀传统文化相结合》，《中国社会科学报》2021 年第 3 期。

的深入和拓展，必将在更本质的层面上触及同中华优秀传统文化的深度融合与会通。需要我们进一步增强文化上的自我意识，自觉地融入中国文化元素，使 21 世纪中国马克思主义具有更鲜明的民族形式，在共同应对未来挑战、回答时代质询的过程中，进一步实现彼此的融合会通。① 王易、倪圣茗认为在新时代中国特色社会主义的时空条件下推动马克思主义基本原理同中华优秀传统文化相结合，要做到巩固和强化马克思主义的指导地位，探索保留差异的融通之路，推动中华优秀传统文化创造性转化和创新性发展，坚持和发展原创性理论成果与变革性发展道路，聚焦"两个大局"提出的时代课题，植根于广大人民群众的生动实践。② 都培炎认为，哲学自觉是马克思主义与中华优秀传统文化结合的核心，关键在于抓住文化的核心和精髓，这就是作为时代精神之精华的马克思主义哲学。马克思主义与中华优秀传统文化的认同性和异质性，决定了马克思主义与中华优秀传统文化结合的基本原则，是在批判和传承中华优秀传统文化中走向新的创造。③ 王敏从历史、理论、实践、价值四个维度出发，认为爱国主义为中国人民选择和传播马克思主义提供了精神动力，中国哲学与马克思主义哲学的相通性为中国人民接受马

---

① 何中华：《开辟马克思主义基本原理同中华优秀传统文化相结合新境界》，《中国社会科学报》2021 年第 2 期。

② 王易、倪圣茗：《论马克思主义基本原理同中华优秀传统文化相结合的实践进路》，《思想理论教育》2022 年第 5 期。

③ 都培炎：《马克思主义与中国传统文化相结合的核心、原则与趋向》，《思想理论教育》2014 年第 12 期。

克思主义提供了文化土壤，中国共产党领导中国人民进行革命、建设和改革的伟大实践是马克思主义基本原理同中华优秀传统文化相结合的实践基础，马克思主义基本原理同中华优秀传统文化相结合推动了当代中国马克思主义、21 世纪马克思主义和中华优秀传统文化创造性转化和创新性发展的进程。[①]刘建军讨论了马克思主义基本原理同中华优秀传统文化相结合提出的前提语境、理论逻辑、语义分析、必要性、可能性、原则要求，认为"二者之所以能够实现相结合，是由马克思主义基本原理的普世性和中华优秀传统文化的包容性等所决定的，是由双方视域、内容和方法上的契合性所决定的"[②]。付粉鸽、李强从民本主义的角度出发，探讨了马克思主义中国化的本土文化基因，认为学界多从外缘性的角度分析和探讨马克思主义在近代中国的传播、马克思主义中国化的问题，这种看法有其盲点，它将马克思主义作为外来思想，与中国传统价值观念置于对立状态，我们更应该看到两者之间的内在亲和性。民本主义作为前近代中国社会的"基体"，决定了马克思主义中国化的基本形态，而中国共产党人提出的群众观点、群众史观，都是在此一基体影响下形成的马克思主义中国化科学理论体系。在中国特色社会主义进入新时代的历史背景下，处理好马克思主义与中华优秀传统文化之

---

① 王敏:《马克思主义基本原理同中华优秀传统文化相结合的四个维度》,《马克思主义理论学科研究》2022 年第 9 期。

② 刘建军:《论马克思主义基本原理同中华优秀传统文化相结合》,《中国人民大学学报》2021 年第 6 期。

间的关系、实现好中华优秀传统文化的创造性转化和创新性发展，以民本主义为代表的中国传统社会核心价值观念，依然能够发挥其文化基因的作用。① 韩震分析了中国化时代化马克思主义的文化根基，涉及价值观的契合性、世界观方法论的共同性、语言话语方式的近似性等。②

其二，马克思主义与中华优秀传统文化相结合的时代意义。

马克思主义与中华优秀传统文化相结合具备强大的时代意义，二者的结合培植了文化自信、理论自信，促进了中华文明的传承与创新，推动了中国式现代化进程，是马克思主义中国化的重大理论进步，为建设社会主义文化强国提供了重要基因。这种结合还有助于世界范围内不同文化的相互交流和理解，有助于各国人民更好地认识和理解彼此的文化，推动人类文明的共同进步。因此，研究马克思主义与中华优秀传统文化相结合的时代意义具有跨越时间、国度的价值。姜辉认为二者的结合立足时代需要，将中华优秀文明成果创造性地转化为国家治理体系和治理能力现代化的重要支撑、文化自信的重要基础、中国特色社会主义的核心价值观、中国道路的历史基础、中国精神，以新的时代内涵丰富中华文明，以文明之光照亮复兴之路，展示出人类文明发展的新路径和新样态。③ 郑元凯

① 付粉鸽、李强：《民本主义：马克思主义中国化的本土文化基因》，《浙江社会科学》2019 年第 12 期。

② 韩震：《中国化时代化马克思主义行的文化根基》，《江苏社会科学》2023 年第 1 期。

③ 姜辉：《"两个结合"是马克思主义中国化的必然途径》，《当代中国史研究》2021 年第 5 期。

认为"马克思主义基本原理与中华优秀传统文化相结合"这一重大论断，建构了"马克思主义中国化何以可能"新的解释范式，弥合了二者之间存在的思想分野。回顾二者之间的内在契合性，能够进一步确证二者相结合的历史必然与文化应然，构建新时代"文化自信"的心理基石。① 辛莹、周向军认为中华优秀传统文化与马克思主义文化理论是我国社会主义文化建设的两大思想资源。新的历史条件下，马克思主义文化理论与中华优秀传统文化的有机融合，是中国特色社会主义文化建设的必由之路。② 管宁分析了当代中国马克思主义的文化境界，认为新时代开启的全面建设社会主义现代化国家新征程，优秀传统文化全面、自觉的传承弘扬成为重要时代主题，中华文明中整体思维、天人合一、和合思想与胸怀天下等优秀文化基因，再次迸发出旺盛的生命力，成为习近平新时代中国特色社会主义思想的文化基础，并在建功新时代中凝聚、成就为中华文化和中国精神的时代精华，实现了马克思主义中国化新的飞跃。③ 贾雷认为马克思主义基本原理同中华优秀传统文化相结合既是"马克思主义中国化"这一命题的应有之义，更是以习近平同志为核心的党中央基于新的历史方位和实践要求作出的重大理论创新，对不

---

① 郑元凯：《马克思主义基本原理同中华优秀传统文化相结合的理论旨趣、逻辑依据与价值意蕴》，《中共福建省委党校（福建行政学院）学报》2022 年第 6 期。

② 辛莹、周向军：《马克思主义文化理论在当代中国的传承与创新》，《东南学术》2015 年第 1 期。

③ 管宁：《中华文化沃土孕育的时代精华——当代中国马克思主义的文化境界》，《福建论坛》2022 年第 2 期。

断谱写马克思主义中国化时代化新篇章具有重大意义。^①董学文认为，马克思主义基本原理同中华优秀传统文化相结合是马克思主义理论尤其是文化理论的重大发展，是马克思主义中国化、时代化的重要举措，是中国共产党领导能力强大的表现，中华优秀传统文化已经成为东方文化的典型代表，成为中国人表达自己对社会、人生和世界发展看法的有别于西方的话语体系。^②李毅也有相似的看法，认为"两个结合"是新时代中国特色社会主义原创性的贡献，是马克思主义中国化内涵的丰富发展，是马克思主义中国化规律性认识的新提升，是马克思主义中国化新飞跃的重要思想标识，开辟了马克思主义中国化时代化的新境界，是实现中华民族伟大复兴的必然逻辑，强化的是民族复兴必然伴随文化复兴的自觉，为推进中华优秀传统文化的创造性转化、创新性发展指明了方向、提供了遵循。^③也有学者认为"两个结合"符合我国社会主义核心价值观的基本内涵。张廷干分析了马克思主义与中华优秀传统文化融合的话语逻辑，从文化形态及其实践理性的角度入手，认为马克思主义中国化在文化实践层面所提出的要求正是我国当前社会主义核心价值观及其精神生态的现代建构。^④

---

① 贾雷：《深刻把握马克思主义基本原理同中华优秀传统文化相结合的重大意义》，《党建》2023 年第 2 期。

② 董学文：《马克思主义基本原理同中华优秀传统文化相结合的重大意义》，《中国高校社会科学》2022 年第 6 期。

③ 李毅：《从"一个结合"到"两个结合"不断开辟马克思主义中国化时代化新境界》，《马克思主义研究》2022 年第 12 期。

④ 张廷干：《马克思主义与传统文化融合的话语逻辑》，《学海》2013 年第 6 期。

三、马克思主义世界历史理论与全球化问题

马克思世界历史理论是马克思主义关于人类社会发展历程的理论体系，该理论认为，人类社会的发展是一个辩证的历史过程，具有一定的阶段性和方向性，人类社会从原始社会、奴隶社会、封建社会、资本主义社会，最终进入社会主义社会和共产主义社会是必然趋势。世界历史的物质基础是生产方式的变革，它是以生产力的普遍发展和与此相关的世界交往的普遍发展为前提的，人类社会发展的历史过程，注定由原始封闭的民族历史向广阔的世界历史转变，这个转变的过程就是人类不断打破地域的限制和克服各种局限而获得完全解放的过程，是世界各民族互相依存并走向统一的过程。

新时代以来，马克思主义世界历史理论依然是中国马克思主义史学研究的重点关注对象。研究主要集中在以下三个方面：

其一，马克思主义世界历史理论与全球化。

马克思主义世界历史理论直接面向了全球化的问题，启示我们全球化并不是一种超越历史的全新现象，而是人类社会发展的一种必然趋势，全球化所带来的机遇和挑战，都应该在世界历史理论的框架下理性看待和分析。继续深入研究马克思主义世界历史理论为我们提供了一种全球视野下的历史发展框架，帮助我们更好地理解世界历史和不同国家的发展脉络。越来越多的学者开始关注马克思主义世界历史理论的深层逻辑、全球化视域下马克思主义世界历史理论的当代价值和马克思主义世界历史理论的全球化问题。陈劲松、

王夏雨分析了马克思有关全球化的概念表述，历史越来越多地呈现为世界历史，推动世界历史的根本动力在于生产和交往，马克思世界历史理论为我们参与全球化进程并积极应对各种"逆全球化"论调提供了深刻的理论指导。[①] 乔玉强、冯霞考察了马克思主义世界历史理论语境下的全球化和逆全球化，对逆全球化的生成和影响进行批判性反思，中国方案作为马克思主义世界历史理论的时代化发展和全球化运用，顺应世界历史发展规律，通过对资本逻辑进行批判性扬弃，在价值基础、实践动力和范式转换等方面实现了对资本全球化的整体性超越，为破解资本全球治理困境、引领新型全球化构建贡献了中国智慧。[②] 李建群、肖英则深入探讨全球化进程中隐含的价值冲突，认为全球化是人类历史发展的必然选择，它表现在世界不同民族国家及其结构、关系的变革与运动之中，也反映在人类的精神与观念的变革之中，这种全球化的观念体现了人类精神在不同发展阶段的基本诉求与价值取向。[③]

其二，马克思主义世界历史理论与人类命运共同体。

马克思主义世界历史理论为我们构建人类命运共同体提供理论支撑，也为人类社会破解旧难题找到了新的发展道路、指明了正确

---

① 陈劲松、王夏雨：《马克思的全球化视野及其当代意义》，《江西社会科学》2022 年第 2 期。

② 乔玉强、冯霞：《批判与超越：马克思世界历史理论视域下的逆全球化反思》，《河南大学学报》2021 年第 1 期。

③ 李建群、肖英：《全球化进程中的价值冲突与价值选择》，《中国人民大学学报》2019 年第 1 期。

方向。新时代以来，学界对马克思主义世界历史理论视域下人类命运共同体理念研究、马克思主义世界历史视域下的全球治理的研究越来越多。尚晶晶认为构建人类命运共同体是把世界历史思想的理论逻辑和人类社会发展的实践逻辑结合起来，"现实的人"作为马克思主义世界历史理论的精髓要义是构建人类命运共同体的理论基础，以生产力的提升作为历史发展动力，以实现人的自由全面发展作为历史发展指向。人类命运共同体是对马克思主义世界历史理论的现实展开，具有价值情怀、道义情怀、大国情怀。① 王公龙分析了马克思主义世界历史理论语境中的全人类共同价值，剖析了人类社会的哲学立脚点、历史转向世界历史的基本逻辑、全人类解放的价值理想，进一步阐述了全人类共同价值的世界历史意蕴和历史意义，为构建人类命运共同体提供价值支撑，为构建新型国际关系提供价值准则，为推进全球治理提供价值定向，为重塑文明间关系提供价值指引。② 秦龙、刘禹杉从历史逻辑、理论逻辑、实践逻辑的角度论述了人类命运共同体是对马克思主义世界历史理论的时代延续、承继发展、现实展开，并进行了必要性、现实性、可行性的讨论。③ 郭鹏、甄红菊认为世界性与历史性本身正是马克思、恩格斯

---

① 尚晶晶：《马克思世界历史理论视域下人类命运共同体的实践理路》，《学校党建与思想教育》2022 年第 22 期。

② 王公龙：《马克思世界历史理论语境中的全人类共同价值》，《学术月刊》2022 年第 7 期。

③ 秦龙、刘禹杉：《马克思世界历史理论与人类命运共同体的耦合——历史、理论与实践》，《南开学报》2022 年第 2 期。

创立的庞大理论体系的鲜明的视域特质和认知维度，马克思主义世界历史理论是人类命运共同体的思想溯源，人类命运共同体是对马克思主义世界历史理论的继承和创新，人类命运共同体相较于马克思主义世界理论的革命性是站在当今世界大变局的更高位，站在全人类、整个世界的立场，去思考并重塑人类文明发展的方位。^①孔伟认为马克思的共同体思想在反思传统共同体基础上，深刻地批判了现代社会的抽象共同体和虚假共同体，提出了构建人类真正共同体的思想；同时，马克思的"自由人联合体"思想在全球化背景下也具有重大现实意义。^②王雨辰从全球环境治理的角度指出以人类命运共同体理念为基础的全球环境治理的中国方案，是根据当代全球生态危机的现实，在对马克思主义理论和中华优秀传统文化的继承和发展的基础上，超越了西方"深绿""浅绿"和"红绿"思潮的生态治理理论，化解不同民族国家的生态利益矛盾，倡导生态文明发展道路，是新型全球环境治理理论，可作为当代全球环境治理的科学理论指南。^③吴宏政认为基于唯物史观的发现，马克思完成了对近代西方世界历史理论的范式革命，开创了世界历史理论的"唯物史观范式"。由此，马克思主义世界历史理论的叙事主题也发生了

---

① 郭鹏、甄红菊：《马克思世界历史理论视域中的人类命运共同体》，《学术探索》2022 年第 11 期。

② 孔伟：《哲学视域中的共同体理论——兼论马克思的共同体思想及其当代意义》，《中国人民大学学报》2018 年第 3 期。

③ 王雨辰：《人类命运共同体与全球环境治理的中国方案》，《中国人民大学学报》2018 年第 4 期。

根本变革，即人类自身向着自己命运主宰者的回归。进入 21 世纪，在"百年未有之大变局"的时代判断下"构建人类命运共同体"构成了 21 世纪马克思主义世界历史观的叙事主题。①

其三，马克思主义世界历史理论与全球史研究。

新时代以来，马克思主义史学对马克思主义世界历史理论的实践和应用进行了更加深入的探讨，其中还涉及全球史的当代史学潮流和东西方文明的比较问题。全球史既反映了马克思主义世界历史理论的深刻内涵，也反映了当今史学的新视野，还是今日中国与世界关系的学术体现。曹小文分析了马克思主义史学全球化在中国的尝试，认为对于马克思主义史学全球化与本土化关系这一重要问题的研究，还需要随着具体历史研究的深化而不断深化和系统化。②曹小文还认为，当今世界范围内全球史研究形成了试图摆脱传统民族—国家话语与突破西方中心话语藩篱的两种重要趋向，我们所追求的具有中国特点的全球史，是基于全球视野对中华民族发展长河中重大历史问题的重新解读，是以马克思主义唯物史观为指导，探索中国历史之世界意义与世界历史之中国影响的新型世界通史。③陈廷湘从全球史的角度对中国人民在世界反法西斯战争中为人类文

① 吴宏政：《21 世纪马克思主义世界历史观的叙事主题》，《中国社会科学》2021年第 5 期。

② 曹小文：《马克思主义史学全球化的中国探索——评〈马克思主义史学思想史〉》，《中国史研究》2018 年第 3 期。

③ 曹小文：《全球史研究：对民族—国家话语的反思与构建》，《史学理论研究》2021 年第 4 期。

明进步作出的贡献进行阐释，认为中国在重建战后国际社会文明纽带的过程中为人类文明的进步作出重要贡献。① 张旭鹏则反思了史学界以全球史视角编撰世界史的潮流，认为后殖民视角下的世界史研究，以及作为潜在的世界史编纂模式的跨民族史或区域史的进展，在本质上都是对全球史偏重整体性和一致性，而忽视地方差异和多样化的一种纠正。② 刘新成认为目前全球史的繁荣在很大程度上是因为人类面临许多新的挑战，而就当下问题向历史求解，几乎是人类的一种本能。全球史以"文明互动"为主线来构建理论体系，其间全球化研究起到助推器作用。③ 对全球史进行扩展还涉及东西方文明比较的问题。李友东提出了东西方文明比较中有两种不同的视角，一种视角是二元对立论的视角，主要从政治制度和文化价值观着眼，认为东西方文明具有截然相反的文明基质，另一种是马克思主义的视角，以生产生活方式的深层特质为比较的着眼点，认为东西方文明都是社会基本规律的具体展现，东西方文明存在规律上的共同性；但在各不相同的时空条件制约下，二者在表现形态和具体道路上又存在差异，价值取向上互有短长。④

---

① 陈廷湘：《全球史观视野下的中国反法西斯战争》，《历史研究》2015 年第 4 期。

② 张旭鹏：《超越全球史与世界史编纂的其他可能》，《历史研究》2013 年第 1 期。

③ 刘新成：《文明互动：从文明史到全球史》，《历史研究》2013 年第 1 期。

④ 李友东：《东西方文明比较中的两种不同视角》，《史学理论研究》2014 年第 1 期。

四、树立历史自信与批判历史虚无主义问题

历史虚无主义是一种具有社会危害性的社会思潮和思想现象，它的观点是从根本上否定马克思主义的指导地位和中国走向社会主义的历史必然性，因此，我国的马克思主义学者对此进行了富有成效的剖析与批判。面对肢解、曲解中国历史，否定、歪曲近现代以来中国历史发展道路的历史虚无主义的立场、观点和方法，我们更应该树立历史自信，运用历史唯物主义的基本观点和方法来辨识，暴露出历史虚无主义的本质。如卜宪群所言："正确的历史认识是现实的起点，是否能够正确看待历史特别是本民族历史，更是一个民族成熟与否的标志。因此，辨析历史虚无主义思潮的实质，还原其本来面目，既是关系到中国史学健康发展的问题，也是关系到如何正确认识中华传统文化、中国近现代以来历史发展道路的问题，更是关系到国家和民族未来发展方向的大问题。"[1] 新时代以来，许多历史研究的专家以笔谈、辩论等形式对历史虚无主义进行系统反思和批判，揭开了历史虚无主义的本来面目，树立历史自信。

其一，揭露历史虚无主义的本质和危害。

史以明道，史以明德，史以认同，史以资鉴，历史对于国家、民族、社会、家族、个人都有着深入且长远的影响。习近平总书记也强调："世界的今天是从世界的昨天发展而来的。今天世界遇到的

---

[1]　卜宪群：《历史唯物主义与历史虚无主义琐谈》，《历史研究》2015 年第 3 期。

很多事情可以在历史上找到影子，历史上发生的很多事情也可以作为今天的镜鉴。重视历史、研究历史、借鉴历史，可以给人类带来很多了解昨天、把握今天、开创明天的智慧。所以说，历史是人类最好的老师。"[①]"灭人之国，必先去其史"，足以见得历史虚无主义对于一个国家和民族的危害。历史虚无主义像"糖衣炮弹"，腐蚀性高，后患无穷。

不少学者从历史观的角度条理清晰地揭露了历史虚无主义的本质与危害。卜宪群考察了历史虚无主义的历史观、基本方法和立场，认为历史虚无主义历史观全盘否定中华传统文化的渊源、内涵及存在价值，采取片面、孤立、曲解的方法观察传统文化和中国近现代历史，否定传统文化在中华文明传承中的历史意义，在如何看待近现代以来的中国历史发展道路上，全盘否定鸦片战争以来中国人民反帝反封建、争取民族独立和国家自由的革命的合法性，否定中国共产党的领导。[②] 于沛则通过剖析后现代主义历史观，认为历史虚无主义虽有诸多表现形式，但有一点共同的，那就是都建立在历史唯心主义的理论基础上。正是在这个立场上，历史虚无主义和后现代主义思潮历史观有了共同的语言。[③] 郑师渠认为历史虚无主义是一种非理性的社会思潮和思想倾向，主要特征为：一是否定历史的价值，尤其对本国历史缺少应有的敬意；二是借口历史认知存在相

---

① 《习近平致第二十二届国际历史科学大会的贺信》，《人民日报》2015 年 8 月 24 日。

② 卜宪群：《历史唯物主义与历史虚无主义琐谈》，《历史研究》2015 年第 3 期。

③ 于沛：《后现代主义历史观和历史虚无主义》，《历史研究》2015 年第 3 期。

对性，随意歪曲历史真相，抹杀历史认知中既有的真理性，陷入相对主义。① 武力更多地从历史和时代背景角度考察了历史虚无主义出现的根源，认为历史研究和历史知识的传播中的历史虚无主义思潮有着深刻的国际、国内背景，有其存在的经济和文化土壤，彻底消除将会是一个较长的过程，因此需要更多地从历史观和方法论的角度来正本清源、拨乱反正。② 沈江平从哲学维度出发，认为历史虚无主义经历了从哲学思潮走向政治思潮的转变，实质上是一种唯心主义历史观，采取非此即彼的二元对立分析架构，采取以主观代替客观、细节代替整体、解构代替发展的逻辑路径，形而上学地看待历史，否弃历史辩证法和人类社会历史发展一般规律。要从哲学视域评判历史虚无主义，就必须回归历史唯物主义的分析框架和基本原理视域，即坚持历史辩证法、坚持阶级分析法和从现实的人的活动出发，整体辩证地看待历史活动，在批驳历史虚无主义中不断深化历史问题研究。③ 杨志臣、蓝强则从"历史事实"的角度，强调在以后现代主义史学为背景的历史虚无主义视野中和在马克思新唯物主义视野中，"历史事实"呈现出的形象大为不同。历史虚无主义把"虚构"这一单维观念历史尺度作为解读"历史事实"的逻辑预设，或者通过过度张扬史家的主体因素解释历史，或者通过解构

---

① 郑师渠:《当下历史虚无主义之我见》,《历史研究》2015 年第 3 期。
② 武力:《唯物史观视角下的历史虚无主义辨正》,《历史研究》2015 年第 3 期。
③ 沈江平:《"历史虚无主义"的历史唯物主义评判》,《中国高校社会科学》2021 年第 3 期。

宏大历史叙事的语言叙事方式解释历史，虽然形式表现不一，却都是对"历史事实"的遮蔽。①

多名学者也提醒了历史虚无主义背后的政治意图。马振江认为历史虚无主义否定代表人类社会发展趋势的共产主义社会的存在，其根本用意就是为现存的资本主义制度辩护，将资本主义打造为历史进程的终极版本，企图颠覆社会主义制度。②夏春涛、左玉河、吴英、高希中批判了帝国主义侵华"有功"论、中国非社会主义论、否定传统文化论，认为历史虚无主义打着学术的旗号，但其背后的政治意图是明确的，那就是企图改变中国的社会主义发展道路，将中国引向资本主义的歧路，是一种反动的政治思潮。③张博、孙兆阳列举了近年来历史虚无主义渗透传播的主要手法，并指出其政治指向和现实危害，要采取扎实有力的举措予以抵御和应对，才能有效维护国家的政治安全和意识形态安全，建强思想阵地，坚持"四个自信"，抓好"四史"教育。④王皓月以道教历史研究为例，探讨历史虚无主义在道教研究中的表现，指出其方法论上的谬误，强调在当代中国的语境之中，作为政治思潮的历史虚无主义受到了学界

① 杨志臣、蓝强：《马克思新唯物主义视野下的历史事实》，《东南学术》2017 年第 1 期。

② 马振江：《对历史虚无主义"虚无"的批判——兼论历史唯物主义在新时代的坚持和发展》，《马克思主义研究》2020 年第 2 期。

③ 夏春涛、左玉河、吴英、高希中：《历史虚无主义解析》，《史学理论研究》2019 年第 3 期。

④ 张博、孙兆阳：《廓清历史虚无主义的迷雾》，《史学理论研究》2021 年第 4 期。

深入而持续的批判。同时，我们也要对广义上的历史虚无主义进行反思，指出其错误的根源在于方法论的问题，不能认为历史虚无主义仅仅是政治话题，纯学术研究就与历史虚无主义无关。①

其二，坚持唯物史观与树立历史自信。

习近平总书记强调："要坚持用唯物史观来认识和记述历史，把历史结论建立在翔实准确的史料支撑和深入细致的研究分析的基础之上。"②"只有真正弄懂了马克思主义，才能在揭示共产党执政规律、社会主义建设规律、人类社会发展规律上不断有所发现、有所创造，才能更好识别各种唯心主义观点、更好抵御各种历史虚无主义谬论。"③新时代以来，学界围绕坚持唯物史观、树立历史自信展开了深入研究，马振江认为，历史唯物主义始终将人民群众放在社会主体的位置上，给了人民群众认识自身历史地位并自觉发挥其作用的强大武器，还指明了无产阶级实现彻底解放的道路。在如何坚持和发展历史唯物主义上，马振江认为在新时代，只有坚持历史唯物主义的历史性原则、实践性特质以及本质性批判，才能抵御和克服历史虚无主义对当代中国主流意识形态的侵蚀。只有对历史虚无主义歪曲历史唯物主义的观点进行剖析和批判，从基本理论上划清历

---

① 王皓月：《道教研究的历史虚无主义困境及出路》，《江淮论坛》2016年第5期。

② 《让历史说话用史实发言 深入开展中国人民抗日战争研究》，《人民日报》2015年8月1日。

③ 习近平：《在哲学社会科学工作座谈会上的讲话》，人民出版社2016年版，第11页。

史唯物主义与历史虚无主义的重大原则界限，才能正本清源，真正坚持和发展历史唯物主义。① 龚云认为要从根本上遏制历史虚无主义思潮，必须从人民立场、基本观点和科学方法上全面坚持历史唯物主义。要坚定用历史唯物主义批判历史虚无主义的信心，坚持历史唯物主义不仅能科学地认识历史，把握历史真相，遵循历史规律，而且能得到人民的支持，实现历史研究的社会价值最大化。② 瞿林东认为坚持和发展唯物史观，需要进一步营造马克思主义原著的理论氛围，运用唯物史观进一步总结、阐述中国史学的理论，从中国历史和中国史学实际出发提出问题、分析问题、获得新的结论。③ 张艳国认为从唯物史观的"革命性"影响来看，唯物史观对中国历史研究的价值取向、目标选择、路径依赖的影响是极其深刻而久远的，是值得深入研究的重大课题。④ 瞿林东从学科话语体系建设的角度出发，认为对待中国史学遗产问题需要从史学遗产研究中揭示或提炼出与相关学科密切联系的概念和观念，对史学批评史上有关的概念、观念作创造性的转化和创新性的发展，使之建构成合理的体系。⑤ 吴浩、蔡敏敏分析了当代中国史学界对唯物史观的理论认知与思考历经的

---

① 马振江：《对历史虚无主义"虚无"的批判——兼论历史唯物主义在新时代的坚持和发展》，《马克思主义研究》2020 年第 2 期。

② 龚云：《在批判历史虚无主义中坚持历史唯物主义》，《马克思主义研究》2016 年第 4 期。

③ 瞿林东：《在唯物史观指导下推动中国史学走向新的发展》，《史学理论研究》2015 年第 1 期。

④ 张艳国：《唯物史观对中国历史研究的价值意义》，《中国史研究》2018 年第 2 期。

⑤ 瞿林东：《唯物史观与学科话语体系建构》，《中国史研究》2018 年第 2 期。

五个阶段，认为从广度上而言，对唯物史观的思考从本体论范畴延伸至认识论与方法论范畴，完成了对整个唯物史观体系的认知。从深度上而言，对唯物史观本体论理论问题的认知得到极大深化。① 陈金龙讨论了中国共产党历史自信的生成机制，认为历史自信是在历史比较中生成的，基于大历史观，将历史置于纵深历史长河和宽广历史空间进行评价，是中国共产党历史自信生成的方法论基础。②

　　除了上述内容外，新时代以来还有不少学者都对历史虚无主义进行了全方位、深层次的批判，进行了具有科学性、合理性的诘问，对唯物史观、历史自信进行了贴合时代的阐述和升华，并且都有着共通的研究重点。相关研究涉及历史虚无主义思潮的成因、表现及其危害③，唯物史观在近现代中国的发展与马克思主义史家的实践④，

---

① 吴浩、蔡敏敏：《当代中国史学界对唯物史观的理论认知与思考历程》，《史学理论研究》2020 年第 5 期。

② 陈金龙：《论中国共产党历史自信的生成机制》，《北京大学学报》2023 年第 1 期。

③ 姜迎春：《论历史虚无主义思潮的成因、表现及其危害》，《当代中国史研究》2014 年第 6 期。

④ 参阅胡逢祥：《唯物史观与民国时期的马克思主义史学》，《史学理论研究》2014 年第 1 期；李勇：《郭沫若唯物史观接受史》，《史学理论研究》2017 年第 3 期；邹兆辰：《郭沫若与中国马克思主义史学的诞生与发展》，《史学理论研究》2017 年第 3 期；赵庆云：《范文澜与中国通史撰著》，《史学理论研究》2017 年第 4 期；陈峰：《吕振羽与中国马克思主义史学方法论的构建》，《史学理论研究》2018 年第 1 期；张杰：《蔡和森对中国马克思主义史学的奠基性理论贡献》，《史学理论研究》2018 年第 3 期；张耕华、李波、王应宪等：《吕思勉："新史学"的特立独行者》，《史学理论研究》2018 年第 3 期；兰梁斌：《侯外庐的治史路径》，《史学理论研究》2021 年第 5 期；李政君：《张荫麟对唯物史观的认知及其演变》，《史学史研究》2021 年第 1 期。

唯物史观与中华文明起源的结合[①]，坚持用唯物史观来认识和记述历史以对抗历史虚无主义[②]，用马克思主义唯物史观指导历史研究[③]，从"求真"和"致用"两方面讨论中国马克思主义史学的双重品格[④]，唯物主义历史观的当代意义[⑤]，历史虚无主义阐释观的迷失[⑥]，唯物史观与考古学研究[⑦]等。

从理论危害上看，历史虚无主义不仅会在当下造成巨大的危害，

[①]　冯时：《唯物史观与格物致知——郭沫若马克思主义与中国文化相结合的史学贡献》，《中国史研究》2022 年第 3 期。

[②]　参阅汪文庆：《"坚持用唯物史观来认识和记述历史"——访中共中央党史研究室主任曲青山》，《中共党史研究》2015 年第 10 期；张德明：《坚持以唯物史观指导史学研究——中国社会科学院第三届"唯物史观与马克思主义史学理论论坛"综述》，《近代史研究》2018 年第 3 期；蔡青竹：《论习近平对唯物史观的坚持与发展》，《史学理论研究》2020 年第 4 期。

[③]　参阅卜宪群：《用马克思主义唯物史观指导中国古代史研究——写给〈中国史研究动态〉纪念改革开放 40 年中国古代史研究专刊》，《中国史研究动态》2018 年第 1 期；宋月红：《用马克思主义唯物史观指导历史研究》，《当代中国史研究》2016 年第 5 期；曹小文、曹守亮：《唯物史观与中国当代社会史研究的新趋向》，《史学理论研究》2014 年第 3 期；张海鹏、耿云志、郑师渠等：《唯物史观与近代历史人物的评价》，《史学理论研究》2020 年第 6 期；崔之清、姜涛、华强等：《唯物史观与太平天国研究》，《史学理论研究》2021 年第 1 期。

[④]　左玉河：《求真与致用：中国马克思主义史学的双重品格》，《中共党史研究》2016 年第 5 期。

[⑤]　于沛：《马克思主义历史观：文本、意义与现代价值》，《史学理论研究》2018 年第 1 期。

[⑥]　张政文：《历史虚无主义阐释观的迷失与阐释的知识图谱重建》，《中国社会科学》2019 年第 9 期。

[⑦]　刘春强：《"以考古经世"：唯物史观与历史语言研究所时期夏鼐的考古学研究》，《史学理论研究》2020 年第 3 期。

瓦解一个国家的凝聚力和历史自信，更会在长时段的维度上侵蚀一个民族共同的创造和共同的记忆，忘却民族本源，迷失在世界百年大变局中。而历史自信则是对中华民族发展、中华文明发展、中国共产党发展、中华人民共和国发展、中国特色社会主义发展、中国式现代化发展的历史信心。因此，坚持唯物史观，树立历史自信，批判历史虚无主义，是当今学界的重要任务，我们要以正确的历史观、正确的党史观来研究历史，而不是把历史视作一个"任人打扮的小姑娘"，随意装点和杜撰。

五、树立大历史观与批判历史碎片化问题

树立大历史观，是因为它是从长远的历史眼光和历史发展的大势看待历史发展的一种历史观，是准确把握历史发展规律、潮流和趋势的思维方法。把握大历史观，反对历史碎片化，有助于保持历史理性，强化历史自觉，增加历史自信，以历史主动精神把握中华民族伟大复兴历史进程和当今世界发展的历史大势。

其一，大历史观与中国共产党的百年奋斗。

在历史的时间长轴上，中国共产党一直秉持大历史观，这赋予了党审视自我革命的特殊视角。有学者认为，大历史观不仅是"看到"，更是一种"抉择"，它是在审时度势之后辨明主次、舍小取大、舍生取义。[①] 这就意味着大历史观不仅在历史研究中指导着历史研

---

① 李蕉：《何为"大历史观"》，《北京日报》2023 年 3 月 13 日。

究，更是一种时代使命和责任担当。董文俊强调，大历史观是当代
中国马克思主义把握人类历史的大视角，也是正确党史观的重要组
成部分。在新时代新征程上，只要我们以大历史观贯通把握百年党
史，增强全党全民族历史自信和历史自觉，深入贯彻落实"十个坚
持"和"九个必须"，必定能够继续夺取社会主义新的伟大胜利。①
陈金龙认为，中国共产党百年历史是在宽广时空背景下发生的，只
有将其置于中华民族发展史、中国近现代发展史、世界社会主义发
展史、人类文明发展史的坐标下进行评价，才能得出科学结论。②
他还从建党纪念看中国共产党的大历史观，认为历次建党纪念以大
历史观评价中国共产党历史，既充分展现了中国共产党的历史贡献，
也为评价中国共产党历史提供了基本参照，为确立大历史观提供了
基本思路。③他还从第三个历史决议考察中国共产党的大历史观。④
高长武认为，按照大历史观的要求认识和看待党的 100 年，重在做
到三点：一是长时段，要以百年、千年为计，用历史映照现实、远
观未来，从过去、现在、未来相贯通，坚持最高纲领与基本纲领、
长远目标与阶段目标、远大理想与共同理想相统一的视角，看中国

①　董文俊：《以大历史观深刻理解党的百年奋斗》，《中国社会科学报》2022 年 12
月 9 日。

②　陈金龙：《大历史观视域下的中国共产党百年历史》，《求索》2021 年第 3 期。

③　陈金龙：《从建党纪念看中国共产党的大历史观》，《中国高校社会科学》2021
年第 3 期。

④　陈金龙：《从第三个历史决议看中国共产党的大历史观》，《四川大学学报》
2022 年第 1 期。

共产党的奋斗历程；二是宽视野，要从中华民族发展史、世界社会主义发展史、人类社会发展史的宏阔视野看中国共产党的历史贡献；三是深层次，要透过现象和细节，抓住主题主线、主流本质，从而总结历史经验、认识历史规律、厘清历史逻辑、把握历史大势、掌握历史主动。^①肖鹏指出，党的十八大以来，习近平总书记运用大历史观，从回顾往昔、直面现在、开创未来的维度，从立足中国、环顾世界、纵贯古今的视野，总结回顾中国共产党的百年光辉历程，深刻论述党的历史上重大事件、重要人物等重大问题。^②在党史学习和研究上，杨凤城提出要运用大历史观准确把握百年党史的主题、主线、主流，运用大历史观看百年党史的演进、成就和地位，^③把握百年党史的继承性与发展性，研究不同阶段的特征与贡献。^④杨凤城、涂芝仪提出要从大历史观出发，将党的领导与党的建设、人民至上、理论和道路等方面的经验置于突出位置，同时增加了敢于斗争等经验，彰显高度的历史自觉和历史自信。^⑤王树荫、王君强调，

---

① 高长武：《以历史唯物主义的大历史观看待中国共产党的 100 年》，《党的文献》2021 年第 4 期。

② 肖鹏：《运用大历史观认识中国共产党百年历史——学习习近平〈论中国共产党历史〉》，《世界社会主义研究》2021 年第 5 期。

③ 杨凤城：《从大历史观看中国共产党的百年奋斗》，《北京社会科学》2021 年第 6 期。

④ 杨凤城：《以大历史观统领中共党史教育与教学》，《思想理论教育导刊》2021 年第 4 期。

⑤ 杨凤城、涂芝仪：《鉴往知来：改革开放以来中国共产党总结历史经验的考察》，《江苏社会科学》2022 年第 5 期。

以大历史观审视中国共产党百年奋斗历史，要以唯物史观为指导，树立正确党史观，从中国近代以来 180 多年斗争史、中华民族 5000 多年发展史、世界社会主义 500 多年探索史和人类社会文明史的长河中予以科学定位，从而更好地把握历史大势，探究历史规律，掌握历史主动，增强历史自信，继续书写更加绚丽的华章。①

其二，大历史观与中国式现代化。

中国式现代化是党领导人民实现中华民族复兴伟业的阶段性目标和持续性过程，只有将其置于近代以来中华民族的奋斗史、百年来党的探索史、改革开放以来的创新史中进行考察，才能准确把握其中国特色。正如孙正聿先生所言："从大历史观看中国式现代化，其实是向我们提出了一系列重大的理论问题，即中国是否必须走现代化道路？中国的现代化是否只能走西方的现代化道路？中国为何能够创造现代化新道路？中国如何创造现代化新道路？中国式现代化道路如何创造人类文明新形态？提出、探索和回答这些重大理论问题，从大历史观上揭示现代化的思想内涵、时代内涵和文明内涵，特别是从大历史观上阐明中国式现代化的历史境遇和奋斗历程、中国式现代化的历史使命和现实基础、中国式现代化的创新实践和理论创造、中国式现代化的社会理想和世界意义，才能从理论上回应和回答人们最为关切的重大现实问题。"② 路宽考察了习近平大历史观视野中的中国问

---

① 王树荫、王君：《以大历史观审视中国共产党百年奋斗历史定位》，《东南学术》2022 年第 6 期。

② 《从大历史观看现代中国——孙正聿先生访谈》，《人民政协报》2022 年 7 月 25 日。

题，认为习近平大历史观强调在长时段的历史进程中把握历史事件的源流、发展和走向，在全球范围内审视历史事件的特殊性和普遍性，在时空交错的历史网络中把握历史事件的意义和影响。习近平大历史观注重历史发展的连续性和阶段性，为我们深入研究中华民族伟大复兴、中国特色社会主义和"四史"等提供了科学的思维、视野和方法，极大丰富和深化了我们对相关问题的认识。[①] 孙正聿提出，从大历史观看，中国式现代化的鲜明特征、实质内容和世界意义，就在于它不是国外现代化发展的翻版，而是以马克思主义为指导思想，坚持和发展中国特色社会主义，成功走出自己的现代化道路，创造了人类文明新形态。中国式现代化，是在所谓"东方从属于西方"的世界格局中，以中国人民"站起来"的国家独立为首要前提的现代化；是在"改革开放"的创新实践中，以中国人民"富起来""强起来"为现实基础的现代化；是在坚持和发展"中国特色社会主义"的进程中，以创造人类文明新形态为历史使命的现代化。中国式现代化是推进社会全面进步和实现人的全面发展的现代化新道路。[②] 杨增崟认为以大历史观来看，当代中国道路自信逻辑至少存在三重认知维度：一是从"长线段位"角度看的中西文明和文化发展比较的维度；二是从"中线段位"角度看的中国和西方主要大国现代化之路比较的维度；三是从"近线段位"角度看的两个"未有之大变局"之百余年时空转化的

---

① 路宽：《习近平大历史观视野中的中国问题》，《理论学刊》2021 年第 1 期。
② 孙正聿：《从大历史观看中国式现代化》，《哲学研究》2022 年第 1 期。

维度。^①张明指出以大历史观为指导探究中国道路的历史性起源，可以有效回应西方社会关于中国道路是实用主义选择的误读，进而超越中国道路在形成史问题上的时间相对有限性，从更加深厚的历史根基与更加宽阔的理论视野出发，把握中国道路历史必然性背后的逻辑必然性。一者从中华文明源远流长、接续发展的大历史出发；二者从近代以来中华民族艰辛求索的大历史出发；三者从人类现代化探索的大历史出发。^②

其三，批判历史碎片化与形成整体性历史解释。

习近平总书记强调："历史研究是一切社会科学的基础，承担着'究天人之际，通古今之变'的使命。"^③章清、郑师渠、杨念群、李长莉、赵世瑜等从不同视角对史学碎片化进行讨论，并得出了不同的结论。^④新时代以来，中国马克思主义史学更加注重处理碎片与

---

① 杨增崇：《"大历史观"下中国道路自信逻辑的三重认知维度》，《江苏大学学报》2021 年第 2 期。

② 张明：《大历史观与中国道路的哲学审思》，《哲学研究》2022 年第 5 期。

③ 《习近平致第二十二届国际历史科学大会的贺信》，《人民日报》2015 年 8 月 24 日。

④ 参阅章清：《"碎片化的历史学"：理解与反省》，《近代史研究》2012 年第 5 期；郑师渠：《近代史研究中所谓"碎片化"问题之我见》，《近代史研究》2012 年第 4 期；杨念群：《"整体"与"区域"关系之惑》，《近代史研究》2012 年第 4 期；章开沅：《重视细节，拒绝"碎片化"》，《近代史研究》2012 年第 4 期；王学典、郭震旦：《重建史学的宏大叙事》，《近代史研究》2012 年第 5 期；王晴佳：《历史研究的碎片化与现代史学思潮》，《近代史研究》2012 年第 5 期；王玉贵、王卫平：《"碎片化"是个问题吗?》，《近代史研究》2012 年第 5 期；李长莉：《"碎片化"：新兴史学与方法论困境》，《近代史研究》2012 年第 5 期；李金铮：《整体史：历史研究的"三位一体"》，《近代史研究》2012 年第 5 期；张太原：《个体生命与大历史》，《近代史研究》2012 年第 5 期；赵世瑜：《大历史与小历史：区域社会史的理念、方法与实践·叙说》，生活·读书·新知三联书店 2006 年版。

整体的关系，避免陷入"碎片化"的泥潭，防止走入"见孤木以为森林、拾芝麻以为珠玑"的迷局中，加强对历史全局的认识和把握。

不少学者对历史"碎片化"的现象进行了深刻的反思和批判。武力认为，历史研究需要细节但不能碎片化，若是忽视甚至否定历史观和对整体历史的把握，只注重历史细节和个案研究，则容易失之偏颇、以偏概全，容易为历史虚无主义提供产生和蔓延的土壤。[①] 也有学者从反对后现代主义史学对历史整体性的侵蚀出发，批判历史碎片化的问题。马瑞映考察了后现代主义史学对当代史学的挑战、整体史观念及其历史规律解读范式、中国世界史学术体系的构建，认为在历史学领域中后现代主义史学否定"大写的历史"，强调重视历史中的"他者"，渐有将历史解构为局部性实践和割裂为诸多碎片的趋势，传统宏大叙事的方式受到冲击和挑战。处于全球化时代的今天，面对纷纭激荡的社会思潮，中国的世界史研究有必要加快构建并形成整体性历史解释理论的史学体系与话语体系。[②] 钱乘旦认为，走出"碎片化"研究的要点是形成"体系"，不管史家是有意识还是无意识，没有体系就无法筛选史料，也无法书写历史。[③] 张晨耕也分析了后现代性对宏大叙事的拒斥与复归的辩证法。[④] 户

---

① 武力：《历史研究需要细节但不能碎片化》，《当代中国史研究》2015 年第 4 期。

② 马瑞映：《整体性研究：反对后现代主义史学》，《历史研究》2019 年第 6 期。

③ 钱乘旦：《碎片化难免伤害历史学研究》，《北京日报》2019 年 3 月 18 日。

④ 张晨耕：《后现代性之于现代性：反叛还是延续?》，《齐鲁学刊》2021 年第 6 期。

华为认为，真正成功的史学体系，不可能建筑在东拼西凑的资料碎片上，不可能满足于对历史细节的苛求，更不可能止步于对时代问题浮光掠影的考察。严肃的历史研究，必须从大处着眼，从本质着手，在经世中提升。① 有学者分析了历史研究中碎片与整体的关系。朱绍侯认为碎片研究不能只是研究那些孤零零的历史碎片，而应该将碎片置于相互联系的、宏观的整体历史运动之中，这样的碎片研究才能构成宏观历史研究的基础。历史研究不能仅仅停留在碎片研究的阶段上，还需要在碎片研究或具体研究的基础上，上升到宏观的、整体性的研究，力求去实现认识整体历史运动、总结历史规律的最终目的。② 杨冬权从史料和档案的角度认为要着眼于历史的主流而不是支流，要看历史的整体而不是碎片，关注历史的内在联系而不是孤立地看历史，既要看到历史事件的原生作用，也要看到派生作用。③

不少学者重点分析了史学碎片化出现的原因和危害。罗文东认为历史研究碎片化是因为缺乏唯物辩证法的指导，不能正确处理整体与局部、普遍与特殊、现象与本质的关系，不能以客观的、联系的、发展的观点考察世界历史。如果任由碎片化倾向及其导致的历史虚无主义思潮滋长蔓延，不仅会危及世界史学科的性质和地位，

---

① 户华为：《今天，我们需要什么样的历史学——专访中国社会科学院副院长、中国历史研究院院长高翔》，《光明日报》2019 年 6 月 17 日。

② 朱绍侯：《从碎片到整体：谈谈我的军功爵制研究》，《历史研究》2019 年第 6 期。

③ 杨冬权：《切忌用碎片的史料解构整体的历史》，《历史研究》2019 年第 6 期。

而且会削弱世界史经世致用的功能和作用。^①无独有偶，戴昇也有相似的理解，认为史学碎片化产生的根本原因是治史者用孤立、静止、片面的观点观察历史现象、研究史学问题，而史学发展的内在理路与外在因素又为碎片化研究提供了发展契机。史学碎片化的实质就是以碎片代替整体，没有处理好研究对象的普遍性与特殊性关系。其具体表现形式包括以零碎史料为中心的研究、以细碎个案为中心的研究、以表面现象为中心的研究、脱离整体的部分研究等。^②张生认为"碎片化"的成因首在时代变化所引起之史学变化，其次是史学家对近代以来知识，特别是自然科学知识的爆炸性增长掌握不足，从而削弱了把握整体历史发展的思维能力，最后是因为特定的历史研究，特别是某些社会史研究范式被神化。^③张仲民分析了当下中国史学研究中的"碎片化"现象，认为"目前大家所乐道的中国语境中的碎片化问题，其实是低水平重复的问题，并非新文化史语境中的碎片化问题"^④。魏淑霞指出了史学研究中出现碎片化趋向的原因在于研究的深入细化、多学科交叉和多种研究方法的应用、后现代主义社会思潮的影响、急功近利思想和考核机制的影响，并

---

① 罗文东：《构建世界历史体系的方法和原则》，《历史研究》2019 年第 6 期。

② 戴昇：《破解之道：马克思主义哲学与史学碎片化省思》，《云南大学学报》2021 年第 3 期。

③ 张生：《穿行于"碎片"之中的历史学及其应有态度》，《历史研究》2019 年第 6 期。

④ 张仲民：《理论、边界与碎片化检讨——新文化史研究的再思考》，《复旦学报》2016 年第 5 期。

为克服碎片化研究提出见解，即研究者要有通史、整体史的意识，在历史研究中，要强化历史认识主体性的积极面，体现历史的功用和价值。①

目前学界对史学"碎片化"持有两种态度，除了上述对"碎片化"持有反对意见外，也有极其少数的学者认为目前"碎片化"不会对中国史学发展构成威胁。王笛认为"碎片化"无需担忧，中国史学界对"碎片化"的研究还不够多。②王白云认为要对史学碎片化的现象抱以"了解之同情"，区分三种不同的"碎片化"。③这类看法没有在史学界产生共鸣。也有学者认为在历史研究中"碎片化"与"综合化"都是史学发展过程中的必然现象，不能一味排斥"碎片化"，而需要调和"碎片化"与"综合化"的关系。徐孝虎、王国平就讨论了历史研究的碎片化及其学术回应的三种化解路径，认为研究史学的"碎片化"，其关键不是消除"碎片化"，而是协调"碎片化"与"综合化"的关系。史家只有在适度保持"碎片化"之同时，确保自身的综合研究特色，保持自己综合叙述变化的风格，才能发挥历史研究启迪世人、影响公众的作用。④总体来看，学者们

① 魏淑霞：《历史研究"碎片化"境遇下的西夏学研究》，《宁夏社会科学》2020年第3期。
② 王笛：《不必担忧"碎片化"》，《近代史研究》2012年第4期。
③ 王白云：《了解之同情：合理看待史学的"碎片化"》，《内江师范学院学报》2022年第1期。
④ 徐孝虎、王国平：《论历史研究的碎片化及其学术回应的三种化解路径》，《东南学术》2016年第2期。

各抒己见，尽管对"碎片化"的评价还未形成共识，态度还未达成一致，但对史学"碎片化"的批判始终占据主流。

马克思主义史学的创新性发展，只有站在大历史和新时代的制高点上，坚持长时段、发展的、全局的眼光，发扬中国史学中求真、致用的优良传统，才能做出有深度、有思想、有灵魂的学问。只有坚持以唯物史观为指导，更加注重整体的、综合的研究方法，才能构建起全面系统、科学完备的史学学科体系、学术体系和话语体系，谱写无愧于时代和人民的历史新篇章。

六、中国近现代史的研究范式问题

改革开放以来，中国史学界出现革命史范式与现代化范式之间的争鸣，学者们通过开拓研究领域、转换研究视角、更新研究方法激发了人们对中国近代史的理论兴趣，推动了学术界的思想解放。"革命史范式"在新民主主义革命时期形成，在新中国成立后得到巩固和广泛推广，其基本观点是中国近代史是反帝反封建的历史，即旧民主主义革命向新民主主义革命发展的历史，主要围绕"一条线索、两个过程、三次高潮、八大事件"进行论述。革命史范式是一种能够合理阐释近代中国的历史过程又与"革命时代"的时代精神极其吻合的理论"范式"，故成为中国近代史研究的长期主导范式。而"现代化范式"也是在新民主主义革命时期由蒋廷黻、陈恭禄等人提出的，在改革开放以来的高扬"现代化"的时代得到了学者们的改造与新诠，成为与革命史范式并存的反映"新的时代精神"的另一种研究范式，其基本观点是：现代化也是中国近代史的重要主题，中国近代史是在"数千年未有之大变局"的形势下，中华民族既反抗西方殖民主义侵略以获得独立自主，同时又学习西方现代化的先进成果，以摆脱贫穷落后状态，走上变革与复兴之路。两种研究范式之争，主要集中在中国近代史研究领域，但也越出了中国近代史的范围，波及中国现代史（新中国史）和世界近现代史，广泛涉及整个近现代社会性质、阶段、基本线索等关键问题，关乎近现代史的解释框架和学科体系。对于史学界对"范式之争"的讨论与观点，左玉河在《中国近代史研究的范式之争与超越之路》一文中作了详尽、全面的总结与分析，就中国近代史研究有无"范式转换"、两种范式论争的焦点、两种范式的关系都进行了系统的讨论，汇集了杨念群、郑师渠、罗荣渠、虞和平、张海鹏、李怀印、李侃、马敏、雷颐、吴剑杰、周东华、夏明方、杨天宏、龚书铎等学者的观点。[①] 新时代以来，中国史学界继续就两种范式的视角、侧重点、合理性、局限性、二者关系进行探讨，探寻建构中国近代史研究的新范式，提出了多种替代性的路径，为进一步建构成熟的中国近代史研究的新范式提供了新思路。

　　其一，对两种范式之争的再探。

　　不可否认，革命史范式与现代化范式的分歧和争论是当今中国近代史研究中的焦点问题和主要内容。新时代以来，随着讨论的深

---

　　① 左玉河：《中国近代史研究的范式之争与超越之路》，《史学月刊》2014 年第6 期。

入，两种范式下的学者都进行了自我反思并作了调整和完善，也有不少学者对两种范式进行了更深层次的回顾与讨论。左玉河认为，两种范式的争论，实际上是对中国近代史两种解释体系的争论。范式之争背后展现的是人们对中国近代史基本问题认识的根本差异，而这种根本差异无疑来自研究视角、方法及解释框架的差异，来自对中国近代史重新审视后的认识差异。他还对两种范式是替代、包容还是并存的关系进行了分类讨论，认为在关于范式问题的讨论中，学术界对两种范式存在的缺点及其局限性作了揭示，表明两种范式均非理想的中国近代史研究范式，有着不断完善与超越的必要。①徐秀丽也有相似的理解，认为范式革命具有强大的穿透力，范式之争的基本内容形成交锋的主要有两点，一是中国近代史是"一场革命史"还是"一场现代化史"，二是应当"以革命包容现代化"还是应当"以现代化包括革命"。这场旷日持久的争论，就其学术方面而言，最终达成了具有建设性的共识：中国近代史研究中的不同范式，应当"扩散""并存""互济"，而不是"取代""排斥""包括"，这一共识对学术研究产生了积极的影响。②徐秀丽还从范式争议与中国近代史学科体系的角度出发，认为两种范式的相互包容具有客观的基础，参与论争的学者都尊重对方的成就，并在各自的解释体

① 左玉河：《中国近代史研究的范式之争与超越之路》，《史学月刊》2014 年第 6 期。

② 徐秀丽：《中国近代史研究中的"范式"问题》，《清华大学学报》2015 年第 1 期。

系中为对方保留位置，双方均放弃了"唯一"以及"以己容彼"的主张。[①]崔志海指出既往的讨论多数是站在一种范式的立场上批评另一种范式的缺陷，他对革命史范式与现代化范式的构建、影响、局限、修正等方面进行综合性的回顾和反思，认为围绕革命史范式与现代化范式何者更为科学的问题，目前国内学界愈来愈主张超越两个范式之争，突出革命和现代化都是近代中国历史主题，两者是不相排斥的。由于这两个范式各有其固有或共通的缺陷，在中国近代史研究中并不能解决所有问题，仍然需要运用其他理论和研究方法加以补充和完善。[②]可见，新时代以来，革命史范式与现代化范式都将对方的解释框架纳入自己的体系中，并在某些观点上进行了反思和修正，为对方预留了位置。无论是偏向革命史范式还是偏向现代化范式的学者都认同一点，那就是范式应是多元化的，不能以一种范式代替另一种范式，而应该多元并存，相互竞争，相互争鸣，进行合理的学理探讨，建立一个相对宽松的史学环境。

其二，范式的超越与重建。

杨天宏曾对中国近代史的研究现状表示担忧，认为其陷入了一种"系统性的缺失"之中。[③]以革命史范式阐述中国近代以来的历史，容

---

① 徐秀丽：《中国近代史研究 70 年（1949—2019）》，《经济社会史评论》2019年第 2 期。

② 崔志海：《中国近代史研究范式与方法再检讨》，《历史研究》2020 年第 3 期。

③ 杨天宏：《系统性的缺失：中国近代史研究现状之忧》，《近代史研究》2010 年第 2 期。

易忽略社会经济文化的发展和变迁，研究对象过于片面，研究方法过于单一，研究思维容易出现教条化和僵化的倾向。以现代化范式研究中国近现代史，容易采取非历史的态度，或被"西方中心主义"所左右。因此，革命史范式与现代化范式都不是研究中国近现代史的"全息视角"，这也正是范式之争的复杂性所在。新时代以来，还出现了后现代范式、新社会史范式、新革命史范式、环境史范式、量化历史范式等新型范式。这里列举三个新时代以来比较典型的新范式。

第一，中共党史研究与"新革命史"等范式的创建。董丽敏认为，由李金铮、夏明方、王奇生、应星等学者倡导的新革命史对中共革命史研究进行了重新审视，对革命史研究进行了"历史化"的努力，通过"拉长"革命史来营造"连续性"史观，通过"撑大"革命史以实现多维度观照，通过重建新的"总体性"革命叙述来把握大历史观。[①] 以李金铮为代表的学者针对传统革命史研究的弊端，主张在党史学领域建立新革命史范式。朱文通也对新革命史范式的建立表示赞同，强调新革命史是在汲取传统革命史研究合理内核的基础上，对中共革命史研究理论的创新与发展，主要通过采用社会史、心态史、计量史等多学科交叉的新的研究视角和方法，改进传统革命史的书写方式。[②] 吴汉则在对两大基本范式进行分析的基础

---

① 董丽敏：《"新革命史"：重构革命史叙述如何可能》，《中共党史研究》2019 年第 11 期。

② 朱文通：《"新革命史"范式提升党史研究》，《中国社会科学报》2014 年 1 月 27 日。

上又提出"变革社会"诠释体系，认为中共党史研究应该以变革社会为考察党史的中心，诸如"革命""建设""现代化"等只是中共党史进程中阶段性的任务，它们统一于中共变革中国社会这个大事业之中。① 各类学者的探讨也表明了新时代以来的党史研究正处在范式转换的过程中，除了革命史范式与现代化范式两大基本范式之外，随着学科发展和现实需要的变化还出现了更多的视角和可能性，如何因应学科特点和时代发展推动研究范式创新，是需要深入思考的问题。

第二，经济史研究与量化历史范式的出现。量化历史是当前中国经济史学界的热点，越来越多的研究者关注这个范式。在学科范式上，量化历史研究围绕长历史和跨学科学术问题，基于扎实的史料和构建历史数据库，采用工具变量、双重差分、断点回归等统计和计量方法，检验既有理论并突破常识收获新知。熊金武提出，量化历史主要以经济计量方法进行历史维度的跨学科研究，是现代社会科学范式革命在历史学（尤其是经济史学）的体现。量化历史范式有利于推动经济史学融入主流经济学，使之成为经济理论创新的"源"。这符合"史无定法"和"破四旧""立四新"的经济史方法论创新原则，构成了经济史学研究的范式创新，是对传统经济史学研究方法的有益补充。② 陈志武认为，传统历史研究在找数据、

---

① 吴汉全、王炳林：《以社会史为基础深化中共党史研究的再思考》，《中共党史研究》2014 年第 9 期。

② 熊金武：《量化历史：经济史学的新范式》，《求索》2019 年第 3 期。

检验假说真伪、做因果传导等步骤上做得不够完整，因此量化方法不是要取代传统历史研究，而是对它的补充。他通过一些现有成果说明量化史学不只是"用数据说话"，而是通过统计分析，既可以令人信服地证明或证伪现有假说，也可以从历史现象中发现全新的认知。① 李伯重从史料的角度讨论了量化方法在史学研究中的运用，通过一些个案分析指出，即使是一些被认为无可置疑的"原始资料"，其实也是不可靠的。而在对这些资料进行鉴别和处理方面，量化方法不仅有用，而且发挥的作用是其他方法所无法替代的。同时，他也分析了量化方法在史料的鉴别和处理方面具有的局限性。②

第三，人与自然关系研究与环境史范式的出现。新时代以来，生态文明建设深入推进，学界对环境史的研究也越来越重视。环境史借鉴环境科学、生态学的理论与方法，从历史的语境和生活环境来考察人与自然之间的互动和历史联系。梅雪芹指出，革命史范式与现代化范式都脱离了与人不可须臾分离的自然，而把人与自然本身都抽象化了。同时，国内外史学界聚焦于近代中国的人与自然而开展研究的成果日益涌现，在一定程度上代表了中国近代史研究的学术前沿，有助于突破上述中国近代史研究的局限。因此，她提议从新范式角度去考虑并提升人与自然研究的学术意义，为在中国近

---

① 陈志武：《量化历史研究的过去与未来》，《清史研究》2016 年第 4 期。

② 李伯重：《史料与量化：量化方法在史学研究中的运用讨论之一》，《清华大学学报》2015 年第 4 期。

代史研究中增添环境史范式奠定了基础。[①]钞晓鸿指出，环境史学对于历史学变革的意义突出地表现在显著地拓展了历史的内容与表现形式，完善、深化了历史解释，在历史发展的评判之中增加了生态考量，历史研究在以往思辨性、分析性的基础上，因环境史而部分地具有了实验性、科学性。[②]王利华认为，环境史学试图跨越"两种文化"鸿沟，对历史上的人与自然关系进行多学科综合探研，以达成更加完整的历史认识，并对沟通自然科学与人文社会科学有所贡献。[③]

无论是革命史范式还是现代化范式的出现和流行都有其特定的时代背景和学术渊源，都为中国近现代史研究提供了新的视野、新的分析工具、新的解释框架，都抓住了不同的侧重点来丰富中国近代史的研究面向，并带来了历史叙事方式的变革。作为一种分析工具，新范式的问世有一定的适用范围和生命周期，有着自身的局限，在接近历史真实的同时也可能在一定程度上遮蔽和忽视了历史的另一面。因此，我们应该充分关注中国近现代史研究中存在的其他侧面。新时代中国马克思主义史学在研究中国近现代史时既要肯定和尊重其积极的一面，同时也要认识到"范式"概念本身的局限，顾及历史的真实情况，不可被限定和僵化在范式的框架之下，失去理

---

①　梅雪芹：《在中国近代史研究中增添环境史范式》，《近代史研究》2022 年第 2 期。

②　钞晓鸿：《环境史研究的理论与实践》，《思想战线》2019 年第 4 期。

③　王利华：《跨越"两种文化"鸿沟——环境史的学术图谋和实现路径》，《学术研究》2021 年第 2 期。

性思考和创新创造的本能。

七、国外马克思主义史学的发展问题

新时代以来，我国学者从多个领域和角度回顾了国外马克思主义史学的发展及现状，总结了国外马克思主义史学的经验和不足，深入探讨了马克思主义史学的时代声音，并对前景进行了展望。

其一，国外马克思主义史学的历史回顾。

我国是社会主义国家，中国共产党是以马克思主义为指导的执政党，史学界历来对国外马克思主义和马克思主义史学特别关注。20 世纪 80 年代末、90 年代初以来，随着东欧剧变和苏联解体，国际共运走向低潮，世界范围内的马克思主义史学研究也随之陷入低迷状态，唯物史观受到国际政治运动的严重冲击，影响渐趋式微，日益陷于严重的被边缘化境地。[1] 进入 21 世纪，西方马克思主义面临许多问题与挑战，也促使我国史学界对国外马克思主义的进一步关注，对国外马克思主义史学的发展历史进行回顾，主要集中在两个方面：一方面，对国外马克思主义史学的学派、代表人物、研究领域、发展阶段进行梳理，介绍性的研究偏多，且集中在 21 世纪初。如张广智对 21 世纪之前的西方马克思主义史学已经做了详尽的介绍，也集中体现了 21 世纪初学者对西方马克思主义史学的关注点

① 曹小文：《马克思主义史学全球化的中国探索——评〈马克思主义史学思想史〉》，《中国史研究》2018 年第 3 期。

及侧重点。① 另一方面，新时代以来，介绍与总述类的研究已不再是主流，随着考察的深入，研究重心转向西方马克思主义史学理论思想的创新及马克思主义对西方史学界的地位探讨。

在对国外马克思主义史学发展情况的总结与回顾方面，孙乐强回顾了国外马克思主义研究的历史，认为"中国问题意识"的生成和不断深化，成为推动我国国外马克思主义研究范式不断转换的重要原因。总体来看，这种转换分为三个阶段：第一阶段是 20 世纪 80 年代，在认知和研究范式上实现了由"资产阶级意识形态"到"西方'马克思主义'"的逻辑转换；第二阶段是 20 世纪 90 年代到 21 世纪初，"西方马克思主义"的研究范式由原初的"外在旁观"转变为以"中国问题意识"为导向的全面对话；第三阶段是 21 世纪以来，在研究范式上实现了由"西方马克思主义"到"国外马克思主义"的整体转变。② 曹小文列举了中国史学界对西方马克思主义各阶段的研究成果，对马克思主义在西方史学界的地位和作用进行了总结，并对于沛主编的《马克思主义史学思想史》一书给予了高度的肯定。③《马克思主义史学思想史》对马克思主义从诞生到成为

① 参阅张广智、张广勇：《现代西方史学》，复旦大学出版社 1996 年版；张广智：《西方史学史》，复旦大学出版社 2000 年版；张广智：《马克思主义史学与西方史学》，《历史教学问题》2006 年第 4 期；张广智：《关于马克思主义史学遗产传承的几个问题》，《复旦学报》2005 年第 5 期。

② 孙乐强：《30 年来国外马克思主义研究的历史回顾》，《理论视野》2012 年第 1 期。

③ 曹小文：《马克思主义史学全球化的中国探索——评〈马克思主义史学思想史〉》，《中国史研究》2018 年第 3 期。

影响全世界的重要指导思想的历程进行叙述，从宏观方面论述了马克思主义史学思想的发展史。① 该书分国别重点呈现了英国、法国、意大利、德国、美国、加拿大、苏联、东欧、日本等国马克思主义史学思想的发展与嬗变，真实展现了唯物史观与各国历史研究实际相结合的程度及其在各国所处的境地。从整体上对马克思主义史学思想产生、发展、演变的历程，以及从世界范围内马克思主义史学各流派的具体发展这两个维度，对唯物史观与早期马克思主义史学的产生、早期马克思主义史学思想作了系统研究。② 肖薇、何平则关注了马克思主义思想的孕育、马克思的跨文化生活经历、马克思主义在德国、俄国、英国、法国的传播、释义和本土化的场景。③

在对国外马克思主义史学发展中出现的问题进行分析方面，汪荣祖认为西方马克思主义史家在冷战期间受到极大的压力，同时马克思主义史家有一场有关马克思主义激烈的论辩，辩论没有结果，多少造成裂痕，有些马克思主义学者走向虚无的后现代主义。不过马克思主义史学在西方经过风雨与挫折，并未式微，唯物史观仍然是历史研究难以忽略的理论。④

---

① 于沛：《马克思主义思想史》，中国社会科学出版社 2015 年版。

② 曹小文：《马克思主义史学全球化的中国探索——评〈马克思主义史学思想史〉》，《中国史研究》2018 年第 3 期。

③ 肖薇、何平：《马克思的理论在欧洲的旅行》，《史学理论研究》2016 年第 3 期。

④ 汪荣祖：《西方马克思主义史学的过去、现在与未来》，《文史哲》2021 年第 1 期。

其二，国外马克思主义史学的前沿动态。

在 20 世纪中期得到蓬勃发展的西方马克思主义史学进入 21 世纪后，其发展受到严重的阻碍，出现了一系列的危机。尤其是与史学理论的现代主义与后现代主义史学派的冲突，产生了许多无法兼容的棘手问题。西方社会掀起过分析马克思主义的热潮，马克思主义史学被重新认识和分析，这也为国外马克思主义史学的修正和创新提供了铺垫。王晴佳认为，马克思主义的生命力在于对现代社会和现代性的批判，这与后现代主义有一定关联，对后现代主义的认识需要从其产生的社会条件出发，这是一种唯物史观的方法。① 可见，在诸多史学潮流并行的多元化时代，马克思主义史学能永葆生命力的关键在于能够与其他潮流进行对话，并吸纳合理的解释工具和理论框架，关注现实需求和时代声音，在跨文化与全球史研究中获取新的发展动力。

第一，探究国外马克思主义史学的最新动态和理论创新。侯树栋通过考察《面向 21 世纪的马克思主义史学》和《罗德尼·希尔顿的中世纪：历史主题的探讨》两本著作，总结西方马克思主义史学的新动向。从目的论来看，关于马克思主义的历史发展观究竟是单线的还是多线的等诸多问题的争论，其实已经涉及能否将马克思主义的历史理论解释为目的论这一问题。从马克思主义与欧洲中世纪史研究来看，国外学者分析了马克思有关"过渡"的一些论述。欧

---

① 林漫、邓京力：《跨文化视角、马克思主义与当代史学主要趋势——对话王晴佳教授》，《史学理论研究》2016 年第 2 期。

洲社会经济史研究，特别是欧洲中世纪社会经济史研究，是西方马克思主义史学影响非常广泛的一个领域。两本书的主编威克翰总结，马克思主义史家对欧洲中世纪社会经济史的研究集中在三个方面：一是领主剥削农民的方式和剥削程度的变化；二是农民的反抗活动，特别是在"黑死病"之后的反抗活动；三是交换在中世纪不同国家经济结构中的作用。但是他也指出，"马克思主义史学在中世纪社会经济史领域也面临诸多课题和挑战"，最大的课题和挑战，就是如何深入探索封建生产方式的内部逻辑和动力机制。[①]

第二，国内不少学者关注了国外资本主义、资产阶级、社会主义的发展、演化和危机的问题。曹龙虎通过梳理"资本主义"这一基本概念的生成及其使用，指出"资本主义"作为一个政治色彩浓厚的基本概念，最主要的使用领域是"政治—社会"领域。除此之外，"资本主义"概念还被学术界广为使用。[②]黄艳红则辨析了法国革命史中的"资产阶级"概念，认为马克思主义或经典学派的大革命史研究曾深受饶勒斯的影响，饶勒斯认为法国大革命间接地为无产阶级的胜利准备了条件，但它首先是资产阶级的胜利。[③]邓超讨论了社会主义运动兴衰的体系根源，分三个阶段梳理了1830—1920年间世界社会主义运动中心三次变迁的脉络，并对比了相关国家社

---

① 侯树栋：《西方马克思主义史学的新动向》，《史学理论研究》2012年第3期。

② 曹龙虎：《"资本主义"：一个基本概念的生成及其使用》，《世界历史》2017年第3期。

③ 黄艳红：《法国革命史中的"资产阶级"概念辨析》，《史学理论研究》2013年第3期。

会主义运动的兴衰趋势与这些国家在世界经济体系中的角色变动情况，认为世界社会主义运动中心的变迁系由世界经济体系扩张所导致。① 蒲国良考察了乌托邦与社会主义的关系，乌托邦是近代社会主义思想的源头，社会主义让乌托邦思想大放异彩又饱受争议，社会主义应该是科学精神与乌托邦精神的完美结合。②

其三，对各国马克思主义史学家或学派的研究。

除了对国外马克思主义史学发展的系统性评述，不少国内学者还会针对各国具有代表性的史家结合他们的马克思主义史学观和史学成就进行考察，或是阐发国外某些学派组织的史学思想，以此来深入国内对国外马克思主义史学创新性发展的了解。

英国马克思主义史学发展的成果丰硕，英国马克思主义史学也是中国学者关注的主要对象。在英国方面，一些学者阐释了马克思主义史家与一些学派或组织在西方马克思主义史学中的成就与作用。刘耀辉研究了英国马克思主义史家克里斯托弗·希尔，从英国革命研究入手观察希尔运用马克思主义史学思想的成功之处。与英国其他马克思主义史家一样，希尔倡导"自下而上的"史学研究，关注社会底层，强调大众的经验。他在英国革命研究中运用了阶级分析方法，强调这场革命是一场资产阶级革命；同时，他主张从社会、政治、经济以及思想文化等多个层面看待这场革命，避免简单的分析和粗俗的经济基

① 邓超：《论社会主义运动兴衰的体系根源》，《史学理论研究》2016 年第 3 期。
② 蒲国良：《乌托邦与社会主义》，《史学理论研究》2016 年第 4 期。

础—上层建筑解释模式。① 吴英论述英国史家里格比对唯物史观的解读，里格比是《马克思主义与历史学》的作者，此书是从评估一种历史研究指导理论的视角对马克思的历史理论所做的评说，较为准确地概括了由学科分野（马克思主义哲学家与马克思主义历史学家）所产生的两种不同研究路径的特点，而且这两种不同研究路径也就成为里格比论述的一根主线。② 梁民愫探讨了 20 世纪马克思主义史学的英国范式及学术路向，研究了马克思主义史学范式的英国学派及理论取向、英国马克思主义史学的史观逻辑和代际差异、英国马克思主义史学研究的学术路向。③ 初庆东、梁民愫探讨了英国共产党历史学家小组成为战后马克思主义在英国传播与发展的主体力量，促使马克思主义史学编纂在英国形成，是英国马克思主义史学编纂的摇篮和"孵化器"，研究了英国马克思主义传播主体从科学家到史学家的转变，英国共产党历史学家小组从个体到群体的特征、从政治到学术的史学活动。④ 初庆东还以英国共产党历史学家小组为中心，重点讨论英国马克思主义史家群体的史学观念与实践，指出第二次世界大战结束以后，英国马克思主义史家以英国共产党历史学家小组为阵地，运用马

---

① 刘耀辉：《克里斯托弗·希尔与英国革命研究》，《史学理论研究》2015 年第 3 期。

② 吴英：《评英国历史学家里格比对唯物史观的解读》，《史学理论研究》2012 年第 4 期。

③ 梁民愫：《20 世纪马克思主义史学的英国范式及学术路向》，《史学月刊》2022 年第 7 期。

④ 初庆东、梁民愫：《论英国马克思主义史学编纂的形成》，《史学理论研究》2013 年第 3 期。

克思主义理论解释英国历史，力图恢复英国人民激进的政治传统，为英国共产党和工人运动服务，在争夺思想控制权的斗争中，历史研究发挥着至关重要的作用。从 1946 年初创到 1956 年重组的 10 年间，英国共产党历史学家小组所进行的历史研究，为英国马克思主义史学的发展奠定了基础，培育了一批杰出的马克思主义史学家，推动了英国马克思主义史学流派的形成。①

在英国马克思主义史学与社会史方面，梁民愫则关注到英国马克思主义女性史学叙事的兴起和发展，他研究了英国马克思主义史家希拉·罗博瑟姆与女性主义史学的开拓，罗博瑟姆试图把马克思主义历史理论与女性主义史学实践有机地结合起来，其马克思主义女性主义史学的叙事范式与内涵主旨都格外突出，彰显了鲜明的英国马克思主义女性主义史学特征。② 初庆东介绍了英国马克思主义史学家群体中为数不多的女性史家之一的道娜·托尔在译介马列经典著作、书写英国工人运动史、投身政治活动等方面作出的重要贡献。托尔还积极推动建立英国共产党历史学家小组，深刻影响了希尔、爱德华·汤普森等年轻一代英国马克思主义史学家的史学研究，为英国马克思主义史学的发展奠定了基础。③ 梁民愫还讨论了汤普

---

① 初庆东：《英国马克思主义史学家群体的史学观念与实践——以英国共产党历史学家小组为中心》，《史学理论研究》2019 年第 2 期。

② 梁民愫：《英国马克思主义史家希拉·罗博瑟姆的女性主义史学叙事》，《史学理论研究》2019 年第 4 期。

③ 初庆东：《道娜·托尔与英国马克思主义史学》，《史学理论研究》2020 年第 4 期。

森和英国马克思主义新社会史学的"文化转向"，汤普森马克思主义新社会史学研究有着深厚的社会历史渊源及丰富的学术思想传承，置身英国马克思主义史学理论传统、当代西方史学碎片化和结构主义历史解释的学术语境，汤普森在反思"经济基础—上层建筑"模式基础上，通过文化唯物主义的史学路径，借助对斯大林主义历史阐释和资产阶级史学思潮的辨析批判，塑造其社会主义人道主义史观，重构工人阶级历史"经验"，构建英国工人阶级理论，阐释平民文化学说和英国马克思主义学的理论命题。梁民愫指出在战后全球新社会史与新文化史视域中，汤普森和英国马克思主义新社会史学的"文化转向"、学术谱系及理论成就，对国际新社会史学具有学术效用与实践影响。① 倪凯研究了西方马克思主义史前史家与考古学家戈登·柴尔德的史学观，柴尔德用马克思主义理论解释历史的进程，形成了自己辩证的历史进步观。柴尔德强调辩证的演进与螺旋式上升，强调建立在模仿与创新基础上的文化扩散与传播，强调发明与发现对社会积累的基础性作用。研究柴尔德的进步史观，也有助于我们更好地认识历史进步的规律性运动，丰富马克思主义史学理论的内涵。② 解玉军在研究英国历史人类学家基思·托马斯时指出托马斯方法论的其中一个理论来源就是英国马克思主义史学流派，受到托尼、拉斯基、麦克斐逊、希尔、汤普森、霍布斯鲍姆等人的

---

① 梁民愫：《爱德华·汤普森和英国马克思主义新社会史学的"文化转向"》，《上海师范大学学报》2020 年第 6 期。

② 倪凯：《戈登·柴尔德的进步史观研究》，《史学史研究》2021 年第 3 期。

影响。托马斯在初入史坛时就具有一种理论的自觉意识，寻求一种能够把世界的各种现象联系起来的理论，并表示"马克思主义是唯一现成的社会学或人类学形式"。但是，他又不满足于马克思主义的方法，认为"马克思主义的老一套的词汇已经越来越不足以表达历史发展的全部复杂现象"①。

在苏联及当代俄罗斯方面，李杰、孙明涛系统阐释了列宁的史学方法论。列宁的历史研究是在运用马克思主义的基础上进行的，是为俄国的社会主义革命事业服务的，这使列宁的史学方法论具有其特殊性。一方面，他坚持了马克思主义基本原理，以社会经济形态理论和阶级斗争理论为研究方法的核心；另一方面，又强调了马克思主义与俄国历史特殊性的结合，以尊重事实的态度和立场从事具体的、实证的历史研究。他指出，列宁的史学方法论为马克思主义史学发展史提供了宝贵财富，其科学性为当代世界的发展现状所证实，对今天中国的历史研究仍有启发价值。② 刘爽整理了苏联马克思主义史学的产生与发展、斯大林时代的苏联史学及 20 世纪 50年代的史学转折、当代俄罗斯史学重建中的唯物主义历史观，指出苏联解体后，尽管马克思主义史学的主导地位逐渐淡化，但也出现了新的转变：通过反思和克服对马克思主义教条主义的阐释和运用，推动马克思主义基本精神的回归，人们看到马克思主义经典作家对

---

① 解玉军：《论基思·托马斯的历史人类学方法》，《史学理论研究》2016 年第2 期。

② 李杰、孙明涛：《列宁的史学方法论》，《史学理论研究》2016 年第 2 期。

资本主义社会的矛盾性和规律性论述仍然闪烁着真理的光芒，唯物史观对于认识错综复杂的人类历史和当代世界仍然具有重要的现实意义。①

在美国方面，徐良梳理了美国马克思主义的产生和初期发展、兴盛繁荣、后冷战时代美国马克思主义史学面临的新挑战和新发展，最后分析了美国马克思主义史学的影响。他指出受国内和国际双重环境的影响，美国马克思主义史学走过了一段曲折的发展历程，对美国史学和美国社会都产生了重要影响。② 除此以外，一些国内学者关注了更加具体的历史问题，如"桑巴特问题"，即"美国为什么没有社会主义"这个未有定论的论题。邓超认为马克思、恩格斯曾注意到这一特殊现象，众多西方学者也曾不断提出各种解释或假说，其中不乏颇具影响者。改革开放以来，国内学者也逐渐参与讨论。他梳理了国内外学术界探讨这一论题的主要历程，反思传统研究中可能存在的盲点，并指出事实上美国并非完全"没有社会主义"，作为资本主义世界经济体系的一个重要组成部分，美国社会毫无例外地产生了生产的社会化和生产资料私人所有制之间的矛盾，产生了资产阶级与工人阶级的阶级斗争，有必要从全球史和世界体系的高度重新探讨这一问题。③ 原祖杰分析了 19 世纪美国劳工运动中的

---

① 刘爽：《苏联及当代俄罗斯马克思主义史学》，《史学月刊》2022 年第 7 期。

② 徐良：《美国马克思主义史学的百年流变及其影响》，《史学月刊》2022 年第 7 期。

③ 邓超：《桑巴特问题的探究历程》，《史学理论研究》2013 年第 2 期。

"例外论"，认为面对资本主义制度下工人阶级的贫困化和贫富差距的不断加大，马克思及其领导的第一国际在欧美各国积极宣传社会主义思想，推动旨在寻求工人阶级彻底解放的劳工运动。但是，第一国际在美国的组织活动却因未能与实际充分结合而归于失败。以"劳联"为代表的"纯粹而简单"的工会主义成为美国劳工运动的主流，弥漫于工人阶级队伍中的中产阶级情结构成美国"例外论"的社会基础。①

　　在加拿大方面，杨龙波、薛峰分析了 21 世纪加拿大马克思主义研究发展趋向，认为 21 世纪加拿大马克思主义研究立足社会现实，结合本土学科发展，从批判资本主义着手，分析了当代资本主义在资本、能源、文化、信息等方面的扩张与侵略，彰显了加拿大跨学科、多维度的马克思主义研究特色。② 刘军则选取了加拿大马克思主义史家赖尔森作为研究对象，他的经历反映着加拿大共产党、马克思主义史学的曲折发展，值得重视。加拿大在 20 世纪 60 年代以前，几乎没有马克思主义史学，如果说有一些，也不是在史学界，而是在加共的一些理论和史学著述中，赖尔森是其中较突出的。但赖尔森对历史唯物主义的理解只表现在引用马恩经典作家语录、强调物质力量和阶级关系的重要性上。③

---

　　①　原祖杰：《试析 19 世纪美国劳工运动中的"例外论"》，《世界历史》2019 年第 6 期。

　　②　杨龙波、薛峰：《21 世纪加拿大马克思主义研究发展趋向》，《学习与探索》2020 年第 12 期。

　　③　刘军：《加拿大马克思主义史学家赖尔森》，《史学理论研究》2012 年第 4 期。

在意大利方面，黄璐分析了拉布里奥拉的史学奠基时期、克罗齐与真蒂莱的"修正史学"时期、葛兰西的实践史学时期、后葛兰西的史学状况，认为意大利的历史学科学化进程始于19世纪中期，其标志之一是1846年都灵大学设立的首个历史学讲席。在此前的历史研究中，都存在不同程度上的厚古薄今倾向，古代史、中世纪史是公认的主流。19世纪末，伴随史学科学化的进展，越来越多的历史哲学家与历史学家都将眼光望向当代史。意大利的马克思主义史学正是伴随这一当代史的兴起与发展，逐渐成为意大利史学主流之一。①

在法国方面，庞冠群、顾杭探讨了马克思主义影响下的法国拉布鲁斯史学。拉布鲁斯是法国20世纪最著名的史学家之一，其研究方法与史学范式影响了一大批学者。信奉马克思主义的拉布鲁斯，不仅深化了马克思主义的革命史研究，而且创立了具有马克思主义印记的社会史范式。此外，年鉴学派也正是通过拉布鲁斯接受了马克思主义的影响。拉布鲁斯的史学实践在20世纪法国史学史上具有承前启后的重要意义：一方面，他将经济学、社会学的研究方法带入了历史学，促进了历史学与社会科学的融合；另一方面积极倡导心态史研究，对于文化史的繁荣亦有贡献。面对日益碎化的新史学，重新关注强调经济基础、重视社会群体的拉布鲁斯史学具有一定的纠偏意义。②

―――――――――

① 黄璐：《20世纪意大利马克思主义史学概述》，《史学月刊》2022年第7期。

② 庞冠群、顾杭：《马克思主义影响下的法国拉布鲁斯史学探析》，《史学史研究》2015年第1期。

在印度方面，谢进东考察了印度史家高善必的马克思主义史学观，指出高善必借助了马克思主义理论，重建以生产方式和生产关系的进展为主线的印度生活史、社会史。高善必对"神话即历史论"、轻信史诗又具种族和教派偏见的马宗达资产阶级历史观、缺乏事实基础和理论依凭的魏特夫东方专制主义、缺少史实支撑的亚细亚模式论，以及苏莱金、安东诺娃、丹吉的教条马克思主义进行评析，展示出其马克思主义史学观之实事求是、追求历史真相的理论品质。高善必的马克思主义史学观，是马克思主义理论同印度社会的历史实际相结合的产物。高善必的印度历史分期，不落俗套，未给奴隶制安置一个位置，但其论说印度不存在奴隶制阶段的方式，含有欧洲中心主义的印迹。高善必把强迫劳役视为印度封建制度典型特征的做法，在印度史学界也引发了不同的看法。① 张世均则讨论了罗米拉·塔帕尔的马克思主义史学观。罗米拉·塔帕尔是当代印度马克思主义史学家，她主张运用经济决定论分析和解释印度历史、否定雅利安种族论，主张印度"哈拉巴文化"论、反对社会发展停滞论，坚持社会发展缓进论、反对美化印度教文化，承认印度文化多样性等。张世均指出，她对印度历史研究的贡献主要反映在革新印度历史研究的角度、以地区史观重构印度历史、赋予历史研究的时空感和前瞻性、以史为鉴服务印度现实社会等。②

① 谢进东：《印度史家高善必的马克思主义史学观》，《史学史研究》2018 年第 4 期。
② 张世均：《论罗米拉·塔帕尔的马克思主义史学观》，《史学史研究》2014 年第 2 期。

新时代以来我国史学界对国外马克思主义的研究更加深入、具体，也进行了全球化视野下的比较，聚焦了一些经典的、重大的、前沿的理论问题，与国外马克思主义史学理论进行直接的对话和交流，这些都为我国马克思主义史学的发展和创新注入了新的活力，拓展了我国学者们的理论视野与研究领域，对于我们理解马克思主义史学的丰富内涵，对于新时代建设中国马克思主义史学均具有一定的参考价值。

结　语

新时代中国马克思主义史学，立足全面建成小康社会、中华民族伟大复兴不可逆转的历史事实，面向全面建设社会主义现代化强国、以中国式现代化全面推进中华民族伟大复兴的时代使命，努力构建中国特色马克思主义史学理论体系，在坚持和发展唯物史观、牢固树立大历史观、坚定历史自信和文化自信、推动中华优秀传统文化的创造性转化、建立更具历史解释力的研究范式，吸取国外马克思主义史学的理论成果等方面都有突破性进展，其理论创新主要有以下几个特点：其一，中国马克思主义史学坚持唯物史观的基本原理，坚持马克思主义的立场、观点和方法，在此基础上结合我国历史文化传统、社会现实基础和时代变化趋势，推动马克思主义史学理论不断发展。其二，没有理论传承就没有理论创新，新时代中国马克思主义史学理论创新既传承了中国传统史学理论的优秀成分，也传承了新民主主义革命时期和新中国成立以来的马克思主义史学理论的优良传统，同时吸收了近代以来的各种史学理论的合理成分，集成融合为新的史学理论。其三，中国马克思主义史学理论是适应时代需求不断发展的理论，我们正处于一个历史大变革的时代，世界进入"百年未有之大变局"，中国特色社会主义进入新时代，"当代中国正经历着我国历史上最为广泛而深刻的社会变革"，"这是一个需要理论而且一定能够产生理论的时代"①，中国马克思主义史学密切关注的社会经济形态理论、阶级理论与阶级分析方法、大历史理论、世界历史与全球化理论、文明文化理论、现代化理论等重大理论都得到创新性发展，在批判反思欧洲中心主义史学理论、后现代主义史学理论、历史碎片化和历史虚无主义方面都有所突破。其四，中国马克思主义史学理论是开放性发展的理论，密切关注国外马克思主义史学理论的创新性成果，积极吸收国外马克思主义史学理论的合理成分，以不断充实壮大自己。

---

① 习近平：《在哲学社会科学工作座谈会上的讲话》，人民出版社 2016 年版，第 8 页。

第五章 新时代中国马克思主义史学的 实践探索

　　马克思主义史学注重把马克思主义与社会实践相结合，不但要科学诠释历史，总结历史经验和历史规律，还要在遵循历史趋势和历史规律的基础上，充分发挥"历史创造者"的主体性，合理地创造新的历史，因此马克思主义史学具有极强的社会问题意识，密切关注与"现实的社会""现实的人"有关的历史问题，即"现实问题"的历史渊源、历史演变、历史态势、历史因果、历史得失、历史经验，这就是所谓"现实的历史问题"，或者说"历史的现实问题"。新时代马克思主义史学关注的"历史的现实问题"主要包括：马克思主义传播及其中国化，中国共产党领导革命与建设的重大成就和基本经验，中国式现代化的形成与发展，文明问题与中华文明的起源演变问题，土地问题、"三农"问题与小康问题，马克思主义理论研究和建设工程史学类教材建设问题等。

一、马克思主义的传播及其中国化

中国共产党的百年历史，是一部不断推进马克思主义中国化的历史，是马克思主义传播与创新的历史。党的二十大报告指出："我们创立了新时代中国特色社会主义思想，明确坚持和发展中国特色社会主义的基本方略，提出一系列治国理政新理念新思想新战略，实现了马克思主义中国化时代化新的飞跃，坚持不懈用这一创新理论武装头脑、指导实践、推动工作，为新时代党和国家事业发展提供了根本遵循。"[①] 新时代以来，史学界对马克思主义的传播与中国化的研究从多个维度展开，对这一主题的研究主要体现在三个方面，即马克思主义如何传播、马克思主义如何中国化、马克思主义中国化的基本经验。

（一）马克思主义在中国的传播研究

21 世纪初，有诸多学者关注到马克思主义在中国传播的脉络、结果、影响，体现了细节、层次和联系，并集中在五四时期和早期传播阶段、报刊媒介对马克思主义在中国传播的影响。新时代以来，对于马克思主义在中国的传播研究并没有止步，可以归纳为三类：一是各类报刊媒介与马克思主义的传播，二是各种译著对马克思主义传播的作用，三是宣传马克思主义的人物研究。

[①] 习近平：《高举中国特色社会主义伟大旗帜，为全面建设社会主义现代化国家而团结奋斗——在中国共产党第二十次全国代表大会上的报告》，《人民日报》2022 年 10 月 26 日。

1. 马克思主义传播史

马克思主义在中国的早期传播一直是学术界研究的热点问题。新时代以来，随着大量文史资料、人物传记的集中出版，史学界对马克思主义在中国的早期传播研究有了新的推进。耿春亮对马克思主义在中国传播作了研究述论，认为马克思主义在中国的传播研究进展大致可以分为 20 世纪 20 年代至 40 年代、50 年代至 70 年代、80 年代和 90 年代、新世纪以来四个阶段。在 20 年代至 40 年代，学术界还没有真正从学理上研究马克思主义在中国传播的问题；50 年代至 70 年代，国内学者主要论证了马克思主义对中国社会实践发挥的重要指导作用以及中国先进分子选择社会主义道路的正确性，而国外学者开始重点研究社会主义思想怎样进入中国并引起思想界的因应。80 年代和 90 年代，对该课题的研究一直保持着强劲势头，但国内外学术界很难产生有益的学术交流以推进学术研究的发展。新世纪以来，在中外学术交流、争鸣的基础上推进了对该课题的研究，出现以马克思主义传播为主题的硕士、博士学位论文，研究专著、论文更注重对史料的收集整理利用，研究论断更合乎客观实际。①

可见，对马克思主义早期传播的研究具有阶段性的成果和特点，但也存在一些不足和误区。赵付科、季正聚评述马克思主义早期传播史出现了一些不容忽视的问题，认为仍需进一步加强国内外学者

---

① 耿春亮：《"马克思主义在中国传播"研究述论》，《中共党史研究》2016 年第 2 期。

研究成果的相互交流、进一步借鉴其他学科的研究理论和方法、要进一步深化对早期传播史中的"小人物"或"二线人物"的研究，考察不同主体、不同媒介、不同地区、不同渠道、不同阶段传播马克思主义的异同。① 田子渝也指出，对深化马克思主义早期传播史研究需要做到以下几点：一是史料要深入挖掘，二是加强传播渠道研究，三是改进研究方法，全面客观公允地还原和研究早期传播史。② 新时代以来，史家对于马克思主义早期传播的研究延展到了更多地区，关注到不同的阶级群体，意识到不同媒介的传播作用，丰富了史料的种类，从观念史、社会史等新史学视角切入，更加聚焦、细节和深入。

新时代以来，越来越多的学者关注到马克思主义在早期传播过程中报纸杂志的重要性，不同报刊的侧重点和关注点有所不同，共同造就了马克思主义在中国传播的盛况。如周凯选取了《新青年》月刊作为主要文本进行分析，论证了马克思主义在中国早期传播的特殊主体是具备初步共产主义思想的知识分子。③ 崔春雪研究了《少年》与马克思主义在中国传播的互动，《少年》是旅欧少年共产党在旅法勤工俭学时期传播马克思主义的重要刊物，是研究马克思主义

---

① 赵付科、季正聚：《新世纪以来马克思主义在中国早期传播史研究述评》，《教学与研究》2013 年第 2 期。

② 田子渝：《马克思主义在中国早期传播史的研究状况及思考》，《广东党史与文献研究》2019 年第 1 期。

③ 周凯：《马克思主义在中国早期传播的主要特点——以〈新青年〉月刊为主的文本分析》，《中共党史研究》2013 年第 4 期。

传入中国的欧洲路径时不可回避的重要环节。① 张忠山则关注《星期评论》从民主主义向马克思主义的转轨。② 耿春亮通过《晨报副刊》考察了马克思主义在中国早期传播过程中的人事谱系、思想理论资源以及在面对现实的对苏关系等重大问题时各种政治势力关系。③ 张亚则以新中国成立初期中共中央宣传部承办的《学习》杂志为切口，探讨当时在全国范围内开展的一场大规模的马克思主义学习运动。④ 刘长军和雷斌研究了《人民日报》在新中国成立初期对马克思主义基本原理的宣传情况。⑤ 以各类型的报纸杂志为切入点研究马克思主义在中国的传播已成为热点，对报纸杂志进行文本分析和个案研究的方法是大多数学者倾向采用的。

除了对个别刊物进行探讨，一些学者也以地区报刊和高校组织为单位进行讨论，取得了一定成果。如黄正林以陕西地区为例，研究了《共进》杂志和共进社对马克思主义在陕西传播的作用。⑥ 也

---

① 崔春雪：《〈少年〉与马克思主义在中国的传播》，《中共党史研究》2013 年第5 期。

② 张忠山：《论〈星期评论〉从民主主义向马克思主义的转轨》，《中共党史研究》2014 年第 9 期。

③ 耿春亮：《〈晨报副刊〉与马克思主义在中国的传播（1918—1926）》，清华大学博士学位论文 2015 年。

④ 张亚：《新中国成立初期的马克思主义学习运动——以〈学习〉杂志为视角》，《中共党史研究》2013 年第 7 期。

⑤ 刘长军、雷斌：《新中国成立初期〈人民日报〉推进马克思主义大众化的当代启示》，《当代中国史研究》2017 年第 1 期。

⑥ 黄正林：《〈共进〉、共进社与马克思主义在陕西的传播》，《中共党史研究》2019 年第 2 期。

有不少学者研究了马克思主义在全国各地传播的情况，对马克思主义在各地传播的共性和差异进行梳理，涉及较多的有上海、安徽、山东、江西、内蒙古、新疆和东北地区。一些学者研究了高校社团组织对马克思主义传播的贡献。如金梦梳理了北京大学马克思学说研究会的研究情况。[①] 相关研究成果丰硕，但在广度与深度上仍有待进一步加强。

随着中国特色社会主义进入新时代，中华民族迎来了最好的发展时期。同时，面对复杂的国内外形势，团结一致、凝聚力量，确保中国发展的巨轮胜利前进刻不容缓。不少学者也关注到马克思主义在边疆地区和少数民族地区的传播。除此之外，还有不少学者研究了华侨、留学生对马克思主义早期传播的影响。如陈少卿就对旅法勤工俭学群体接受马克思主义的过程进行探讨，认为勤工俭学生很少一开始就接受马克思主义这样的激进思想，他们接受马克思主义可以说是勤工俭学运动失败的后果。[②] 贾凯则对此则有不同意见，认为旅法勤工俭学群体接受马克思主义是一个发展过程，应当更全面地展现五四时期各种思潮对青年的复杂影响，以及"五四"一代接受马克思主义过程的不同步性、反复性等诸多特点。[③]

[①] 金梦：《北京大学马克思学说研究会研究述评》，《中共党史研究》2017 年第 12 期。

[②] 陈少卿：《留法勤工俭学群体接受马克思主义过程再探讨》，《中共党史研究》2018 年第 7 期。

[③] 贾凯：《中共留法勤工俭学群体若干问题再探讨——与〈留法勤工俭学群体接受马克思主义过程再探讨〉一文商榷》，《中共党史研究》2019 年第 8 期。

2.《共产党宣言》对马克思主义传播的影响

《共产党宣言》是发行量最大、影响范围最广的马克思主义经典文献之一，其翻译与传播深刻影响了近代以来中国的历史进程，是一个极具学术价值和时代意义的课题。与过去侧重于对《共产党宣言》在中国的早期传播的史料介绍不同，新时代以来，这一主题的研究深度与水平在不断提高，许多学者从汉译出版、传播考释、多语译本、版本目录的角度出发，运用多学科的视野考察研究《共产党宣言》。首先是文本研究。陈红娟对《共产党宣言》的研究情况、文本考辨、语义理解等方面都作了细致的研究，对新世纪以来《共产党宣言》翻译历程、中文全译本考证、陈望道译本的专题研究、译词和译句考究、《共产党宣言》传播等五个方面的研究状况加以梳理评价。① 她还对陈望道翻译的《共产党宣言》进行文本考辨，再次考订了初版时间、版本源流和底本甄别。② 其次是对具体语境中词语语义的探讨。陈红娟关注到《共产党宣言》中译本中"阶级"概念的源起、语义与理解，指出"阶级"是马克思主义理论的基本范畴，是20世纪中国政治文化与社会生活的关键词之一。③ 张文彬对《共产党宣言》中译本中"资产阶级"相关译词的溯源、变迁及

① 陈红娟：《新世纪以来〈共产党宣言〉在中国翻译传播研究述评》,《中共党史研究》2015年第2期。

② 陈红娟：《版本源流与底本甄别：陈望道〈共产党宣言〉文本考辨》,《中共党史研究》2016年第3期。

③ 陈红娟：《〈共产党宣言〉汉译本中"阶级"概念的源起、语义与理解（1900—1920）》,《中共党史研究》2017年第8期。

深化路向进行了研讨。① 再者是译本方面。方红考究了新中国成立前《共产党宣言》中译本出版情况，有陈望道译本、华岗译本、成仿吾和徐冰译本、博古译本、陈瘦石译本、莫斯科译本，彰显了其在不同历史阶段与中国共产党和中华民族共谋发展的命运走势，也见证了百年来马克思主义中国化的历史进程。②

　　1920 年 8 月，陈望道翻译的《共产党宣言》印行，这是首部在国内正式出版的中文全译本，在马克思主义传播历程中具有里程碑意义。这本薄薄的小册子，对中国共产党的诞生、中国革命的胜利发挥了重要作用。2020 年是陈望道翻译《共产党宣言》100 周年，许多学者纪念这一伟大译著的问世，也深入思考了《共产党宣言》的当代价值和时代意义。张双利、陈红娟、姚新宇分析了《共产党宣言》的内涵与意义，从国内、国外两种视角出发，对《共产党宣言》在中国的百年文本诠释进行解读。③ 马拥军、李珹、刘招成、黄蓉生从《共产党宣言》与中国共产党的关系入手，深入探讨了《共产党宣言》与中共创建、革命、建设、改革及新时代的重要意义，阐发了《共产党宣言》对引领中国共产党人锲而不舍奋斗的

---

　　① 张文彬：《共产党宣言〉汉译本中"资产阶级"相关译词的溯源、变迁及深化路向》，《社会主义研究》2021 年第 5 期。

　　② 方红：《共产党宣言〉百年汉译出版及传播考释》，《出版发行研究》2020 年第 5 期。

　　③ 参阅张双利：《再论〈共产党宣言〉的当代意义——纪念中文版发表 100 周年》，《探索与争鸣》2020 年第 8 期；陈红娟、姚新宇：《共产党宣言〉在中国的百年文本诠释与意义生产》，《探索与争鸣》2021 年第 6 期。

作用与意义。①

3. 马克思主义传播的人物研究

随着一批早期传播者的文献、年谱、回忆录得以编辑出版，李大钊、陈独秀、毛泽东、赵世炎、李达、李汉俊、瞿秋白、蔡和森、恽代英、周恩来、张闻天等党史人物信仰和传播马克思主义的脉络和轨迹越来越清晰，引起了学术界的高度重视。同时，更多党史人物如杨匏安、袁振英等也逐渐进入人们的视野，被纳入马克思主义传播的研究体系。

新时代以来，不少学者以人物个案为主体，研究了党史人物在中国传播马克思主义的历史贡献。比如，张江芬梳理了杨明斋作为俄共（布）正式派往中国代表团中的一员，对中共早期文化事业以及马克思主义早期传播的苏俄路径中的积极推动作用。② 路宽以瞿秋白的《社会哲学概论》和《现代社会学》为例，认为马克思主义在中国的译介过程体现为一种跨语际的传播实践，并将之归纳为"创造性阐释"③。除此之外，沈志刚分析了杨匏安从"华南第一人"

① 参阅李琊：《真理的力量：〈共产党宣言〉与中国共产党的创建》，《复旦学报》2022年第6期；马拥军：《〈共产党宣言〉"核心的基本思想"及其时代意义》，《思想理论教育》2018年第5期；刘招成：《建党前中国人对〈共产党宣言〉的接受述论》，《史学月刊》2013年第7期；黄蓉生：《〈共产党宣言〉与中国共产党人的初心和使命》，《思想理论教育导刊》2018年第12期。

② 张江芬：《杨明斋对马克思主义在中国传播的历史贡献》，《中共党史研究》2015年第7期。

③ 路宽：《创造性阐释：马克思主义早期传播的跨语际实践——以瞿秋白的〈社会哲学概论〉和〈现代社会学〉为例》，《中共党史研究》2018年第1期。

到"北李南杨"的地位变迁，提出马克思主义传播史上的"北李南杨"这一说法，是学术界与传媒界交互影响而建构的结果。① 张世飞则关注袁振英，认为袁振英翻译了列宁阐述民族问题的重要文献《民族自决》，为马克思主义民族理论在中国的早期传播作出了努力。②

4. 马克思主义其他文本和理论在中国的译介

新时代以来，越来越多学者注意到马克思主义在不同领域的成果在中国的翻译及传播情况，对马克思主义传播的研究更加具体和深入，并且自觉运用跨学科的视野和方法进行研究，在一定程度上展现了马克思主义在中国传播的必然性。

一些学者从马克思主义的具体理论与文本在中国的传播入手，探讨了中国构建系统的马克思主义社会科学话语体系的理路。如袁雷讨论了马克思、恩格斯东方社会理论的主要文本在中国的传播情况，认为这些文本在中国的翻译、出版、传播是马克思主义中国化的重要组成部分。彰显了中国作风和中国气派，也具有鲜明的国际性视野和世界历史眼光。③ 阎书钦则从社会科学的兴起与马克思主义社会科学话语体系的构建的角度入手，认为一批马克思主义社会科学论者在次第传承马克思主义社会科学诸多重要理论原则的同时，

---

① 沈志刚：《杨匏安在马克思主义传播史上的地位再探讨》，《党史研究与教学》2018 年第 6 期。

② 张世飞：《袁振英对中共创建的重要贡献》，《党史研究与教学》2015 年第 3 期。

③ 袁雷：《马克思恩格斯东方社会理论主要文本在中国的传播及其启示》，《中共党史研究》2014 年第 6 期。

构建起系统的马克思主义社会科学话语体系。①

一些学者则讨论了马克思主义在中国的选择与扬弃。如赵广军考察了布哈林《历史唯物主义理论》一书 20 世纪 30 年代在中国的译介、传播和理论扬弃，对唯物史观理论中国化的具体历程有了更深入的认识。②杜涛则关注到新中国初期艾思奇历史唯物主义教科书的使用，以 1953 年为界，这些教科书前期是生产力范式，适应了新民主主义建设的需要；后期是生产关系范式，适应了向社会主义过渡的需要。③杨林则从 1949 年到 1966 年马克思主义通俗读物在中国的出版与大众阅读角度出发，认为马克思主义通俗读物的出版发行工作在不断推进，提高了读者的马克思主义理论素养，也增强了读者对中国共产党和社会主义道路的认同。④

在马克思主义早期传播的过程中，译者往往扮演着极其重要的角色。一些学者着重以译者为主体出发，探讨译者对马克思主义学说的重视程度、译者本人的主张和思考，进而探索马克思主义学说传播的广度与深度。如刘庆霖就对马克思及其学说的清末中译日书进行研究，认为其中有部分译者因自身的翻译能力不佳，或是对马

① 阎书钦：《"新兴社会科学"的兴起与马克思主义社会科学话语体系的构建》，《中共党史研究》2015 年第 4 期。

② 赵广军：《布哈林〈历史唯物主义理论〉在 20 世纪 30 年代中国的传播与理论扬弃》，《史学理论研究》2022 年第 1 期。

③ 杜涛：《〈大众哲学〉之"续篇"——新中国初期艾思奇历史唯物主义教科书论析》，《史学理论研究》2020 年第 6 期。

④ 杨林：《1949—1966 年马克思主义通俗读物在中国的出版与大众阅读》，《当代中国史研究》2021 年第 2 期。

克思学说的理解水平有限，而无法正确地诠释日文原书中所论及的思想与知识。[①] 这也提示我们，译者的能力、理解水平、主观理解也会影响早期马克思主义理论的翻译与传播，马克思主义作为一种舶来学说，需要我们辩证、客观、全面地看待。

5. 马克思主义的党外传播

新时代以来，越来越多学者关注到马克思主义在党外的传播，在一定程度上填补了马克思主义在中国传播研究的空缺与不足。例如，张太原研究了 20 世纪 30 年代国民党主流报刊上的马克思学说的运用，从中发现了一种特殊现象，即在国民党反共的时期，国民党对马克思学说进行排斥与打压，在国民党主办或控制的报刊上，马克思学说却常常自觉不自觉地被提起或运用，如唯物辩证法、社会形态的演进及社会主义的趋势、中国反帝反封建的任务等。[②] 这也说明了该时期马克思学说在中国的受众是比较广泛的。许峰、周游对抗战时期党外进步报刊传播马克思主义进行探析，从报刊类型、作者群体、传播内容、传播效果来看，党外进步报刊因其多样、覆盖面广的作者、读者群体，意识形态色彩不够突出等，能在一定程度上弥补中共在宣传马克思主义及其学说上的死角和不足。[③] 谢辉

---

① 刘庆霖：《译者的作用：论及马克思及其学说的清末汉译日书》，《中共党史研究》2018 年第 10 期。

② 张太原：《二十世纪三十年代国民党主流报刊上的马克思学说之运用》，《中共党史研究》2014 年第 2 期。

③ 许峰、周游：《抗战时期党外进步报刊传播马克思主义探析》，《贵州社会科学》2018 年第 7 期。

元则聚焦在抗战时期国统区的马克思主义史学家群体，指出马克思主义史学家在中共的组织、领导下逐渐向西南地区有序集中，创立了马克思主义史学传播阵地。[①]

总之，进入新时代以来，大量马克思主义早期传播史料文献得以编辑出版，学术研讨交流活动十分活跃，研究成果涌现，在内容上，史学界围绕着马克思主义在中国早期传播的主体、媒介、渠道、特点以及马克思主义在中国不同地区的早期传播、《共产党宣言》在中国的早期传播、三次论争（问题与主义之争、基尔特社会主义之争、无政府主义之争）与马克思主义在中国的早期传播等问题取得了重大进展。我国学者在总结和延续马克思主义与中国共产党成立的关系、马克思主义在中国传播的历史进程、马克思主义与反马克思主义的论战、中国先进分子马克思主义思想的转变等传统历史问题的基础上，继续探讨了中国先进分子传播马克思主义的思想资源及人事关系、传播主体之间聚合分散的路径、传播过程中所引发的各派政治势力之间的理论论争及其历史命运等议题，从理论源头梳理中国先进分子接触、选择马克思主义的历史过程，揭示纷繁复杂的政治思想演变轨迹以及对中国社会走向的深远影响，对于增强中国特色社会主义的道路自信、理论自信、制度自信具有正本清源的作用。

[①] 谢辉元：《抗战时期国统区的马克思主义史学家群体》，《史学月刊》2015 年第 8 期。

（二）马克思主义中国化研究

新民主主义革命时期，以毛泽东同志为主要代表的中国共产党人，把马克思列宁主义基本原理同中国具体实际相结合，创立了毛泽东思想，为夺取新民主主义革命胜利指明了正确方向。社会主义革命和建设时期，以毛泽东同志为主要代表的中国共产党人，结合新的实际丰富和发展毛泽东思想，提出关于社会主义建设的一系列重要思想。毛泽东思想是马克思列宁主义在中国的创造性运用和发展，是被实践证明了的关于中国革命和建设的正确的理论原则和经验总结，是马克思主义中国化的第一次历史性飞跃。党的十一届三中全会以后，以邓小平同志为主要代表的中国共产党人，深刻总结新中国成立以来正反两方面经验，围绕什么是社会主义、怎样建设社会主义这一根本问题，借鉴世界社会主义历史经验，创立了邓小平理论。党的十三届四中全会以后，以江泽民同志为主要代表的中国共产党人，坚持党的基本理论、基本路线，加深了对什么是社会主义、怎样建设社会主义和建设什么样的党、怎样建设党的认识，形成了"三个代表"重要思想。党的十六大以后，以胡锦涛同志为主要代表的中国共产党人，在全面建设小康社会进程中推进实践创新、理论创新、制度创新，深刻认识和回答了新形势下实现什么样的发展、怎样发展等重大问题，形成了科学发展观。改革开放和社会主义现代化新时期，中国特色社会主义理论体系的形成，实现了马克思主义中国化新的飞跃。中国特色社会主义进入新时代，以习近平同志为主要代表的中国共产党人，坚持把马克思主义基本原理同中国具体实际相结合、同中华优秀传统文化相结合，坚持毛泽东思想、邓小平理论、"三个代表"重要思想、科学发展观，深刻总结并充分运用党成立以来的历史经验，从新的实际出发，创立了习近平新时代中国特色社会主义思想。习近平新时代中国特色社会主义思想是当代中国马克思主义、21世纪马克思主义，是中华文化和中国精神的时代精华，实现了马克思主义中国化新的飞跃。① 马克思主义中国化的飞跃无不展示着马克思主义中国化的轨迹和目标，也预示着马克思主义与中国历史、中国实际、中华优秀传统文化相结合的必然优势，有着强大的时代价值和现实意义。进入新时代以来，我国学者对于马克思主义中国化的研究更加细致深入，涉及的内容和学科更加广泛，立足于过去、现在和未来。

1. 马克思主义中国化进程研究

马克思主义中国化这一命题的提出有着深刻的内在逻辑和科学内涵，马克思主义中国化是党百年理论创新的经验总结和内涵升华，也是理论与实践的辩证统一。一些学者从宏观视角分析马克思主义中国化的内外动力、思想融合、现实目标。刘同舫解读了马克思主义中国化百年进程的实践理路与趋势展望，认为马克思主义与中国革命、建设和改革实践的结合形塑了马克思主义中国化的百年进程，理论与实践的交融并进构成了马克思主义中国化的基本理路。② 齐

---

① 《中共中央关于党的百年奋斗重大成就和历史经验的决议》，《人民日报》2021年11月17日。

② 刘同舫：《马克思主义中国化百年进程的实践理路与趋势展望》，《浙江社会科学》2021年第6期。

卫平、樊士博从前提、过程和动力三方面解读了马克思主义中国化的百年历程，以科学态度为前提，以本国具体实际为基础，以结合中华优秀传统文化为依托，是中国共产党推进马克思主义中国化的实践遵循。① 孙代尧认为马克思主义在近代西学东渐大潮中传入中国后的思想演进过程，是为解决中国面临的现实问题而与中国本土思想文化不断融合的过程。②

马克思主义在中国的传播、发展和运用，始终是在中国特定历史条件和时代背景下进行的，在各个历史时期呈现出不同的特征和形态。一些学者从更加微观的视角提炼出马克思主义中国化的阶段性特征，选取具有代表性的事件来划分历程。如李思聪提出，马克思主义中国化时代化从酝酿到正式形成经历了"兼用表达期""理论准备期""确立成熟期"三个阶段。③ 田克勤、程小强重点分析了新中国70年马克思主义中国化的历程和经验，以新中国成立、社会主义制度建立、党的十一届三中全会召开为主要标志，经过改革开放前后两个历史时期的接续探索，迎来了新时代，开启了新征程。④

---

① 齐卫平、樊士博：《前提、过程和动力：马克思主义中国化百年回眸》，《江苏大学学报》2022年第3期。

② 孙代尧：《马克思主义中国化时代化的历史逻辑》，《历史研究》2023年第1期。

③ 李思聪：《关于马克思主义中国化时代化的若干问题探赜》，《南开学报》2023年第1期。

④ 田克勤、程小强：《新中国70年马克思主义中国化的历程、经验和启示》，《思想理论教育》2019年第11期。

2. 马克思主义中国化的理论飞跃

马克思主义中国化的重要的理论创新和飞跃在逻辑上有明确的序列，连续性与创新性并存，每一次理论发展创新都是前一阶段基础上的深化和拓展，是中国共产党根据历史条件和实践经验的总结而进行的。张明从逻辑必然、理论内涵与多维价值的角度理解马克思主义中国化时代化新的飞跃的三重向度，新的飞跃在总体逻辑上呈现了"锚定一个历史方位—研判一个主要矛盾—确定两大中心任务—制定科学路径规划"的结构。① 冯景源、龚维丽认为，马克思主义形成史的研究方法是理论驿站，即从经典中探讨马克思主义理论形成的历史和逻辑的关系。② 章忠民、郭玉琦认为中国共产党百年进程中先后形成的三个历史决议，孕育着马克思主义中国化的理论先声和历史脉动，站起来、富起来、强起来的奋斗历程与马克思主义中国化有内在关联，有一脉相承的理论与实践相统一的逻辑主线。③ 马克思主义中国化的理论飞跃反映了中国共产党的文化向度、文化自信和历史自觉。张卫波认为，马克思主义传入中国后，中华优秀传统文化不仅为马克思主义的传播创造了条件，而且还为马克

① 张明：《新飞跃的逻辑必然、理论内涵与多维价值——理解马克思主义中国化时代化新的飞跃的三重向度》，《南京大学学报》2022 年第 5 期。

② 冯景源、龚维丽：《马克思主义中国化研究及其重要意义——兼论马克思主义中国化第三次历史性飞跃的特征》，《东南学术》2020 年第 1 期。

③ 章忠民、郭玉琦：《百年进程中马克思主义中国化三次飞跃的逻辑与意蕴》，《思想理论教育》2022 年第 2 期。

思主义中国化提供了源头活水。①

从理论与实践的关系来看，马克思主义中国化的理论飞跃在理论和实践上都有着深刻的内涵，体现了中国特色社会主义理论的不断丰富和发展。刘红凛认为习近平新时代中国特色社会主义思想的三大理论命题，是新中国成立以来各个历史时期理论创新时代命题的"历史集结"与"时代综合"，也是中国共产党百年奋斗历史经验的时代凝结，具有继往开来、开拓创新的显著特点。②

3. 马克思主义中国化的意义研究

马克思主义中国化为中国共产党领导中国革命、中国特色社会主义、中国式现代化提供了重要的理论基础和实践指南。

从世界意义来看，马克思主义中国化使马克思主义以崭新形象展现在世界上，为全球治理提供了新思路和新方案。柴尚金、潘坤认为马克思主义中国化坚持和平发展道路，对世界社会主义历史进程产生了深远影响，为世界马克思主义政党发展壮大探索出一条新路，为发挥社会主义制度优势作出了示范。③ 任平指出，在重构全球文明对话秩序、建立当代中国文化自信语境中提出建构马克思主

---

① 张卫波：《中华优秀传统文化与马克思主义中国化的三次飞跃》，《中共中央党校（国家行政学院）学报》2022 年第 4 期。

② 刘红凛：《百年来党的理论创新与马克思主义中国化的三次飞跃》，《人民论坛·学术前沿》2021 年第 24 期。

③ 柴尚金、潘坤：《马克思主义中国化进程的世界意义》，《思想理论教育导刊》2022 年第 6 期。

义中国化文化形态这一当代使命，具有重大意义。① 吴晓明从"世界历史"的处境出发，认为中国道路的百年探索开展了现代化与马克思主义中国化相统一的历史性实践，当这一实践进展到中国特色社会主义并抵达新的历史方位时，中国道路的历史性进程便展现出它的"世界历史意义"。②

马克思主义中国化为中国式现代化建设提供了理论指导，强调把马克思主义原理与中国具体国情相结合，充分发挥中国特色社会主义制度优势，推动中国式现代化建设迈上新台阶。臧峰宇认为马克思主义为中国的民族解放事业提供了科学指导，激活了支撑中国式现代化的现实历史的伟力。③ 刘儒、陈舒霄从中国式现代化建设与马克思主义现代化理论的关系的角度出发，分析了新时代以来习近平总书记在深刻把握马克思主义现代化理论的基础上，对于中国"建设什么样的社会主义现代化强国、怎样建设社会主义现代化强国"问题进行了深邃思考和科学判断，推动形成了新时代的中国式现代化理论，实现了马克思主义现代化理论的新飞跃。④

① 任平：《全球文明秩序重建与中国文化自信的当代使命——兼论建构马克思主义中国化的文化形态》，《中共中央党校（国家行政学院）学报》2017 年第 1 期。

② 吴晓明：《世界历史与中国道路的百年探索》，《中国社会科学》2021 年第 6 期。

③ 臧峰宇：《马克思的现代性思想与中国式现代化的实践逻辑》，《中国社会科学》2022 年第 7 期。

④ 刘儒、陈舒霄：《中国式现代化：马克思主义现代化理论的新飞跃》，《西安交通大学学报》2023 年第 1 期。

（三）马克思主义中国化的基本经验

中国共产党的历史是一部不断推进马克思主义中国化的历史，是一部不断推进理论创新、进行理论创造的历史。马克思主义在中国的传播和中国化形成了众多珍贵的历史经验，既保留了马克思主义基本原理的内涵，也结合了中国的现实情况和文化底蕴，创造了有中国特色、中国风格、中国气派的当代中国马克思主义。有学者认为"科学性和真理性""人民性和实践性""开放性和时代性"成了马克思主义中国化过程中中国共产党思想辉煌的显著特征。①

1. 马克思主义中国化时代化

尽管中国化和时代化都是马克思主义在中国发展的表现，但它们的着眼点和出发点有所不同。中国化更注重马克思主义与中国历史、文化和实践相结合，坚持马克思主义中国化方向不动摇，推动中国特色社会主义理论不断创新。时代化则更注重马克思主义发展的时代性和前瞻性，把握时代的特殊性和发展趋势，积极探索新的理论和实践。

在中国特殊的历史、文化和社会基础上，马克思主义中国化与时代化相互联系、相互促进，也有其自身的特点和优势。齐卫平区分了马克思主义中国化时代化的两个概念，移植和嫁接的不同样式决定着马克思主义中国化时代化的成功与否。坚持把马克思主义中国化时代化，不是把马克思主义基本原理机械地搬运到中国的物理

---

① 顾海良：《马克思主义中国化与中国共产党思想的百年辉煌》，《马克思主义与现实》2021 年第 3 期。

位置意义上的移植，而是进行化学反应意义上的嫁接，使马克思主义基本原理之"矢"射准中国具体实际之"的"。① 曹泳鑫认为，马克思主义中国化时代化有特定的时代含义，也有特定的历史场景，必须深入理解相关概念的内在逻辑关系，总结中国共产党作为马克思主义中国化时代化创新主体的特定历史任务，才能进一步深刻认识和科学把握当今马克思主义中国化时代化成果的历史地位和实践意义。② 韩庆祥认为马克思主义中国化侧重于立足中国，马克思主义时代化侧重于时代发展趋势和世界发展大势，马克思主义中国化是基础和前提，马克思主义时代化是马克思主义中国化在时间和空间上的进一步延伸。③ 顾钰民从中国化、时代化、大众化的整体性出发，认为中国化以中国实践为基础发展马克思主义，使马克思主义具有鲜明的中国特色；时代化以世界变化为依据发展马克思主义，使马克思主义具有宽广的世界意义；大众化以当代中国马克思主义为核心内容宣传马克思主义，使理论转化为建设中国特色社会主义的巨大力量。④

---

① 齐卫平：《移植与嫁接：马克思主义中国化时代化的两个概念》，《理论与改革》2023 年第 1 期。

② 曹泳鑫：《马克思主义中国化时代化的历史场景》，《毛泽东邓小平理论研究》2022 年第 12 期。

③ 韩庆祥：《时代化与化时代——兼论马克思主义时代化的基本涵义》，《探索与争鸣》2022 年第 11 期。

④ 顾钰民：《马克思主义中国化、时代化、大众化整体性研究的思考》，《上海师范大学学报》2011 年第 6 期。

2. 马克思主义中国化的实践创新

马克思主义中国化的实践是丰富和完善马克思主义理论的重要途径，是中国人民不断探索、总结和积累的过程，这些探索和总结形成的理论和实践经验，具有鲜明的中国特色和中国智慧，既为中国社会主义建设提供了宝贵的经验和启示，同时也对世界社会主义事业的发展具有重要的意义。

马克思主义中国化是把马克思主义与中国的具体实际相结合，有着极其丰富的内涵。汪信砚认为，马克思主义中国化可以区分为理论层面上的马克思主义中国化与实践层面上的马克思主义中国化，仅就理论层面上的马克思主义中国化而言，它又有狭义与广义之分。[①] 顾海良提出，中国社会百年来的历史性变迁，同马克思主义中国化的发展阶段及阶段性特征相契合，同中国共产党百年思想的形成、丰富和接续发展相辉映，也是在中国社会历史性变迁中，以中国社会实现两大历史任务为主旨，以中国的"实际问题为中心"，以中华民族伟大复兴为旗帜的。[②] 肖贵清、李云峰从"两个结合"的角度出发，讨论马克思主义中国化与发展 21 世纪马克思主义。坚持中国共产党领导、坚持马克思主义铸魂、坚持中华优秀传统文化筑基，是党在推进"两个结合"过程中积累的宝贵经验。[③] 唐立平、

---

① 汪信砚：《马克思主义中国化的丰富内涵》，《江汉论坛》2011 年第 4 期。

② 顾海良：《马克思主义中国化与中国共产党思想的百年辉煌》，《马克思主义与现实》2021 年第 3 期。

③ 肖贵清、李云峰：《实现"两个结合"与创新发展 21 世纪马克思主义》，《思想理论教育导刊》2022 年第 4 期。

田克勤指出，中国化马克思主义方法论在发展过程中形成了自身鲜明的特征。正确认识和把握中国化马克思主义方法论的基本特征，对于进一步运用马克思主义基本方法认识和解决中国改革发展中的问题，推进马克思主义中国化的理论与实践创新具有重要意义。①

3. 马克思主义中国化与理论创新

马克思主义中国化，就是以中国共产党为核心的中国马克思主义者把马克思主义基本原理同中国具体实际、中华优秀传统文化进行创造性结合的创新过程。金民卿认为，在新民主主义革命的曲折进程中创立并不断完善毛泽东思想，在社会主义革命和建设的艰辛探索中丰富和发展毛泽东思想，在改革开放新的伟大革命中创立并不断发展中国特色社会主义理论体系，在新时代历史方位中创立并不断发展习近平新时代中国特色社会主义思想，展现了马克思主义中国化百年发展的历史连续性和理论开放性。②齐卫平阐释了"理论创新"与"理论创造"的意蕴，作为一个新的理论主体，习近平新时代中国特色社会主义思想具有新时代理论主体的时代开创性、主题综合性、体系重塑性、范畴再造性等主要特征。③顾海良提出习近平对马克思主义科学性、人民性、实践性和开放性理论特征的

---

① 唐立平、田克勤：《中国化马克思主义方法论的基本特征》，《思想理论教育》2015 年第 12 期。

② 金民卿：《马克思主义中国化思想发展的百年历程》，《思想理论教育导刊》2021 年第 3 期。

③ 齐卫平：《中国共产党的理论创造与马克思主义中国化历史实践》，《理论探讨》2021 年第 5 期。

概括，以及对马克思主义中国化中科学性和真理性、人民性和实践性、开放性和时代性理论特征的概括，是对马克思主义历史发展和理论体系认识的升华，彰显 21 世纪马克思主义的思想智慧、理论力量和时代意蕴。[①] 辛向阳分析了马克思主义中国化的百年历程中中国共产党持续不断地推进理论创新，一个重要的原因就是有一系列科学的创新机制。[②]

时代会开辟思想的新境界，会赋予思想以原创性。有学者提倡马克思主义必须不断开辟新境界，不断作出原创性贡献，才能引领社会的发展。陈培永认为，"马克思主义中国化"不是通过纯粹文本研究、理论逻辑推演出来的，它实质上反对的是对马克思主义进行教条化理解的教条主义，以及过于看重经验而看不到思想、理论价值的经验主义，本身包含着对待马克思主义的科学方法论。[③] 李辉则回归到马克思、恩格斯的原典本身，提示我们在当下，马克思所涉及的人的自由和社会的公正依然是我们追求的目标，其建构的进程是漫长的。这个过程其实就是中国特色社会主义理论体系发展和完善的过程，以马克思主义为指导，结合中国国情的理论创新过程，首先要认识实践中的矛盾，提出问题。马克思直面现实的勇气，对

[①] 顾海良：《马克思主义中国化与马克思主义理论特征的升华》，《中国高校社会科学》2020 年第 1 期。

[②] 辛向阳：《马克思主义中国化百年历程中理论创新的机制研究》，《思想教育研究》2021 年第 5 期。

[③] 陈培永：《"马克思主义中国化"若干基本问题——基于中国共产党百年历程的思考》，《浙江社会科学》2021 年第 6 期。

无产阶级和人类命运的关怀精神，保证了他所提出的问题顶天立地。从这个视角，也能够看到马克思主义的理论品质，这恰恰是我们这个时代所需要的。①

总之，马克思主义中国化的研究具有十分重大的意义，它不仅是中国共产党政治领导的重要保证，党的路线、方针、政策和决策都是在马克思主义中国化的理论基础上制定的，还推动了马克思主义的时代化。新时代以来，我国取得了诸多研究成果，但马克思主义与中华优秀传统文化的结合、马克思主义在中国传播与发展的深度和广度、马克思主义中国化的世界意义，马克思主义中国化对国家文化软实力的支撑，依然是值得深耕的问题。

二、中国共产党领导革命和建设的重大成就和经验

新时代以来，史学界对中国共产党领导的革命和建设相关研究空前热烈，不仅对取得的重大成就进行了研究与阐释，而且对形成的一系列历史经验问题进行了分析与思考，开拓了不同视角，从宏观层面、历史事件、自我革命、中国式现代化、马克思主义中国化时代化等方面进行了深入研究。

其一，从百年奋斗观察中国共产党领导的革命与建设。

中国共产党是中国人民革命、建设和改革事业的中流砥柱，不少学者从不同层面出发，从百年奋斗历程、宏观的发展路径中观察

---

① 李辉：《"马克思问题"与马克思主义中国化》，《中共党史研究》2014 年第 3 期。

中国共产党领导的革命与建设，研究阐释历史经验。曲青山指出，中国共产党领导人民进行伟大奋斗在进取中突破，于挫折中奋起，从总结中提高，积累了宝贵的历史经验，可概括成坚持党的领导、坚持人民至上、坚持理论创新、坚持独立自主、坚持中国道路、坚持胸怀天下、坚持开拓创新、坚持敢于斗争、坚持统一战线、坚持自我革命十条历史性经验。[①]张海鹏从道路选择出发，指出中国共产党开辟的历史道路，虽然艰辛、曲折，也充满了胜利、喜悦。只有中国共产党才是推动中国历史发展的正确的、积极的力量。[②]夏春涛从文化建设的角度出发，探讨中国共产党在领导革命、建设和改革的历程中，坚持以发展着的马克思主义为指导，努力探索并不断拓展中国特色社会主义文化发展道路。[③]王炜烨则从中国共产党伟大精神与百年奋斗历程出发，解读了伟大精神之源，阐述了党的伟大精神在不同时期的突出体现。[④]胡长栓从中国社会百年历史演进的五个历史阶段分析了中国共产党领导的重要历史地位。[⑤]阚道

---

① 曲青山：《中国共产党百年历史经验研究（上、下）》，《中共党史研究》2023年第1、2期。

② 张海鹏：《中国共产党与中国历史道路的选择》，《近代史研究》2021年第3期。

③ 夏春涛：《党领导文化建设的光辉历程及深刻启示》，《近代史研究》2023年第4期。

④ 王炜烨：《中国共产党伟大精神与百年奋斗历程》，《史学理论研究》2022年第5期。

⑤ 胡长栓：《中国共产党与中国社会的百年历史演进——深刻认识中国共产党领导的重要历史地位》，《中共党史研究》2022年第1期。

远、肖泳冰认为一部中国共产党百年史，既是党自身作为一个政治组织成长发展的"自然史"，也是党领导革命、建设和改革并取得辉煌成就的"政治史"，这个"自然史"和"政治史"相互影响、相互激荡，改变了中国的社会性质，构建了全新的社会形态，创造了新型的社会治理模式。① 王怀超、张瑞从六个方面概括了中国共产党在领导中国革命和建设的历程中积累的领导经验：始终站在时代前列，做时代的促进派；有科学理论作为指导思想；有明确的发展战略目标；找到了符合中国国情的发展道路；有坚强的领导核心；有解放思想、开拓创新、艰苦创业的实干精神。②

其二，从三个历史决议出发观察中国共产党领导的革命与建设。

党的三个历史决议，都是党在重要历史时刻和重大历史关头总结和运用历史经验的重要文献。因此，新时代，学者们也将目光聚焦在党的三个历史决议上，以此为窗口观察中国共产党领导的革命与建设所取得的重大成就和历史经验。如侯衍社从三个历史决议出发，认为百年历史经验是一个内涵丰富的有机系统，历史决议凝练了历史经验的突出特点，以伟大历史主动精神推进民族复兴历史进程。③ 韩学亮、黄广友从三个历史决议的共性出发，认为三个历史决

① 阚道远、肖泳冰：《中国社会百年变革与治理：中国共产党的历史贡献》，《史学理论研究》2021 年第 3 期。

② 王怀超、张瑞：《中国共产党领导中国革命与建设的基本经验》，《华中师范大学学报》2021 年第 3 期。

③ 侯衍社：《中国共产党百年历史经验的系统阐释》，《北京大学学报》2022 年第 1 期。

议都深刻贯穿和彰显着党认识自身历史的科学方法，都注重坚持历史的连续性和阶段性的辩证统一，都注重坚持全面总结和突出重点的辩证统一，都注重坚持已有结论和最新认识的辩证统一。① 李海高、王传利对三个历史决议的产生背景、制定过程、文本内容和行文逻辑进行了全面考察，认为三个历史决议是辩证唯物主义和历史唯物主义的杰出作品。② 裴植认为通过历史决议，中国共产党的政党自觉在政治自觉、思想自觉和行动自觉三个方面有着较为集中的反映。③ 杨明伟把三个历史决议联系考察，从理论深化线索看，历史决议强调的是马克思主义作为"指导我们思想的理论基础"的基础地位和指导作用；从实践探索线索看，历史决议强调的是中国共产党在承担中华民族伟大复兴历史任务中作为"领导我们事业的核心力量"及其领导作用，并突出了中国共产党需要解决的带有根本性的问题。④ 周炳钦也注意到三个历史决议中既一脉相承又与时俱进的关系，并从军事思想和军队建设方面看，三个历史决议在认识军队的重要性方面一以贯之。⑤ 仝华指出，党的第三个历史决议对

① 韩学亮、黄广友：《中国共产党认识自身历史的科学方法——以三个历史决议为重点的分析》，《党的文献》2023 年第 1 期。

② 李海高、王传利：《论中国共产党的三个历史决议的科学历史方法》，《思想教育研究》2022 年第 8 期。

③ 裴植：《论中国共产党的政党自觉——基于"三个历史决议"文本的考察》，《中国特色社会主义研究》2022 年第 3 期。

④ 杨明伟：《理论和实践："历史决议"贯穿的两大线索》，《毛泽东研究》2022 年第 3 期。

⑤ 周炳钦：《三个"历史决议"中建军兴军强军思想举要》，《毛泽东研究》2022 年第 3 期。

我们深入研究党的历史、研究党在百年奋斗历程不同阶段中相继形成的马克思主义中国化的理论成果具有多方面的指导作用。[1]

其三，从自我革命的角度观察中国共产党领导的革命与建设。

自我革命是中国共产党优于其他政党的政治优势。新时代以来，越来越多学者立足历史逻辑和现实需求，对中国共产党自我革命的历史过程进行回顾，对当今进行自我革命的必要性深入研究，为中国社会主义现代化建设提供经验借鉴。如李国泉认为自我革命是解决大党独有难题的成功路径，从理论内涵来看，其旨向是通过彻底的自我批判走向"自我的革新"，而勇于自我革命作为马克思主义政党的鲜明品格，是由这一政党的本质规定性所决定的。从更宏观的视野来论，党的自我革命的根本价值意义在于它是决定社会革命兴衰成败的关键性因素。[2]金民卿则认为在中国共产党领导革命与建设的历程中，中华文明的突出创新性特质、传统文化中的历史周期率思想，为马克思主义的革命批判性在中国共产党的实践和思想中扎根、发展，提供了深厚的文化根基和沃土，凝结为中国共产党自我革命的鲜明品格。[3]王海军对新时代中国共产党自我革命话语体系建构进行了多维探究，解读了中国共产党自我革命话语的内涵意蕴、时代变化、建构语境、内在理路、重要表征和价值，提出今后

---

[1] 全华：《党的第三个历史决议对深化毛泽东思想研究的指导》，《毛泽东研究》2022 年第 3 期。

[2] 李国泉：《自我革命：解决大党独有难题的成功路径》，《复旦学报》2023 年第 3 期。

[3] 金民卿：《中华文明的突出创新性与中国共产党的自我革命品格》，《近代史研究》2023 年第 4 期。

在国际社会要不断增强中国话语影响力，客观解读中国发展道路，真正达到对"中国性"的展现和对"西方性"的祛魅。[1] 辛向阳指出，党的性质决定了我们是一个永远在自我革命中前行的党。中国共产党在伟大自我革命中已经走过了近百年历程，百年不是暮年，恰是风华正茂，共产党人到中流击水的风华正是来源于自我革命。[2] 齐卫平从全面从严治党讨论党的自我革命，外部世界的客观情况总是不断地发生变动，党组织也在发展中形成新的面貌，但勇于自我革命的政治品格永远不能变。[3] 赵秀华认为"自我革命"的内涵可以从三个层面理解："守正"为本，"革故"为先，"鼎新"为要。[4] 唐皇凤、任婷婷梳理了新中国 70 年中国共产党自我革命的实践历程，从三个历史时期对自身历史方位进行判断。[5]

其四，从中国式现代化观察中国共产党领导的革命与建设。

党的二十大论述中国式现代化，突出了坚持中国共产党领导。习近平总书记强调："实现中华民族伟大复兴是近代以来中国人民的

① 王海军：《新时代中国共产党自我革命话语体系建构多维探究》，《中国人民大学学报》2022 年第 6 期。

② 辛向阳：《中国共产党推进自我革命的理论建构》，《理论探讨》2019 年第 5 期。

③ 齐卫平：《论新时代党的自我革命与全面从严治党》，《思想理论教育》2019 年第 8 期。

④ 赵秀华：《准确理解中国共产党自我革命的科学内涵》，《马克思主义研究》2020 年第 2 期。

⑤ 唐皇凤、任婷婷：《新中国 70 年中国共产党的自我革命：实践历程、基本经验与战略路径》，《江苏社会科学》2019 年第 5 期。

共同梦想，无数仁人志士为此苦苦求索、进行各种尝试，但都以失败告终。探索中国现代化道路的重任，历史地落在了中国共产党身上。"① 学者从不同层面对中国式现代化与中国共产党领导的革命与建设的关系进行解读。虞和平指出中国共产党成立以后，将马克思主义与中国国情和革命实践相结合，逐步提出社会主义现代化道路的理论，通过在革命根据地的实践逐步完善现代化理论，在现代化方向上，确定为社会主义，在对中国现代化的认知上，不仅认识到它的一般性，而且认识到它的特殊性。② 吴忠民分析了中国共产党的现代化观，从基本价值取向、物质基础、经济全球化、现代化内容的推进、底线思维等方面说明了中国共产党已经将现代化的一般规律与中国的具体国情有机地结合在一起，有效应对现代化建设当中的许多难题和风险，有效规避现代化进程当中许多可能的陷阱。③

其五，从马克思主义中国化时代化观察中国共产党领导的革命与建设。

中国共产党的历史，是为实现中华民族伟大复兴不懈奋斗的历史，同时也是不断推进马克思主义中国化时代化的历史。孙代尧从中国共产党的历史看马克思主义的中国化时代化，指出早期中国共产党人在研究、接受马克思主义的过程中，尝试将马克思主义科学

---

① 《习近平在学习贯彻党的二十大精神研讨班开班式上发表重要讲话强调　正确理解和大力推进中国式现代化》，《人民日报》2023 年 2 月 8 日。

② 虞和平：《中国早期现代化道路的探索》，《历史研究》2023 年第 2 期。

③ 吴忠民：《论中国共产党的现代化观》，《中国社会科学》2022 年第 7 期。

理论与中国实际相结合，并据此解决中国问题。^①欧阳军喜指出早期中国共产党人运用马克思主义观察中国社会、分析中国问题、制定革命方略、动员广大民众，对马克思主义中国化进行了有益探索，取得一些开创性的理论成果。这既是一个"追求真理""揭示真理"的过程，也是一个"笃行真理"的过程。^②杨凤城指出，中国共产党的历史既是通过革命、建设、改革而不懈奋斗的历史，同时也是不断推进马克思主义中国化的历史。100 年来，中国共产党把马克思主义基本原理与中国实际相结合，不断推进理论创新创造，产生了毛泽东思想、邓小平理论、"三个代表"重要思想、科学发展观、习近平新时代中国特色社会主义思想，为党和人民事业发展提供了理论指导，成功开辟和发展了富有中国特色的革命、建设和改革之路，使中华民族迎来了从站起来、富起来到强起来的历史性飞跃。^③

中国共产党领导的革命与建设取得了重大成就，也形成了一系列的历史经验，中国共产党人研究判断中国革命在世界无产阶级革命时代所处历史方位，研究中国建设在世界现代化浪潮中的共性与个性，有助于不断加深对中国国情、中国发展基本规律和特点的认识，在研究总结成就、经验的过程中，助推中国在新的百年里创造更大的成就与辉煌。

---

① 孙代尧：《马克思主义中国化时代化的历史逻辑》，《历史研究》2023 年第 1 期。

② 欧阳军喜：《中国共产党对马克思主义中国化的早期探索》，《历史研究》2022 年第 6 期。

③ 杨凤城：《马克思主义中国化与中国道路百年探索》，《历史研究》2021 年第 2 期。

三、现代化问题与中国式现代化的形成与拓展

经过党和人民的百年探索，我们意识到，中国式现代化是"强国建设和民族复兴的康庄大道"，西方虽然是现代化的先行者，但西方现代化模式绝非衡量现代化的唯一尺度，亦非衡量现代化的标准尺度，现代化道路有多条，现代文明有多种，每个民族、每个国家、每种文明都可以选择适合自己的现代化道路，建设适合自己的现代文明。新时代以来，特别是党的二十大以来，学界开始热烈研究阐释中国式现代化，从历史学、社会学、政治学、哲学、经济学等多个学科出发，追溯其理论渊源，分析历史演进和理论内涵，形成了丰硕的成果。

其一，中国式现代化的独特内涵。

没有"没有传统"的现代化，中国式现代化是在传承中国历史文化的基础上，适应人民与时代需要而形成的。新时代以来，学者就中国式现代化的内涵进行了丰富多样的解读。如周文、肖玉飞分析了中国式现代化的独特内涵体现在其协调性、体系性、连续性、独特性、优越性上。[①] 马敏从现代化与近代化的区分与联系讨论了中国现代化的独特性，认为传统在现代化中被"活用"，"中国道路"和"中国模式"很大程度上是中国近代历史发展的必然结果，其根

---

① 周文、肖玉飞：《中国式现代化道路的独特内涵、鲜明特征与世界意义》，《马克思主义与现实》2022 年第 5 期。

子还在于中国具有不同于西方的历史和文化传统。① 何爱国认为中国式现代化道路的形成，有其哲学逻辑、主体逻辑、历史逻辑、文化逻辑。从哲学逻辑而言，中国式现代化是矛盾的普遍性与特殊性辩证关系的体现，是马克思主义与中国发展实际相结合的产物；就其主体逻辑而言，中国式现代化是中国共产党立足于马克思主义基本原理、中国历史文化根基、中国人民美好生活追求、中华民族伟大复兴的主体选择；就其历史逻辑而言，中国式现代化是中国悠久绵延历史、世界现代化进程、中国现代化进程的必然产物；就其文化逻辑而言，中国式现代化是中华优秀传统文化传承与发展的必然要求，是中华优秀文化基因的现代性呈现。② 臧峰宇从哲学角度出发，探讨了中国式现代化的哲学内涵，中国式现代化体现了现代化的普遍性和中国发展的特殊性，体现了历史规律的决定性和历史主体的选择性，体现了社会发展的系统性与实践探索的创新性。③ 他还从马克思的现代性思想出发讨论了中国式现代化的实践逻辑，认为马克思主义基本原理同中国具体实际和中华优秀传统文化相结合，满足了中国式现代化的实践需要，为中国式现代化提出了明确的任务和路径。中华优秀传统文化通过走向文明新形态的中国式现代化

---

① 马敏：《现代化的"中国道路"——中国现代化历史进程的若干思考》，《中国社会科学》2016 年第 9 期。

② 何爱国：《变局中的中国式现代化新道路的形成逻辑》，《上海交通大学学报》2023 年第 2 期。

③ 臧峰宇：《中国式现代化新道路的哲学内涵》，《中国人民大学学报》2021 年第 4 期。

实践，实现了创造性转化。① 沈湘平也从传统文化根基的角度出发，认为中华优秀传统文化蕴含着解答西方现代化道路总问题的基本提示，也是人类总体性危机的基本提示，是中国式现代化道路扬弃和超越西方现代化道路的重要逻辑之一。②

其二，中国式现代化道路的分期与阶段。

要理解中国式现代化，就必须系统了解中国式现代化道路的阶段和历史演进过程。新时代以来，学界围绕中国式现代化的历史分期，形成了"五阶段""四阶段""三阶段""两阶段"等多种看法。"五阶段"说将中国式现代化的历史进程划分为新民主主义时期、过渡时期、社会主义建设时期、改革开放新时期、中国特色社会主义新时代。"四阶段"说依照百年党史的四个时期进行了划分。"三阶段"说分为"初步探索""提出及其推进""继续推进"。"两阶段"说以全面建成小康社会为标志，划分出"小康式现代化"和"全面现代化"。③ 马敏则将中国式现代化分为资本主义近代化和社会主义现代化两个大的历史阶段，同时细分为若干小的阶段，认为"中国式现代化"主要是指党领导下的社会主义现代化，而不是指旧中国的资本主义近代化。更为重要的是，要将 1949 年以后的中国社会主

---

① 臧峰宇：《马克思的现代性思想与中国式现代化的实践逻辑》，《中国社会科学》2022 年第 7 期。

② 沈湘平：《中国式现代化道路的传统文化根基》，《中国社会科学》2022 年第 8 期。

③ 张伯瀚、何海根：《近年来国内学界关于中国式现代化重点问题研究述评》，《科学社会主义》2023 年第 2 期。

义现代化历程作为一个整体来分析。[①] 秦宣则指出，中国式现代化历经艰难起步、初步探索、正式开辟与深化拓展四个阶段。[②] 梁伟军认为新中国成立后中国式现代化道路的探索，先后经历正式开启（1949—1978 年）、初步探索（1978—2002 年）、快速发展（2002—2012 年）以及成功推进和拓展（2012 年至今）四个阶段。[③] 这些分期各具特色，代表了学界对中国式现代化的内涵以及形成过程的侧重与不同认识。

其三，中国式现代化的特征。

中国式现代化在内生动力、核心理念、价值追求、思维方式等方面展现出了与西方现代化根本不同的特征。赵义良在中西的比较中发现，中国式现代化开创了一条非资本主义的现代化道路，创造了社会主义文明形态的中国版本，这条道路呈现出的现代性特征是：领导核心与人民主体的统一、社会进步与人的发展的统一、工具性与目的性的统一。[④] 刘守英分析中国式现代化是基于超大人口规模国情的现代化，是依靠人民为了人民的现代化，是推进社会全面发展的现代化，是创造人类文明新形态的现代化。[⑤] 何爱国认为中国

---

① 马敏：《中国式现代化新道路的历史演进及前瞻》，《历史研究》2021 年第 6 期。

② 秦宣：《中国式现代化的历史逻辑探析》，《当代中国史研究》2022 年第 2 期。

③ 梁伟军：《中国式现代化道路的形成历程、实践特征及世界意义》，《武汉大学学报》2023 年第 3 期。

④ 赵义良：《中国式现代化与中国道路的现代性特征》，《中国社会科学》2023 年第 3 期。

⑤ 刘守英：《中国式现代化的主要特征》，《中国人民大学学报》2021 年第 4 期。

历史文化的长期延续性与中华文明的独特性，决定了中国现代化道路的独创性。中国式现代化具有内生性与外压性相结合、渐进性与赶超性相结合，工业化、信息化、城镇化、农业现代化叠加发展等方面的特征。① 程美东认为中国式现代化的鲜明个性特征系统表现在是基于中国特殊国情基础上启动并逐渐形成的现代化形态。② 骆郁廷、刘舒皓指出，中国式现代化与西方式现代化相比，具有根本的制度、文明和价值差异，中西文明之异书写了现代化道路不同的文明底色。以人民为中心，还是以资本为核心，构成中国同西方在现代化核心价值问题上的本质区别。③

其四，中国式现代化的历史经验。

中国式现代化走出了一条全面建设社会主义现代化强国、实现中华民族伟大复兴的新道路，也走出了一条超越西方国家现代化既定模式的新道路，对其进行经验的总结极为必要。刘吕红认为中国式现代化的核心议题在于自主性，这种"自主探索"开创了以本国为中心的现代化自主实践进路，以其独特的演进规律、中国特色和发展样式在人类文明版图中创造了文明新形态。④ 吴忠民从中国道

---

① 何爱国：《中国式现代化新道路的基本特征》，《国家治理》2022 年第 1 期。

② 程美东：《论中国式现代化的中国个性特征》，《马克思主义研究》2023 年第 7 期。

③ 骆郁廷、刘舒皓：《中国与西方现代化道路的比较》，《思想战线》2023 年第 4 期。

④ 刘吕红：《中国现代化自主性问题研究：一个核心议题的再探讨》，《马克思主义研究》2023 年第 7 期。

路与现代化的内生动力的角度分析了现代化建设要与民众日常基本生活需求相契合，与市场经济相契合，与对外开放相契合，与社会公正基本理念相契合。① 此外，也有不少学者聚焦中国式现代化的具体领域或关键环节，对其经验进行分析。王建华从政治领导力的视角分析了中国式现代化的历史经验，揭示中国特色社会主义的独特制度优势与成功密码。② 常庆欣从政治经济学角度分析了中国共产党在领导经济工作过程中持续推进理论创新与制度创新，细化丰富"人民至上"的经济内涵，制定落实具有延续性的经济发展规划，有效统筹各种重大经济关系。③ 李雪娇、何爱平从生态文明的角度出发，认为中国式现代化具有明显的生态向度，继承并拓展了马克思主义的自然观、生产力理论、财富理论和制度理论。④

其五，中国式现代化道路的意义。

中国式现代化新道路的开辟，对国内外均具有重大意义。从对内意义来看，张明认为，中国式现代化是新时代以"全面推进"的方式来实现中华民族伟大复兴的重要考量，蕴含着多元丰富的理论内涵，其内涵的全面性为从更加全面视角理解民族复兴的价值意蕴

---

① 吴忠民：《中国道路与现代化内生动力》，《中共党史研究》2018 年第 10 期。
② 王建华：《中国式现代化道路的历史经验——基于中国共产党政治领导力的观察视角》，《东南学术》2022 年第 6 期。
③ 常庆欣：《中国式现代化新道路的政治经济学分析》，《东南学术》2022 年第 5 期。
④ 李雪娇、何爱平：《人与自然和谐共生：中国式现代化道路的生态向度研究》，《社会主义研究》2022 年第 5 期。

和实践路径，提供了充实的方法论基础。^①顾海良回溯党的百年奋斗历程，认为中国式现代化作为马克思主义中国化时代化重大理论创新的历史根据，在"理论体系"上丰富了中国式现代化理论的时代意蕴和世界意义，彰显了中国式现代化的内涵、特征和特色以及本质和要求等的集成性创新，揭示了中国式现代化学理和哲理所在，在"理论体系"上提升了中国式现代化科学性、全面性和系统性的意境。^②

从世界意义来看，中国式现代化道路为广大发展中国家提供了可资借鉴的基本经验和成功范本。于沛认为，中国式现代化既克服了资本主义现代化的天生弊端，也破除了阻碍国家和民族发展的一切思想与体制障碍，是独具特色的社会主义现代化，是发展中国家的现代化，是彻底改变世界面貌的超大规模的现代化，创造了人类文明新形态，具有深刻的时代价值和世界历史意义。^③韩喜平、郝婧智认为，中国式现代化道路对人类与各国发展展示出的中国示范、中国担当具体表现为突破西方现代化模式的唯一性、为发展中国家提供新的参考、促进了世界的和平与发展、改变了世界分化的格局。^④何爱国、

---

① 张明：《以中国式现代化全面推进中华民族伟大复兴的学理阐释》，《中共中央党校（国家行政学院）学报》2022年第6期。

② 顾海良：《中国式现代化的战略擘画和理论体系升华》，《马克思主义理论学科研究》2023年第3期。

③ 于沛：《中国式现代化道路的时代价值与世界历史意义》，《当代中国史研究》2022年第5期。

④ 韩喜平、郝婧智：《中国式现代化道路的世界意蕴》，《马克思主义理论学科研究》2022年第2期。

颜英认为，中国式现代化开创了以有效市场和有为政府相结合的社会主义市场经济发展新道路；突破了以西方为中心和标准的西方式现代化道路，开创了人类现代化的新道路；突破了单一社会主义现代化道路思维，开辟了中国特色社会主义现代化新道路；开创了平等互利、合作共赢、和平发展的国际新秩序与国际关系现代化新道路；超越了单一现代性文明思维，为多元现代性文明理论提供了强有力的实证支持。①

新时代以来，学界将研究目光聚焦在中国式现代化道路形成与发展的含义、阶段、特征、经验、意义等方面。中国式现代化既有自身的现代性特征，也具有人类现代化发展的普遍性特点。在世界现代化的大洪流下，中国式现代化道路突破资本主义道路框架下的局限，根据自身的文化传统、时代方位、历史发展、具体国情走出了具有自身特色的中国道路。

四、文明问题与中华文明的起源发展

中国式现代化，创造了人类文明新形态，新时代以来，史学界积极回应这一重大的现实问题，在探讨文明理论和中华文明起源问题方面进行了多层次、多角度的研究，努力寻求历史文献和考古学的互证，推动对中国古代历史和文化的深入理解。这些讨论和研究

---

① 何爱国、颜英：《论中国式现代化道路的世界意义》，《理论学刊》2023 年第1 期。

丰富了对中国历史的认识，也有助于探索马克思主义史学方法在研究中国历史中的应用。

其一，何谓"文明"。

什么是文明？判断进入文明社会的标准是什么？这个问题"直接关系到判断中华大地各区域文明形成的时间以及中华文明历史究竟有多么悠久等一系列关键问题"①。文明是人类社会发展的高级阶段，表现为生产工具进步和农业革命、礼仪制度、信仰与价值观念的形成，复杂社会组织系统、城市出现与国家形成。易建平认为如何有效地解释良渚、石家河、宝墩古城、石峁、陶寺和二里头等新的考古发现，要求我们在理论上有所突破，从"文明"定义开始，看看能否找到新的判断标准。②赵轶峰指出，"文明"主要在两种意义上构成可有效使用的学术概念。第一，指人类活动达到脱离野蛮而进入发达的创造性生存方式的状态，此即其作为与野蛮相对的属性的概念。第二，以独特精神文化为标志的大规模且持久存续的文化社会共同体。其他常见的用法，如以生产力形态为核心词的组合用语"农业文明""工业文明""后工业文明"，以时代为核心词而称的"古代文明""现代文明"等，皆是在前述第一种概念基础上的扩展。③李新伟认为，从进化论的角度观察，文明可以定义为人类社会发展的高级阶段。从世界文明多样性的角度观察，文明是包含特

---

① 王巍：《中华 5000 多年文明的考古实证》，《求是》2020 年第 2 期。

② 易建平：《文明：定义、标志与标准》，《中国史研究动态》2022 年第 1 期。

③ 赵轶峰：《文明与文明史研究的再思考》，《史学理论研究》2023 年第 1 期。

定基因的物质和精神文化综合体。兼顾普遍进化意义上的社会发展和文化共同体的形成两个方面，我们可将中华文明定义为：中华民族在其形成和发展过程中创造的、具有独特文明基因和发展道路的灿烂物质文化和精神文化成果的总和。①

其二，文明的标准。

关于文明的标准，过去史学界达成的共识是：生产力获得发展，出现社会分工，社会出现明显的阶级分化；人口显著增加和集中，出现都邑性城市，并成为政治、经济、文化中心；出现王权管辖的区域性政体"古国"和"早期国家"，构成地缘关系和血缘关系密切结合的政治组织；各地区在社会发展的同时，发生密切互动，形成"中国相互作用圈"或"最初的中国"。早在 20 世纪 80 年代，夏鼐就提出了将城市、文字、青铜器、玉器作为文明形成的标志的说法。新时代以来，学者们用更加开拓的眼光，聚焦文明标志的社会功能和文化功能，陈淳讨论了城市、铜器和文字这三项最受关注的早期文明标准，认为对这三项标准的考古学研究需要超越城墙、实用技术和一般符号的分辨，以透视它们的社会功能，以便从社会体制、经济结构、意识形态和管理需要的视角，为社会复杂化层次提供洞见。早期国家形态是文明探源的重要标志和关键目标，判断早期国家有一套基于社会人类学原理的标准。②

---

① 李新伟：《中华文明起源语境下的文明标志》，《中国史研究动态》2022 年第 1 期。

② 陈淳：《早期文明的标准与解释》，《东南文化》2012 年第 3 期。

其三，中华文明起源的各种说法。

中华文明是世界五大原生性的第一代文明中唯一一个没有中断，至今仍然具有旺盛生命力的文明。[①] 对于中华文明的起源，学界已形成一定的共识，即中华文明起源具有多区域、多层次、多阶段的特征，可能存在多样的模式。多年前，张光直先生直接指出，讨论中国文明的起源，既要关注"文明"，又要关注"中国"。[②] 新时代以来，学界思考中华文明起源的标准，包括两方面的内容：一是进化论视角下的社会发展方面的标准；二是以历史时期多民族统一国家和文明体为参照的文化共同体形成方面的标准。[③] 学术界对中华文明起源的各支考古学文化的变化发展及其相互关系有诸多研究发现，后形成了一个相对的共识，形象地称之为史前文化的"多元一体"。赵辉认为中华文明的起源是一个长达近 2000 年的历史过程，而且中华文明在早期是分布于青藏高原以下遍及黄河、长江全域以及钱塘江、淮河、西辽河流域，总面积至少 250 多万平方公里广袤大地上的诸多地方文明构成的一个巨大丛体，体量之大，为同时期世界上几个古代文明之最。[④] 除了这种共识外，陈胜前还阐述了中华文明起源中的边缘发展现象，认为在人类文化发展过程中，存在

---

① 姜义华：《中华文明三论：中华文明的根柢》，上海人民出版社 2021 年版，第 16 页。

② 张光直：《论"中国文明的起源"》，《文物》2004 年第 1 期。

③ 李新伟：《中华文明起源语境下的文明标志》，《中国史研究动态》2022 年第 1 期。

④ 赵辉：《认识中国文明的起源和早期发展》，《江汉考古》2022 年第 5 期。

边际效应的现象，尤其是在文化发展的转型期，如农业起源阶段，边缘发展模式是中华文明多元一体发展过程的重要组成部分。边缘地带发展理论可以解释史前史上一系列的文化发展现象，具体在中华文明探源问题上，也能与当前的考古材料较好地契合。① 还有学者对酋邦理论与古国理论两个文明起源理论进行对比研究。如杨林旭认为中华文明的起源是一个个宏大而又具体的命题，无论是酋邦理论、古国理论，都因其固有的偏重与视角限制，无法揭示这一过程的全部特征。因此新时代的文明起源研究，需要更多层次、更丰富视角的理论方法的创建。② 陈胜前也从"古国""酋邦"之争与中华文明起源的研究路径进行分析，指出中华文明起源过程是多阶段的，不同地区文明起源进程存在差异，不同区域的文明形成过程中存在不同模式，中华文明的特点是多元一体与连续发展。③ 因此，中华文明的起源应是多元而连续的，刘庆柱根据考古发现提出了中华文明起源发展的道路具有"日用而不觉"的文化基因，这主要体现在内部凝聚力与海纳百川的包容特质，对外"有容乃大"与"和为贵"，中华 5000 多年不断裂文明的根与魂。④

---

① 陈胜前：《中华文明起源中的边缘发展现象》，《光明日报》2023 年 3 月 22 日。

② 杨林旭：《文明起源的理论之争——酋邦理论与古国理论对比研究》，《江汉考古》2022 年第 4 期。

③ 陈胜前：《"古国""酋邦"之争与中国文明起源的研究路径》，《中国社会科学》2023 年第 7 期。

④ 刘庆柱：《中华文明认定标准与发展道路的考古学阐释》，《中国社会科学》2023 年第 6 期。

其四，考古发现与中华文明起源的实证。

所有关于中华文明起源的猜想与理论最终都要接受考古发现的检验。过去的几十年里，中华文明起源的考古发现日渐增加，越来越多的考古学家将考古材料作为相关研究的核心与导引，从研究社会的角度，以历史学、政治学、社会学、人类学的语言去整理、描述和归纳考古学的材料，体现了考古学的整体进步。同时，历史学、政治学、社会学、人类学也采用考古学材料去构建中华早期文明起源与国家形成的理论模型。[①]

新时代以来，考古的系统性挖掘与研究用多学科、多角度、多层次、全方面地继续深化探讨了中华文明的起源问题。以"中华文明探源工程"为例，"中华文明探源工程"围绕公元前3500到公元前1500年期间的浙江余杭良渚、山西襄汾陶寺、陕西神木石峁、河南偃师二里头4处都邑性遗址和黄河流域、长江流域、辽河流域的其他20个左右的中心性遗址实施重点发掘，并对这些遗址周边的聚落群开展大规模考古调查，在此基础上开展多学科综合研究，对各个区域的文明化进程、环境背景、生业形态、社会分化、相互交流、中华文明多元一体格局的形成过程、模式与机制、道路与特点进行多学科综合研究。[②]

新时代以来，中华文明探源工程在"夏商周断代工程"及以往研究的基础上取得了诸多成就。"工程"系统地考察了各地区文明

[①] 常怀颖：《近二十年来中国学术界国家起源研究述评》，《四川文物》2016年第1期。

[②] 王巍、赵辉：《"中华文明探源工程"及其主要收获》，《中国史研究》2022年第4期。

形成的生存基础——农业和手工业的发展状况，如长江下游地区在距今 1 万年前已经开始水稻的栽培，在浙江浦江上山遗址发现了经营早期稻作的定居村落，出土了水稻的遗存、陶器和磨制石器。浙江义乌桥头遗址发现上山文化晚期的聚落和墓葬，出土石器和制作精美、表面涂红衣的陶器，反映出当时的人们在审美和信仰方面取得的进步。[①] 探源工程还从各地的考古发现中揭示了中华文明起源、形成的阶段性特征，如从河南巩义市双槐树新石器时代遗址[②]、张家港东山村新石器时代遗址[③]、湖南澧县城头山遗址城墙与护城河[④]、辽宁朝阳市半拉山红山文化墓地[⑤]、杭州良渚古城[⑥]、湖南澧县鸡叫城古

[①]　浙江省文物考古研究所：《浙江义乌桥头遗址》，《大众考古》2016 年第 12 期。

[②]　郑州市文物考古研究院：《河南巩义市双槐树新石器时代遗址》，《考古》2021 年第 7 期。

[③]　南京博物院、张家港市文管办、张家港博物馆：《东山村——新石器时代遗址发掘报告》，文物出版社 2016 年版。

[④]　湖南省文物考古研究所：《湖南澧县城头山遗址城墙与护城河 2011—2012 年的发掘》，《考古》2015 年第 3 期。

[⑤]　辽宁省文物考古研究所、朝阳市龙城区博物馆：《辽宁朝阳市半拉山红山文化墓地》，《考古》2017 年第 7 期。

[⑥]　参阅浙江省文物考古研究所：《2006—2013 年良渚古城考古的主要收获》，《东南文化》2014 年第 2 期；浙江省文物考古研究所：《杭州市良渚古城外围水利系统的考古调查》，《考古》2015 年第 1 期；浙江省文物考古研究所：《杭州市良渚古城外郭的探查与美人地和扁担山的发掘》，《考古》2015 年第 1 期；浙江省文物考古研究所、山东大学考古学与博物馆学系联合考古队：《杭州市余杭区良渚古城外围水利系统老虎岭水坝考古勘探与发掘》，《考古》2021 年第 6 期；浙江省文物考古研究所：《良渚古城综合研究报告》，文物出版社 2019 年版；良渚博物院、良渚研究院组编：《良渚》，东南大学出版社 2020 年版；赵辉：《良渚的国家形态》，《中国文化遗产》2017 年第 3 期。

城址①、济南市章丘区城子崖遗址②、山东滕州岗上遗址③、山西襄汾县陶寺遗址④、陕西延安市芦山峁新石器时代遗址⑤、陕西神木县石峁遗址⑥、山西兴县碧村遗址⑦、内蒙古清水河后城咀石城址遗址⑧、河

---

① 湖南省文物考古研究所、四川大学：《湖南澧县鸡叫城遗址》，《文博中国》2022年2月16日。

② 山东大学考古学与博物馆学系、济南市章丘区城子崖遗址博物馆：《济南市章丘区焦家遗址2016~2017年大型墓葬发掘简报》，《考古》2019年第12期。

③ 山东省文物考古研究院：《山东滕州岗上遗址发现大汶口文化聚落》，《中国文物报》2022年3月25日。

④ 中国社会科学院考古研究所、山西省考古研究所：《山西襄汾县陶寺遗址Ⅲ区大型夯土基址发掘简报》，《考古》2015年第1期。

⑤ 陕西省考古研究院、西北大学文化遗产学院、延安市文物研究所：《陕西延安市芦山峁新石器时代遗址》，《考古》2019年第7期。

⑥ 参阅陕西省考古研究院、榆林市文物考古勘探工作队、神木县石峁遗址管理处：《陕西神木县石峁城址皇城台地点》，《考古》2017年第7期；陕西省考古研究院、榆林市文物考古勘探工作队、神木市石峁遗址管理处：《石峁遗址皇城台地点2016~2019年度考古新发现》，《考古与文物》2020年第4期；陕西省考古研究院、榆林市文物考古勘探工作队、神木市石峁遗址管理处：《陕西神木市石峁遗址皇城台大台基遗迹》，《考古》2020年第7期；陕西省考古研究院、榆林市文物考古勘探工作队、神木市石峁遗址管理处：《陕西神木石峁遗址皇城台"蛇纹鬲"遗存石砌院落发掘简报》，《考古与文物》2022年第2期。

⑦ 参阅山西省考古研究所、兴县文物旅游局：《2015年山西兴县碧村遗址发掘简报》，《考古与文物》2016年第4期；山西省考古研究所、山西大学考古学院、兴县文化和旅游局：《山西兴县碧村遗址小玉梁台地西北部发掘简报》，《考古与文物》2022年第2期。

⑧ 参阅内蒙古自治区文物考古研究所等：《内蒙古清水河后城咀石城址遗址2020年发掘收获》，载国家文物局主编：《2020中国重要考古发现》，文物出版社2021年版；内蒙古自治区文物考古研究院：《内蒙古清水河后城咀龙山时代石城瓮城发掘述要》，《考古与文物》2022年第2期。

南偃师市二里头遗址 ①、黑龙江饶河县小南山遗址 ② 等都推进了以往的理论猜想和文明起源设想等相关研究。

中华文明探源工程是一项伟大的考古工程，以坚实的考古材料和综合研究成果证明中华民族 5000 多年文明史是真实可信的历史。在这过程中，学界不断明晰概念，提出了判断进入文明社会的新标准；提出距今 5300 年前，一些文化和社会发展较快的地区已经出现了早期国家，跨入了古国文明的阶段；提出距今 5300 年前，在黄河中下游、长江中下游和辽河流域等地的社会上层之间，形成了一个交流互动圈，形成了对龙的崇拜、以玉为贵的理念，以某几类珍贵物品彰显持有者尊贵身份的礼制。各个区域文明之间以及与域外其他文明之间的交流互动，促进了中华文明的发展。通过高精度测年，准确把握了距今 5500 到 3500 年我国各个区域考古学文化的年代序列和各个都邑性遗址及其他区域性中心性遗址的年代。和以往文明起源的研究中缺乏环境的因素不同，中华文明探源工程开启以来也将各地区文明的兴衰与环境的关系纳入研究的视域下，初步

---

① 参阅中国社会科学院考古研究所：《二里头（1999—2006）》，文物出版社 2014 年版；中国社会科学院考古研究所二里头工作队：《河南偃师市二里头遗址宫殿区 5 号基址发掘简报》，《考古》2020 年第 1 期；赵海涛：《二里头都邑聚落形态新识》，《考古》2020 年第 8 期；中国社会科学院考古研究所二里头工作队：《河南偃师二里头遗址中心区 2019～2020 年发掘收获》，载国家文物局主编：《2020 中国重要考古发现》，文物出版社 2021 年版。

② 参阅黑龙江省文物考古研究所、饶河县文物管理所：《黑龙江饶河县小南山遗址 2015 年 III 区发掘简报》，《考古》2019 年第 8 期；赵宾福、孙明明、杜战伟：《饶河小南山墓葬出土玉器的年代和性质》，《边疆考古研究》2013 年第 2 期。

探明了中华文明演进与环境变化的关系。[①] 进一步确认了中华大地内部具有多个地理单元，不同的环境导致了不同的经济形态、孕育了不同的文化，各地的文明化进程各具特色，呈现出多元起源、丰富多彩的样态。另一方面，各区域的史前文化密切联系，交流融合，形成了共同的文化基因，由此奠定了统一多民族国家形成与发展的基础。在中华文明形成和发展过程中，始终保持开放包容的态度，积极吸收其他文明的先进文化因素，在此基础上不断创新，延绵不绝。

五、土地问题、"三农"问题与小康问题

新时代以来，学者们对中国的土地问题、"三农"问题、小康问题的研究取得了一系列成果，体现了史学界在探讨中国社会发展问题方面的努力。土地问题、"三农"问题、小康问题依然是学界关注的重要问题，与中国特色社会主义事业的发展密切相关，影响着中国农业农村现代化、农村改革、农村全面发展和全面建设社会主义现代化国家的进程。对这一部分的梳理不仅有助于我们更好地理解马克思主义中国化的历史逻辑，理解中国道路的历史演变及其独特意义，也有助于我们更深刻地理解中国共产党的百年奋斗历程和初心使命。

---

① 莫多闻：《中华文明起源和早期发展的自然环境因素》，《中国文物报》2022 年 7 月 1 日。

其一，对中国土地问题的思考。

在不同历史时期，中国共产党结合中国具体国情，围绕农民土地问题，推进不同形式和内容的土地改革，走出了中国独特的革命、建设、改革的农业现代化发展道路。孙乐强从大历史观的高度出发，深层透视中国共产党在不同历史时期对农民土地问题的认识及其解决路径，从乡村振兴与土地问题中分析农业现代化的中国道路。①李正图、徐子健通过考察中国共产党百年来农村土地制度思想的历史演进发现：中国共产党农村土地制度思想秉持服务于解决当时社会主要矛盾，实现社会革命（新民主主义革命和社会主义革命）、社会主义经济建设和社会主义改革任务的原则而形成。②吴大兵对中国共产党百年农村土地政策的历史演进与基本经验进行探析，认为党对农村土地政策百年探索的基本经验是：必须置于不同发展阶段党的基本纲领战略高度来谋划土地政策，必须立足不同历史时期农民的普遍诉求来制定土地政策，必须抓住农村土地所有制这个关键问题来构建土地政策，必须从城乡关系与工农关系的系统格局来设计土地政策。③

除了宏观的梳理外，也有不少史家聚焦在不同历史时期我国对

---

① 孙乐强：《农民土地问题与中国道路选择的历史逻辑——透视中国共产党百年奋斗历程的一个重要维度》，《中国社会科学》2021 年第 6 期。

② 李正图、徐子健：《中国共产党农村土地制度思想百年变迁》，《福建论坛》2021 年第 11 期。

③ 吴大兵：《中国共产党百年农村土地政策的历史演进与基本经验探析》，《理论导刊》2021 年第 11 期。

土地问题的认识和实践上。如陈非文探讨了新民主主义革命时期毛泽东主持制定的一系列土地政策和法规,这些土地立法具有明显的阶级性、鲜明的阶段性和高度的灵活性,为完善我国农村土地立法提供了有益借鉴。[①] 李万君、李艳军、史清华回顾了中国共产党百年农村经济政策的演进,新中国成立前党尝试实施了局部的农村经济政策,之后农村经济政策经历了土地改革、农业合作化、家庭联产承包责任制与农村土地所有权、承包权和经营权"三权分置"等政策创新。[②]

经过 40 多年的改革开放,我国的城乡关系发生了革命性跃迁,农民与土地的粘度发生变化,乡村的人地关系、农地权利、农业经营制度、农业发展方式、村庄制度、城乡关系等呈现新的特征,乡土中国转型为城乡中国。刘守英讨论了城乡中国的土地问题,指出在代际革命、农业转型、乡村分化、城乡互动的作用下,城乡中国的土地问题既不同于乡土中国,也有别于快速城市化阶段,土地功能因发展阶段转换而变化,城乡格局变化带来土地配置制度困境。为实现从城乡中国到城市中国的现代化转型,解决好城乡中国的土地问题是关键。[③] 陈锡文深入阐述了我国农业农村形势及其与城镇化的关联,指出城镇化进程中需要特别注重解决好"三农"问题,

---

① 陈非文:《新民主主义革命时期毛泽东土地立法的主要特点及启示》,《湘潭大学学报》2017 年第 2 期。

② 李万君、李艳军、史清华:《中国共产党百年农村经济政策的演进、创新及启示》,《农业经济问题》2023 年第 5 期。

③ 刘守英:《城乡中国的土地问题》,《北京大学学报》2018 年第 3 期。

在推进城镇化过程中必须妥善处理好城镇化进程中的粮食和其他主要农产品供求问题（粮）、城镇化进程中的农村土地问题（地）、城镇化进程中的农民转市民问题（人）三大关键问题。①

其二，对中国"三农"问题的思考。

"三农"问题是关系国计民生的根本性问题，是关系党和国家事业发展全局的重大战略任务，是贯穿于中国革命、建设和改革各个时期的主题主线。

首先，学者们对中国共产党的"三农"政策的百余年历程进行梳理。王景新分析了党领导乡村建设的四个历史时期、九个阶段的特征与成就，认为从苏区和根据地建设，到农业农村经济恢复、农业合作化及"四化"、社会主义农村建设，再到中国特色社会主义新农村建设，都反映了中国百年乡村建设不同阶段的特征和价值取向，但其本质都是"三农"现代化。② 郑有贵认为贯穿党百年间成功破解"三农"难题的主线是：解放农民和促进共同富裕、在工业化进程中工农互促、在城镇化进程中城乡互促、以党的坚强领导和强化政策支持破解"三农"发展受弱质性困扰的问题。③ 汪义力、陈文胜指出党破解"三农"问题的宝贵的历史经验有：准确把握国情是

① 陈锡文：《我国城镇化进程中的"三农"问题》，《国家行政学院学报》2012年第6期。

② 王景新：《中国共产党百年乡村建设的历史脉络和阶段特征》，《中国经济史研究》2021年第4期。

③ 郑有贵：《战略维度和实现路径：中国共产党百年破解"三农"问题的考察》，《中共中央党校（国家行政学院）学报》2021年第5期。

基本前提，促进共同富裕是战略目标，工农城乡互促是核心动力，坚持群众路线是先决要素，加强党的领导是坚强保障。①

其次，学者们对"三农"问题的历史发展沿革进行研究。对"三农"问题的研究，最为关键和重要的是新中国成立后的历史变迁。薛蒙林以新中国成立以来的农业问题为主线，将解决"三农"问题的探索分为"探索期（1949—1979）、改革期（1980—1985）、发展期（1986—2003）、调整期（2004—现在）"四个阶段，提出了解决"三农"问题的政策取向和制度设计原则。②郭晗潇从国家发展战略视角解读"三农"问题，对改革、生态、农业、民生、文化、基层建设和城乡关系进行思考，可以发现各因素之间的有机联系，基层建设是农村各项工作的"黏合剂"。③

最后，学者们对"三农"问题作了概念辨析和学理分析。叶敬忠认为，"三农"问题是一种合称，可以作为社会传播话语，但其本身并无确切含义和实质意义。④宋亚平从历史发展的脉络梳理了传统与近代中国社会的"三农"境况，认为在中国2000余年的古代社会里，并不存在现代意义上的"三农"问题。

---

① 汪义力、陈文胜：《中国共产党破解"三农"问题的基本经验》，《江西社会科学》2023年第1期。

② 薛蒙林：《剖析"三农"问题的历史逻辑》，《社会科学研究》2013年第2期。

③ 郭晗潇：《国家发展战略视角下的"三农"问题——以〈人民日报〉涉农社论为文本的分析》，《学习与探索》2022年第1期。

④ 叶敬忠：《"三农问题"：被夸大的学术概念及其局限》，《东南学术》2018年第5期。

其三，对中国小康问题的思考。

我国将小康社会从理想转变为现实，背后有着深刻的道路根源、制度根源、理论根源和文化根源，中国共产党把握了中国道路的内在脉络与前进方向，把握了中国制度的演化逻辑和根本优势。新时代以来，全面建成小康社会进入冲刺阶段，最终在 2020 年如期实现，学界对我国的小康问题进行了多重角度的思考和回应，形成了诸多研究成果。

首先，关注小康建设的意义和经验。田鹏颖从全面建成小康社会的世界历史意义出发，认为全面建成小康社会实现了社会主义与现代化的有机统一，创造了人类减贫历史上的世界奇迹，使人类制度文明史上的"中国制度"更加成熟定型，在理论和实践上深刻回答了 21 世纪"社会主义向何处去""人类向何处去""世界向何处去"的时代之问。[1] 石仲泉认为全面建成小康社会是一个重要战略布局的理论和实践，是一代代共产党人团结全国各族人民接力奋斗的结果。[2] 颜英、何爱国关注中国农村小康建设的基本经验：尊重农民创造财富的主体地位是小康建设的中心，国家促进农村小康建设的多种举措均围绕此中心发生作用。[3] 尤其关注农村小康建设的制度

---

[1]　田鹏颖：《全面建成小康社会的世界历史意义》，《马克思主义研究》2021 年第 4 期。

[2]　石仲泉：《全面建成小康社会：一个重要战略布局的理论和实践》，《毛泽东邓小平理论研究》2020 年第 4 期。

[3]　颜英、何爱国：《中国农民小康之路：历史进程与基本经验》，《农业经济与管理》2019 年第 5 期。

创新因素：农业基本经营制度、社会主义市场经济体制、开发扶贫体制和城乡一体化体制。[①] 还关注了深度贫困地区小康建设的历史经验：国家在基础设施建设和公共服务体系建设中发挥主体作用，在扶贫开发中发挥主导作用；以市场经济为基础进行持续的制度创新，建立全面覆盖的社保体系；深度贫困地区结合当地资源，大力发展大农业、特色产业以及第二、三产业；大力发展教育事业，阻断贫困的代际传递；以信息化引导贫困地区跨越式发展。[②] 燕连福、李晓利分析了党百年来贫困治理的基本经验：党的领导、人民至上、精准方略、合力攻坚。[③]

其次，阐述小康建设的历史进程。孙贺以经济发展与民生改善交互作用为分析视角，探究全面建成小康社会的历史演进规律，认为全面建成小康社会以经济发展为物质支撑，以民生改善为目标抓手和目的导向，经济发展与民生改善共同构成了全面建成小康社会的核心内容。[④] 李君如从思想形成的角度回顾了"全面小康"思想提出和发展的历史进程，党的十五大报告提出了中国进入 21 世纪后实现现代化的"新三步走"发展战略；党的十六大提出了从 2000 年

---

① 颜英、何爱国：《中国农民四十年小康之路的制度创新》，《武汉科技大学学报》2020 年第 2 期。

② 颜英、何爱国：《中国深度贫困地区小康建设的历史进程与基本经验》，《武汉科技大学学报》2020 年第 4 期。

③ 燕连福、李晓利：《从"饥寒交迫"到"全面小康"——中国共产党百年贫困治理的历程与经验》，《南京大学学报》2021 年第 3 期。

④ 孙贺：《全面建成小康社会的历史演进规律——以经济发展与民生改善交互作用为分析视角》，《马克思主义研究》2020 年第 7 期。

到 2020 年"全面建设小康社会"的目标；党的十七大在"全面建设小康社会"的目标方面提出了新要求；党的十八大提出了"全面建成小康社会"；党的十九大报告指出"从现在到二○二○年，是全面建成小康社会决胜期"。① 刘国新认为小康社会理论是邓小平从中国具体国情出发，实事求是思考现代化问题的结果。"小康社会"和原来的设想最大区别就在于"把标准放低一点"，并在 21 世纪中叶达到中等发达国家水平，发展目标更切合社会主义初级阶段中国的实际。从党的十四大到十六大的 10 年，小康社会理论在实践中不断丰富和完善。到 2000 年，"九五"计划的主要任务完成或超额完成，实现了现代化建设第二步战略目标，人民生活总体上达到小康水平，成为中华民族发展史上的一个新里程碑。② 颜英、何爱国认为中国农民小康之路经历了从初步小康（1978—1992 年）到总体小康（1992—2002 年）、从全面建设小康社会（2002—2012 年）到全面建成小康社会（2012—2020 年）的发展历程。③

最后，与"小康"有关的相关概念的辨析。从海外学界来看，孙健认为，20 世纪 80 年代以来海外学界关于中国小康社会建设的研究成果较为丰富，虽然海外学界的主流评价是正面的，但是仍然

① 李君如：《"全面小康"思想史笔记》，《毛泽东邓小平理论研究》2020 年第 3 期。
② 刘国新：《新里程碑：从小康社会理论的形成到总体小康的实现》，《当代中国史研究》2020 年第 6 期。
③ 颜英、何爱国：《中国农民小康之路：历史进程与基本经验》，《农业经济与管理》2019 年第 5 期。

有部分误读需要我们进行回应。海外学界的研究成果在研究方法、研究视角、研究内容等方面值得我们关注，但仍存在基于"西方中心论"的片面认知等问题，需要加以解释与辩驳。[①] 姜丹溪、陈金龙通过对"小康社会"概念演变的历史考察，从邓小平首次提出"小康"概念到党的十九大报告提出"决胜全面建成小康社会"的战略目标，"小康社会"概念经历了内涵拓展和程度深化的演进过程，使"小康社会"最终成为一个以经济发展为主，涵盖政治、文化、社会、民生、生态等多方面的综合性概念。[②]

土地问题、"三农"问题与小康问题是一个关系我们党和国家全局的根本问题，始终是我国社会主义革命、建设和改革的基本问题，也是实现社会主义现代化建设的根本问题。新时代以来，学界继续深化对这三个问题的研究，多维度、交叉式地进行了跨学科的研究，不仅关注理论动态，也充分回应现实，将理论与实践相结合，为解决土地问题、"三农"问题与小康问题提供了经验与借鉴。

六、马克思主义理论研究和建设工程史学类教材的编撰

为加强马克思主义在哲学社会科学领域的指导地位，进一步繁荣发展哲学社会科学，2004 年 4 月中央启动了"马克思主义理论研

---

① 孙健：《海外学界对中国小康社会建设的认知与评价》，《当代中国史研究》2022 年第 6 期。

② 姜丹溪、陈金龙：《"小康社会"概念演变的历史考察》，《当代中国史研究》2020 年第 6 期。

究和建设工程"（简称"马工程"），致力于经典著作编译、理论研究阐释、重大问题研究、学科和教材体系建设、壮大人才队伍等。有目的、有组织、有计划地编写高校教材是其中的一项重要任务，马工程教材覆盖整个哲学社会科学领域的基础课程与主干课程。习近平总书记高度重视马工程教材建设，指出"经过努力，我们在实施马克思主义理论研究和建设工程的过程中，教材建设取得了重要成果，但总体看这方面还是一个短板。要抓好教材体系建设，形成适应中国特色社会主义发展要求、立足国际学术前沿、门类齐全的哲学社会科学教材体系。"[1] 其中马工程史学类教材，不仅覆盖狭义的历史学科，也覆盖了广义的历史学科（哲学社会科学中有关历史的部分）。"欲知大道，必先为史"，"历史是最好的老师"，马工程史学类教材以唯物史观为编撰指南，对于培养学生的历史阐释能力、培养学生的历史自信和文化自信，具有极为重要的价值。

其一，新时代马工程史学类教材编撰的成果。

马工程史学类教材包括两类：一类是为历史学科编撰的专业课程教材，另一类是为其他哲学社会科学编撰的教材，如马克思主义理论、哲学、经济学、政治学、法学、社会学、教育学、文学、艺术学等，属于与历史学科的交叉部分。

首先，历史学科的专业课程教材，主要是基础和主干课程教材，目前已经编就的有《马克思恩格斯列宁历史理论经典著作导读》《中

---

[1]　习近平：《在哲学社会科学工作座谈会上的讲话》，人民出版社2016年版，第23—24页。

国史学史》《中国思想史》《中国近代史》《中华人民共和国史》《外国
史学史》《世界古代史》《世界现代史》《考古学概论》《文物学概论》
《博物馆学概论》。

《马克思恩格斯列宁历史理论经典著作导读》阐述了唯物史观的
创立与发展，马克思主义历史理论的基本内容，马克思主义历史理
论对历史研究的指导作用，学习马克思主义历史理论经典著作的目
的和方法，并对马克思、恩格斯、列宁的代表性著作进行了深入的
学习导读。

《中国史学史》明确了史学研究的对象、范围和任务，系统论述
了中国史学发展的历程，突出了中国史学的特点和成就，贯通古今，
上起先秦，下迄当代，历史感与时代感密切联系；反映多民族史学
发展的历史，突出中华文化是统一的多民族国家中各民族共同创造
的特点；重视中外史学交流的进程及影响，为推进当今中外史学交
流提供借鉴。

《中国思想史》对各个时代的思想家和思想流派进行全面研究，
对有重要地位的文献及其社会影响进行梳理、阐释和辨析。重点从
文化自信的角度论述了中华文明的连续性（从黄帝时代起思想文化
未中断）、创新性（有重大贡献，突出先秦诸子）、多样性（世界文
明多样性与中华文明区域与民族的多样性）、独特性（独特的汉字文
化系统），从史书角度阐释了"中华民族的精神标识"，从中国思想
史的角度突出了文献典籍的重要价值，也阐释了中国思想史中包含
的独特的科学精神。

《中国近代史》分为上下两册,清晰论述了整个中国近代史演进的基本过程和线索,阐述了近代中国的社会性质和主要矛盾,介绍了中国近代史的学习方法、基本史料和学习意义,史料翔实,图文并茂。对应的课程有中国近代史、中国近现代史、中国通史(近代部分)、中国近代史专题、中国近现代史通论、晚清史、中华民国史、中华民国史专题等,也可供思想政治教育、中共党史等相关专业学习使用。

《中华人民共和国史》全面科学地反映了中华人民共和国成立以来所走过的历程和取得的辉煌成就,材料丰富、叙事清楚、论证准确,合理吸收了共和国史研究的新成果,对新中国成立以来的重大事件、国家的重大方针政策都作了清楚的叙述和公正的评价;对社会主义建设的成就和正反两方面的经验教训也作了正确的概括和较为全面的总结。

《外国史学史》系统研究国外历史学及其史学思想的起源、发展和演变的历史,论述了国外代表性史家、史学流派和史学思潮的史学观念与理论观点,客观体现和全面总结了国外历史学的理论方法、史学成就和实践意义,反映了鲜明的中国本土特色与国际史学潮流。

《世界古代史》分为上下两册,上册叙述了自人类起源至罗马帝国灭亡的历史,下册叙述了自罗马帝国灭亡至 1500 年的历史,详细介绍了世界古代史的发展脉络,有以下几个特点:坚持以马克思主义为指导;主线清晰,内容充实;吸收了学界对世界古代史相关文明、民族研究的新成果,体现了中国世界史学者在世界古代史研究领域取得的进展，是一部具有"中国特色、中国风格和中国气派"的世界史教材。

《世界现代史》上下两册叙述了 20 世纪初至 21 世纪末的世界历史，明确了世界现代史的研究对象，从政治、经济、军事、社会、文化等各方面综合研究和考察 1900 年以来世界发展的历史，阐明了世界现代史的学科发展，分析了世界现代史的演进过程，介绍了学习世界现代史的方法：以唯物史观为指导，注重把握世界现代史发展的主线，掌握阶级分析的方法，掌握历史分析的方法，关注现实，铭记历史。

考古学也属于历史学门类下的三大一级学科之一。新时代以来马工程史学类教材编撰了《考古学概论》《文物学概论》《博物馆学概论》。《考古学概论》在综合国内外发展成就的基础上，以学科基本内容和中国考古学的基础知识为主要线索，系统而扼要地揭示考古学的学科结构体系、综合性研究特点，以及与其他相关学科的联系与区别，尽可能凸显考古学的科学价值和社会价值，贯彻从形象思维向逻辑思维、抽象思维逐步深化的教学理念，力求突出考古学的认知途径与研究方法，收录 80 余幅插图，便于学习和理解。《文物学概论》是以文物为基本研究对象，立足于中国文物研究，传授准确的文物知识，宣传正确的文物保护理念。《博物馆学概论》全面、系统地论述和研究了我国博物馆学理论，反映了中国特色社会主义博物馆学基本理论探索的成果和实践经验的总结，内容充实新颖、学术性较强，具有鲜明时代气息。

　　其次，其他学科编撰的史学类教材。包括狭义史学之外的哲学社会科学：马克思主义理论、哲学、政治学、法学、经济学、社会学、教育学、文学、艺术学等。

　　马克思主义理论学科的史学类教材目前有《中国近现代史纲要》，时间是从鸦片战争到中国特色社会主义新时代，阐述了中国近代以来争取民族独立、人民解放和实现国家富强、人民幸福的历史，帮助学生了解党史、国史、国情，深刻领会历史和人民选择马克思主义、选择中国共产党、选择社会主义道路、选择改革开放、选择中国特色社会主义、选择中国式现代化的必然性。

　　哲学学科的史学类教材目前有《中国哲学史》《西方哲学史》《马克思主义哲学史》《马克思主义发展史》《中国伦理思想史》《中国美学史》《西方美学史》。《中国哲学史》梳理了中国哲学各个时期的重要思想家的思想或思想流派，以社会存在决定社会意识的原理揭示哲学思想背后的深层原因。《西方哲学史》明确了西方哲学史的研究对象，梳理了西方哲学史的发展阶段和发展线索。《马克思主义哲学史》叙述和评论了马克思主义哲学萌芽、形成和发展的历史。《马克思主义发展史》对马克思主义发展的各个历史时期的内容进行梳理和评述。《中国伦理思想史》论述了中国伦理思想史从先秦到清末近代的发展历程，介绍了中国伦理思想史发展历史上的重要思想和流派。《中国美学史》上溯至远古美学，下至清代美学，力图挖掘前后的继承关系，论述范围涉及文学、美术、音乐、园林、建筑等领域。《西方美学史》讲述了西方美学从古希腊、古罗马到中世纪、近代和现当代的发展历史，对各个时期有代表性的人物及其美学思想、历史地位作了清晰全面的介绍。

法学学科的史学类教材目前有《中国法制史》，介绍了中国法律的起源与特点，梳理了中国法律的演进与发展。

政治学学科的史学类教材目前有《国际关系史》《中国政治思想史》《西方政治思想史》《中国共产党思想政治教育史》《中国革命史》。《国际关系史》阐释了国际关系格局的演变和特点，剖析了主要国家的外交政策和重大国际事件，反映了国际关系复杂、多变的内在规律。《中国政治思想史》以时间为编写顺序，阐述了中国政治思想的演变历史。《西方政治思想史》讨论了西方政治及其核心问题的认识。《中国共产党思想政治教育史》介绍了党的思想政治教育概念、范畴、理论体系的萌芽、形成、变化、发展的基本线索和规律以及党的思想政治教育的历史经验和优良传统。《中国革命史》考察近代中国革命发生发展的背景、发生、发展和胜利的历史。主题主线是实现中华民族伟大复兴，核心问题是"走什么样的道路""以什么样的思想理论为指导""由哪个阶级、哪个政党来领导人民斗争"。

经济学学科的史学类教材目前有《马克思主义经济学说史》《世界经济史》《中国经济史》。《马克思主义经济学说史》以马克思主义经济学产生、发展的历史为研究对象，对马克思、恩格斯经济思想进行了系统的梳理，对列宁主义、毛泽东思想、中国特色社会主义理论体系、习近平新时代中国特色社会主义思想对马克思主义经济学的发展进行了系统、深入的梳理和阐述。《世界经济史》阐释了世界经济史的阶段划分与基本趋势，分析了人类社会的生产方式及其历史演进。《中国经济史》对中国古代到近代的经济发展、各行业的发展、财政与金融的发展情况进行梳理，总结中国社会经济发展的成就与经验。

社会学学科的史学类教材目前有《中国社会思想史》《中国社会学史》。《中国社会思想史》论述了从先秦、秦汉—隋唐、宋元明清、晚清民初的社会思想。《中国社会学史》论述了中国社会学史的时段划分与中国社会学的发端、成长及各个学派。

教育学学科的史学类教材目前有《西方教育思想史》，阐述了从古希腊到 20 世纪后期西方教育思想史的演变历程及各大流派。

文学学科的马工程史学类教材目前有《中国古代文学史》《外国文学史》《中国新闻传播史》。《中国古代文学史》系统介绍了中国古代文学的基础知识，包括一些重要的文学现象、文学流派、各个时期各种文学样式的发展演变过程，以及重要的作家、作品。《外国文学史》按照一体化的思路、用历史发展的线索把西方文学和东方文学合并为一个整体，建立东西合一的外国文学史结构体系。《中国新闻传播史》以马克思主义新闻观为指导，系统阐述了从近代以来的中国新闻传播史。

艺术学学科的史学类教材目前有《中国音乐史》《中国美术史》《中国舞蹈史》《中国戏曲史》。《中国音乐史》按照时间发展论述了各个时期的音乐成就、类型及特点。《中国美术史》以编年体叙述方式阐述中国美术史发展的脉络和线索，针对每个时代不同的社会背景阐述该时代的艺术样式和风格特征及其具体表现。《中国舞蹈史》以历史朝代的分期为结构，从远古到现当代介绍了各个时期的成就与特点。《中国戏曲史》探寻了中国戏曲发生发展的历史进程，考察并描述戏曲起源、形成和发展的历史轨迹，并总结、吸取艺术发生发展的规律，概括其特点，发掘其丰富而深刻的内涵。

其二，新时代马工程史学类教材编撰的基本方法。

坚持理论与史实的结合，坚持和运用辩证唯物主义和历史唯物主义的世界观和方法论，坚持和运用马克思主义的立场、观点、方法，坚持和运用马克思主义的实践观、群众观、阶级观、发展观、矛盾观，牢牢把握历史的主题主线主流本质，正确对待历史进程中的失误与曲折，反对历史虚无主义，反对文化虚无主义，坚持历史自信和文化自信，结合具体的历史事实，阐述历史学习和研究的对象、基本问题、基本观点和基本方法，具有较为鲜明的针对性、创新性和实践性。

有明显的学科和知识的综合性，强调跨学科整合，融合相关领域的知识，以便更好地理解历史现象，反映出历史发展的多重因素的特点。史学研究对象既是悠久宏大的，包含社会、自然、人生、思维各个维度；史学研究对象也是具体微观的，包含个人、团体、事件、制度、价值等各个面向。教材既包含了历史学学科的宏观史实，也包含了历史发展历程中的细节。

坚持与时俱进，注重对当今复杂社会和国际环境的思考和回应，更多地反映社会现实和中国特色社会主义的发展，包括对中国特色社会主义理论、道路、制度和文化的历史渊源和发展过程的详细介绍。强调思辨和创新，提出新的研究问题、历史假设和理论观点。

重视探索历史发展的规律，宏观上呈现历史事件和现象的发展趋势，帮助学生更好地理解历史发展的整体格局，包括历史周期性、长期趋势及历史事件之间的关联性等。强调深入分析历史事件背后的根本原因，综合展现历史事件的根本动因，呈现经济、政治、文化等因素的相互作用，更好呈现历史发展的规律。展示了更多的历史案例，通过分析特定历史事件或时期的案例，帮助学生更好地理解事件的背景、发展和结果，从而总结历史规律。

强调历史的比较研究，将历史放置于国际环境和全球视野中，将不同国家、地区、时期的历史进行比较，帮助学生发现不同历史语境下历史的相似性与差异性。聚焦于历史中的变革和突破，如技术革命、社会运动、政治改革等，帮助学生了解历史发展中的关键时刻和规律性变化。

其三，新时代马工程史学类教材编撰的基本经验。

以马克思主义历史理论（核心是唯物史观）为指导，落实大思政教育。坚持把马克思主义中国化的最新理论成果编入教材，突出马克思主义理论教育、思想政治教育和党史党建教育的重要地位，培养学生对马克思主义理论、观点、方法的掌握，坚定共产主义理想信念，坚定中国特色社会主义道路自信、理论自信、制度自信、文化自信，坚定历史自信，旗帜鲜明反对历史虚无主义，坚定爱国主义，坚守正确的历史方向，走历史必由之路。

坚持历史自信，体现中国特色。继承中国传统史学人文化成、经世致用的优良传统并对其作创造性的转化，使其迸发出新的生命活力。当今中国面临着全面建设社会主义现代化强国、以中国式现代化全面推进中华民族伟大复兴的历史使命，许多重大问题需要从历史宝藏中借鉴经验和智慧，必须在唯物史观的指导下，以恢宏的历史视野审视历史，激活那些可供当前历史运动参考的历史因子，使其产生新的活力。

坚持守正创新，体现前沿成果。马工程史学类教材不仅集合了史学领域众多学者的集体智慧，还在相当程度上集合了中国史学界的最新研究成果，不仅呈现了史学研究的基本成果基本观点基本结论，同时也涵盖了史学研究的前沿动态，呈现出历史发展的连贯性。马工程史学类教材强调了历史的因果联系、动态演变过程和经验教训，推动学生历史批判性思维和历史阐释能力的发展，培养学生"彰往察来"的能力。

坚持辩证思维，坚持文明互鉴。教材在阐述国外历史文化发展时，既看到各国各民族各宗教各文明的历史文化的独特风格和发展成就，也看到其历史文化的演化过程和各阶段各方面局限；在阐述中国历史文化发展时，既看到中国历史文化的优良传统、合理精神和重大贡献，也看到中国历史文化的长期演化过程和各个时代各种制度各个学派各种思想的历史局限，增强学生注重文明交流互鉴的意识。

注重跨学科研究的重要性。当今世界，知识的交叉性和贯通性越来越强，史学研究越来越倾向于跨学科研究，教材注重融合各个学科的理论与方法，努力突破学科壁垒，让学生能够将历史文化置于更广泛的学科背景中审视，有助于增进学生对历史因果联系的更为全面的理解。

结　语

马克思主义史学既不是纯粹思辨或分析的历史学，也不是单纯叙事或考据的历史学，而是理论与实践、历史与现实、历史解释和社会改造密切结合的历史学，是极具问题意识的历史学，马克思主义史学研究的是"现实的历史问题"或"历史的现实问题"。新时代马克思主义史学密切关注马克思主义在中国的实践，党领导革命与建设的实践，现代化建设的实践，小康建设的实践问题，解决"三农"问题的实践问题、马克思主义理论研究和建设工程教材建设的实践问题等，从这些当今活生生存在的社会实践出发追究其历史根源、历史演变、历史因果、历史成就、历史经验、历史意义，最终指向如何开创美好的未来。

结束语　以马克思主义引领中国史学自主知识体系建设

　　面临着来自世界变局、历史理论、现代化实践等方面的重大挑战，新时代中国马克思主义史学需要予以积极回应，才能实现中国特色史学学科体系、学术体系、话语体系和自主知识体系建设的历史任务。其一，世界面临"百年未有之大变局"，国际形势风云变幻，世界历史步入一个风高浪急的极其不确定的新时期，在这个历史的重大转折时刻，世界历史向何处去？世界文明向何处去？我们应该如何从大历史角度加以理解，以积极寻求自处之道，中国马克思主义史学应该如何解答这个不得不予以回应的"世界之问"，也是一个不得不加以回应的"时代之问"，因为这个问题关系到人类的未来。其二，西方史学自从 18 世纪以来长期批判中国史学缺乏"历史意识""历史思想"，没有"真历史"，没有"发展历史解释的艺术"，没有"精确史学"，当代中国马克思主义史学正积极回应这一带有明显西方史学中心主义的"中国史学之问"，这是我们建设中国特色史学学科体系、学术体系、话语体系和自主的史学知识体系的基础。其三，西方后现代主义批判现代性知识体系的客观性，批判历史图景的真实性，带来了对史学的科学性和知识的确定性的颠覆，人文社会科学向何处去？历史学科向何处去？中国马克思主义史学应该如何回应这个不得不予以回应的"理论之问"，也是一个不得不加以回应的"学科之问"，因为这个问题关系到历史学科的未来，关系到马克思主义史学的未来。其四，我们在全面建成小康社会之后，目前正在全面建设社会主义现代化强国，以中国式现代化全面推进中华民族伟大复兴，这一道路的世界历史意义仍有待持续深入的研究。中国马克思主义史学应该如何解答这个不得不予以回应的"实践之问"，也是一个不得不加以回应的"中国之问"。

基于以上重大问题，新时代中国马克思主义史学提出了坚持和发展唯物史观、建设中国特色史学"三大体系"和自主知识体系的重大任务，要求我们必须搞清楚中国特色史学"三大体系"和自主知识体系的准确含义，深入认识建构中国特色史学"三大体系"和自主知识体系的必要性和重要性，深入研究阐释并恰当评估中国古代史学、中国近代史学、中国马克思主义史学、世界各国史学、西方史学、国外马克思主义史学的知识体系，立足中国史学文化传统、中国历史文化实际、世界历史进程和新的时代使命，积极推动中国特色史学"三大体系"和自主知识体系建设。中国马克思主义史学要坚持自己的文化主体性，牢固树立文化自信和历史自信，把马克思主义与中华优秀传统文化相结合，把马克思主义史学与中华优秀传统史学相结合，积极推动中华优秀传统文化（含中华优秀传统史学文化）的创造性转化和创新性发展；中国马克思主义史学要牢固树立正确党史观和大历史观，深入研究阐释中国近现代史、中共党史、新中国史、改革开放史和社会主义发展史，积极传承弘扬红色文化与革命精神，正确看待改革开放前后的历史，旗帜鲜明批判历史虚无主义，走中华民族历史发展的正确道路。中国马克思主义史学要积极回应中国特色社会主义建设和中国式现代化建设中的历史问题，致力于探索世界现代化史和中国现代化史，吸取世界现代化进程和中国现代化进程的经验教训，进一步增强中国人民以中国式现代化全面推动中华民族伟大复兴的信心和决心。中国马克思主义史学要推动构建人类命运共同体，坚持文明多样性，深入探索世界文明史和中华文明史，研究世界文明的发展规律和各大文明的不同特点，研究中华文明的起源、演化、特质和精神，吸取世界文明和中华文明发展的经验教训，推动文明平等交流互鉴，反对单一文明论与文明终结论。

当代中国马克思主义史学以当代中国马克思主义为指导，坚持和发展唯物史观，建设中国特色史学"三大体系"和自主知识体系。中华文明探源工程、考古中国工程、《马克思主义中国化史》、《马克思主义中国化思想通史》、《马克思主义史学思想通史》、《马克思主义史学概论》、《中国马克思主义史学的理论成就》、《中华优秀传统文化何以通向马克思主义》、《中国共产党的一百年》、《中国近代通史》、《中国近代思想通史》、《西方史学通史》、《近代以来中外史学交流史》、《新时代历史理论研究前沿丛书》等重大史学工程取得突破性进展和重大成果，马克思主义研究与建设工程史学类教材基本上形成了知识体系，中国传统史学文化得到重新认识，中国马克思主义史学与西方史学的历程和经验得到总结，中国史、世界史、中共党史党建学、考古学、文物学与博物馆学的学科地位得到提升，全国史学理论研讨会、唯物史观与马克思主义史学理论论坛、新时代史学理论论坛等重要史学理论论坛以及史学各分支学科论坛定期开展。当前，中国特色史学"三大体系"和自主知识体系建设还处于起步阶段，深入解答困扰我们的"世界之问"、"学科之问"和"中国之问"，是中国马克思主义史学健康发展的必然要求和应然选择。

后　记

本书属于复旦大学"习近平新时代中国特色社会主义思想研究工程"和"当代中国马克思主义研究工程"二期项目"当代中国马克思主义史学研究"的建设成果。

本书得到复旦大学历史学系和马克思主义学院、马克思主义研究院师生的鼎力协助，其中王韵参与第二、四、五章的合作研究，王玉婷、颜英、何岩峰等参与资料的搜集整理，感谢姜义华、李冉、高仁、周晔等教授的关心、建议和支持，感谢张仲民、温海清、王旭、黄璐、贾泉林、于翠艳等老师的支持和帮助。感谢第二十六届全国史学理论研讨会（南京）、第四届新时代史学理论论坛（呼和浩特）、中国马克思主义史学研讨会（杭州）等论坛的邀请，使得课题的部分成果得以与同仁进行切磋交流。

本书得到复旦大学"两大工程"办公室和复旦大学中外现代化进程研究中心同仁的支持和帮助，特此致谢。

何爱国

2025 年 1 月 9 日于复旦大学

图书在版编目(CIP)数据

当代中国马克思主义史学研究 / 何爱国著. -- 上海 :
上海人民出版社, 2025. -- ISBN 978-7-208-19351-2

Ⅰ. K092

中国国家版本馆 CIP 数据核字第 2025AX3071 号

责任编辑　裴文祥
封面设计　汪　昊

当代中国马克思主义史学研究

何爱国　著

出　　版　上海人民出版社
　　　　　（201101　上海市闵行区号景路 159 弄 C 座）
发　　行　上海人民出版社发行中心
印　　刷　上海商务联西印刷有限公司
开　　本　720×1000　1/16
印　　张　19.25
插　　页　2
字　　数　191,000
版　　次　2025 年 6 月第 1 版
印　　次　2025 年 6 月第 1 次印刷
ISBN 978 - 7 - 208 - 19351 - 2/A·165
定　　价　86.00 元